魏晋风流

刘强——著

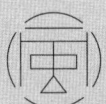

中国青年出版社

目 录

❀ 从"竹林七贤"到"魏晋风度"^①（代序）

一、缘 起

作为中国古代最具典型意义和阐释价值的知识分子群体，"竹林七贤"历经一千七百余年的时光淘洗，不仅没有在国人的精神版图上日渐黯淡，反而历久弥新，愈益散发出其夺目光彩与迷人魅力。近年来，"竹林七贤"研究渐成热点，汇聚了数量可观、成果丰硕的研究队伍，截至2010年底，在海峡两岸，已先后举办过七次以竹林七贤为主题的国际学术研讨会^②。竹林七贤研究的综合化、国际化趋势渐趋显著，以至于"竹林学"之谓水到渠成，应运而生^③。

冥冥之中，我与七贤有缘。早在1998年，因为一个偶然的机会，还在读研究生的我便写一篇不足七万字的《琴弦上的英魂——嵇康传》。2009年，拙著《一种风流吾最爱：世说新语今读》问世，此书分"人物篇"和"典故风俗篇"二册，差不多又把七贤等魏晋名士"巡礼"一遍。

---

① 此文是根据2011年3月29日在台湾成功大学的演讲整理而成。江建俊先生主编的《竹林风致之反思与视域拓延》（台湾里仁书局2011年7月版）收录此文。又刊于《书屋》2011年第12期。

② 河南省修武县政府已主办三次，分别是：2006年10月28－31日的"首届云台山竹林七贤学术研讨会"，2008年10月24－26日的"第二届中国修武云台山竹林七贤学术研讨会"，2010年11月13－14日的"中国云台山第三届竹林七贤文化学术研讨会"。成功大学中国文学系江建俊研究室也承办了三次"竹林文化的形成、流播与影响学术研讨会"，分别是2007年12月16日、2009年10月17日、2010年5月2日。此外，2010年11月6－7日，新乡学院樊荣教授亦发起承办了首届竹林七贤暨豫北历史文化学术论坛。

③ 参见江建俊主编：《竹林学的形成与域外流播》，台湾里仁书局2010年4月版。

或许是因缘际会，2009年11月至2010年9月，我应邀在《百家讲坛》先后录制《魏晋风流》和《竹林七贤》系列节目，耗时一年，共录制了25集。2010年10月10日，后录制的《竹林七贤》系列13集先行播出，而根据讲座整理而成的《魏晋风流十讲》则延宕了四年，才得以和读者见面。

众所周知，电视讲坛固然离学术堂奥相去甚远，但其传播普及之功亦不容无视。就我个人而言，常觉今生今世，若能在竹林七贤与魏晋风度的传播上略尽绵力，则心愿毕矣，至于来自周遭的抑扬毁誉，大可忽略不计。记得10月21日那天，我在观看《广陵绝唱》一集时，不禁热泪长流，并抑制不住激动之情，率尔写下古风一首——《怀嵇康》：

叔夜龙凤质，平生最钟情。金兰总相契，命驾千里行。绝交巨源信，冷对士季声。爱恨岂无意，生死何相轻。东市临刑处，日光照美形。一曲广陵散，千古播令名。马昭一何蠢，钟会一何精。屠刀锈腐后，青史耀眼明。烈士泰山重，独夫鸿毛轻。昔岂惭柳惠，今何愧孙登。余生长恨晚，竹林久服膺。青灯伴黄卷，朱墨和泪盈。不才不自弃，只缘未了情。痴心俗人笑，讪言夫子惊。寂寞千年后，讲坛祭英灵。

所以不揣谫陋献丑如上，并非顾影自怜，而是想表明，我之闯入魏晋文学与文化研究领域，诚非积学日久所致，而全由性情契合使然。节目播出期间，同名小书亦同步出版。在书中，我把原本写好而并未录制的《七贤之谜》置于开篇，综合前辈及时贤的研究，将七贤之谜归纳为"人数之谜""传播之谜""地点之谜"与"聚散之谜"四端，并以七贤与魏晋易代之际的政争——曹马之争——作为绾合全书的纽带，试图于环环相扣的故事讲述中，凸显七贤之卓异人格及多舛命运。

然而，我更为关心的七贤以生命所凝聚而成的"竹林精神"，及其与

"魏晋风度"之关系这一议题，在拙著中虽有提点①，却尚未充分展开，这里试从知识分子精神史和心灵史进路切入，就此一问题做进一步讨论。讨论之前，且先对"魏晋风度"这一概念稍做梳理。

二、"魏晋风度"之由来

与"竹林七贤"一样，"魏晋风度"同是文化传播过程中渐次形成的文化概念和命题。就"魏晋风度"而言，其肇端固然当在一千六七百年以前的魏晋之际，而其真正凝结成为一大概念，则历时尚不足百年。

1927年7月23日，在国民党政府广州市教育局主办的"广州夏期学术演讲会"上，时年46岁的鲁迅做了一场现在看来十分重要的演讲，题为《魏晋风度及文章与药及酒之关系》②。在这篇将近一万字的演讲稿中，鲁迅谈到了三个方面：一是魏晋文章及其特点，概括下来就是：清峻、通脱、华丽、壮大；二是以"正始名士"何晏为祖师的服药之风；三是以"竹林名士"为代表的饮酒之风。尽管除了题目，正文中并未对"魏晋风度"做过具体阐释，但鲁迅的意思当是，魏晋文章及名士们扇起的服药与饮酒两大风气，便是"魏晋风度"最重要的表现及展示。此后，"魏晋风度"便成为一大文化关键词，以之为题做文章者代有其人，络绎不绝。

1940年，宗白华的《论〈世说新语〉与晋人的美》③问世。在这篇屡被称引的论文中，宗氏开篇就说："汉末魏晋六朝是中国政治上最混乱、社会上最苦痛的时代，然而却是精神史上极自由、极解放、最富于智慧、最浓于热情的一个时代。因此也就是最富有艺术精神的一个时代。"宗氏以

---

① 如将"竹林精神"归纳为"独立、自由、放达、超越、重情、尚美"等几个面向，并与陈寅恪先生倡导的"独立之精神，自由之思想"相勾连，以彰显知识分子应有之品性。

② 此演讲后整理成文，收入杂文集《而已集》，1928 年出版。参见《鲁迅全集》第 3 卷，北京：人民文学出版社 1981 年版，页 513。

③ 原载《星期评论》，1940 年第 10 期，后收入宗白华著《美学散步》一书，此书版本甚多，不赘。

悖论的形式揭橥了魏晋时代的"艺术精神",堪称孤明先发,振聋发聩。此外,还有两个论断深具卓识:一是"晋人向外发现了自然,向内发现了自己的深情";二是"中国美学竟是出发于'人物品藻'之美学"。这两句话本身也可说是中国美学史上的重大"发现"。

1944年,哲学史家冯友兰发表《论风流》①一文,将"魏晋风度"张大为"魏晋风流"。在谈及名士之人格美时,冯氏称:"是名士,必风流。所谓'是真名士自风流'。……假名士只求常得无事,只能痛饮酒,熟读《离骚》。他的风流,也只是假风流。嵇康阮籍等真名士的真风流若分析其构成的条件,不是若此简单。"并进而提出,真名士必备之四个精神条件:曰玄心、曰洞见、曰妙赏、曰深情。进一步从人格美的角度深化了"魏晋风度"的精神内涵。

1948年,王瑶完成《中古文学史论》②一书,在《自序》中,作者称该书第二部分《中古文人生活》"主要是承继鲁迅先生《魏晋风度及文章与药及酒之关系》一文加以研究阐发的"。书中的《文人与药》《文人与酒》等篇什,后来成为研究"魏晋风度"的必读文献。

1981年,李泽厚《美的历程》出版,书中第五章题为《魏晋风度》,把这一议题的探讨和研究进一步引向深入。在《人的主题》一节中,李泽厚提出了"人的觉醒"这一命题,认为正是"人的觉醒"才使"人的主题"提上日程,从而形成了汉魏六朝这几百年的人性大解放和艺术大繁荣。这就又把"魏晋风度"的内涵在美学和哲学向度上推进了一层,使铃木虎雄首倡、鲁迅复加点染的"文学的自觉"说有了一个更可靠的理论前提。

20世纪90年代以来,一些学者纷纷就"魏晋风度"著书立说,为丰富

---

① 冯友兰:《论风流》,《哲学评论》第四卷 3 期,1944。
② 此书《中古文学史论》完成于 1948 年,1951 年 8 月由上海棠栋出版社出版,分为《中古文学思想》《中古文人生活》和《中古文学风貌》三册。这里以其完成年代为准。

这一研究做出了贡献①。笔者也曾以风俗为切入角度，将"魏晋风度"分疏为以下十二个面向：美容之风，品鉴之风，服药之风，饮酒之风，清谈之风，任诞之风，隐逸之风，艺术之风，嘲戏之风，清议之风，雅量之风，豪奢之风②。除服药之风与豪奢之风外，其他十种风气均有正面阐释之价值。窃以为，"所谓魏晋风度，是指汉末魏晋时期形成的一种时代精神和人格理想，具体说就是指受道家学说和玄学清谈思潮的影响，而产生的一种追求自然（与名教相对）、自我（与外物相对）、自由（与约束相对）的时代风气，以及由此在上层贵族阶层中形成的，一种超越性的人生价值观和审美性的人格气度"③。"魏晋风度"的探讨与诠释，实际上隐含着近代以来"人性解放"与"人格独立"等一系列大问题、大拷问。其中就包括人对于现实政治的超越以及个体人格独立的问题。鲁迅做完演讲后即在给友人信中称："在广州之谈魏晋事，盖实有慨而言。"④同样，我们研究"魏晋风度"，亦当存有反躬自问，重建知识分子风骨与精神之关怀。

事实证明，在精神层面，竹林七贤对魏晋风度和名士人格影响甚巨。不仅因为上述每一种风气，差不多都能找到他们的影子，还表现在，他们的立身处世，无不彰显着对自然、自我和自由的不懈追求。

① 如刘康德《魏晋风度与东方人格》（沈阳：辽宁教育出版社，1991），宁稼雨《魏晋风度——中古文人生活行为的文化意蕴》（北京：东方出版社，1992），马良怀《崩溃与重建中的困惑：魏晋风度研究》（北京：中国社会科学出版社，1993），刘宗坤《觉醒与沉沦：魏晋风度及其文化表现》（郑州：大象出版社，1997），尤雅姿《魏晋士人之思想与文化研究》（台北：文史哲出版社，1997），郭平《魏晋风度与音乐》（合肥：安徽文艺出版社，2000），吴中杰导读《魏晋风度及其它》（上海：上海古籍出版社，2000），范子烨《中古文人生活研究》（山东教育出版社 2001）等等。

② 参见拙著《世说三昧》，岳麓书社 2016 年版。

③ 参见刘强《一种风流吾最爱：＜世说新语＞今读·典故风俗篇》，广西师范大学出版社 2009 年版，页 220。

④ 此为鲁迅 1928 年 12 月 30 日致陈蚌信中语。参见《鲁迅全集》第 11 卷，页 646。

三、"竹林七贤"与"魏晋风度"

说到竹林七贤与魏晋风度的关系，不能不以《世说新语》为中心。我曾做过统计，《世说新语》中直接记载"竹林七贤"故事的条目共有近60条，还不包括刘孝标注释中的数十则材料。这相对于全书的比例是非常惊人的。也就是说，《世说新语》差不多每20条记载中，就有一条是关于"竹林七贤"的！这个数据足以说明"竹林七贤"对于《世说新语》全书以及"魏晋风度"的重要程度。下面就结合上述"三自追求"——追求自然、自我、自由——来谈谈竹林七贤之精神及其对魏晋风度之影响。

（一）求自然："越名教而任自然"

竹林七贤的自然追求可以从两个方面来看：

其一，容止顺自然。所谓容止顺自然，即与我所谓之"美容之风"相关联。众所周知，魏晋之季扇起了一股对男性美之极端欣赏与追捧的风气，其事多见于《世说新语·容止》门。此一门类共39则，真是触目皆琳琅珠玉，朗然照人。其中，如"蒹葭倚玉""傅粉何郎""掷果潘安""看杀卫玠"等典故早已脍炙人口。给人一个鲜明的印象就是，魏晋男性美是偏于阴柔和雕饰的，甚至由于服药之风的影响，那些美男还略显病态，可说是阴柔美和病态美的结合。然而，《容止》门中所展现的男性美，远比乍一看所得之印象更丰富。除了阴柔美和雕饰美，事实上更有阳刚美与自然美。如"床头捉刀"的曹操、"腰带十围"的庾子嵩、"嵚崎历落可笑人"的周伯仁，皆属此类。而其中，最具风采的典型便是竹林七贤。《容止》第5则云：

嵇康身长七尺八寸，风姿特秀。见者叹曰："萧萧肃肃，爽朗清举。"或云："肃肃如松下风，高而徐引。"山公曰："嵇叔夜之为人也，岩岩若孤松之独立；其醉也，傀俄若玉山之将崩。"

高大，伟岸，健康，明亮，嵇康的美便是一种阳刚之美。而值得注意的是，这些形容嵇康的语词全是自然化的，诗意的，其传达出的是一种"天然去雕饰"的自然审美观。再看刘注引《康别传》："康长七尺八寸，伟容色，土木形骸，不加饰厉，而龙章风姿，天质自然。正尔在群形之中，便自知非常之器。"这里"土木形骸，不加饰厉"和"龙章风姿，天质自然"，凸显的也是一种不加修饰、顺其自然的自然美。同是一种男性美，嵇康之美便与"性自喜，动静粉帛不去手，行步顾影"（《容止》第2则注引《魏略》）的何晏等人判然有别。

无独有偶。竹林七贤还有一位著名的丑男，就是刘伶。《容止》篇13则说："刘伶身长六尺，貌甚丑悴，而悠悠忽忽，土木形骸。""土木形骸"，乃视形体外貌为土木之意。又《晋书·阮籍传》称阮籍："当其得意，忽忘形骸。""忽忘形骸"正可与嵇康、刘伶的"土木形骸"等量齐观。可以说，摆落形体带来的世俗拘囿，不事修饰，萧然独得，顺其自然，构成了竹林七贤整体的人格风貌。

其一，思想尚自然。所谓思想尚自然，则与玄学清谈之风相关联。正始时期，玄风大炽，何晏、王弼揭起"贵无论"的大旗，立论称："天地万物，皆以无为为本。无也者，开物成务，无往不成者也。阴阳恃以化生，万物恃以成形，贤者恃以成德，不肖恃以免身。故无之为用，无爵而贵矣。"（《晋书·王衍传》）又掀起"名教自然"之辩，主要的观点可以概括为"名教本于自然"。何、王一边是注疏经典（《论语》《道德经》《周易》）的经学家，一边又是领导清谈的清谈家，所谓"清谈祖师"。他们的玄学理路大致是"以道解儒"，这当然与调和儒道的现实政治需要有关。

当时，竹林名士们沐浴时风，同为魏晋玄学清谈之风的重镇。特别是嵇、阮二人的思想，与"贵无派"的正始名士何晏、王弼、夏侯玄等大不相同，其最鲜明的理论主张就是嵇康在《释私论》中提出的"越名教而任自然"，故竹林玄学被学界称为"自然派"。如果说，正始名士继承了"老学"，致力于调和儒道即"名教与自然"之紧张关系的话，那么，竹林名士则发扬了"庄学""越名任心"，回归自然，他们都是庄子的隔代门徒。而且，他们真的做到了知行合一，思想上这样主张，实践上便这样贯彻，这就走向了反礼教的一面。也就是说，在儒家强调的"群己"关系之中，他们更加看重"己"——追求自我的实现和精神的张扬。容止顺自然与思想尚自然，一外一内，表里互济，共同营造了竹林七贤的人格基座。

(二)求自我："我与我周旋久，宁作我"

此一种追求几乎是魏晋名士最本质的精神特质，在饮酒与任诞之风中表现最为显著。《世说新语·任诞》第1则云：

> 陈留阮籍、谯国嵇康、河内山涛三人年皆相比，康年少亚之。预此契者，沛国刘伶、陈留阮咸、河内向秀、琅邪王戎。七人常集于竹林之下，肆意酣畅，故世谓"竹林七贤"。

《世说新语》虽是丛残小语，然结构井然，每一篇之第一则无不体现作者之匠心与判断。这一则可以说是竹林七贤的"总纲"。说明在作者眼里，"任诞"之风的开风气者不是别人，正是竹林七贤，而"肆意酣畅"一语，又把饮酒之风提挈而出。事实上，饮酒固然是任诞的一个表现，但不喝酒照样可以"任诞"。竹林七贤是如何求自我的呢？也可从三个方面来看：

一是方外求我。"方外"，既可指"世外"，亦可指"礼外"。且看

著名的"阮籍别嫂":

> 阮籍嫂尝回家,籍见与别。或讥之。籍曰:"礼岂为我辈设也?"
> (《世说新语·任诞》7,下引均省略书名。)

阮籍的"礼岂为我辈设",既是他的反礼教宣言,也是他的自我宣言。它与殷浩的"我与我周旋久,宁作我"(《品藻》35)的宣言一样,都奏出了魏晋名士张扬自我的最强音。这里,"我"与"礼"构成了不可调和的两极,大有"礼内无我,礼外求我"之意。往深里说,当时司马氏鼓吹的"名教"已经不仅是"不自然"的问题,名教还绑架甚至消灭了"自我"!

阮籍的另外两个故事更具象征意义:

> 阮籍遭母丧,在晋文王坐,进酒肉。司隶何曾亦在坐,曰:"明公方以孝治天下,而阮籍以重丧显于公坐饮酒食肉,宜流之海外,以正风教。"文王曰:"嗣宗毁顿如此,君不能共忧之,何谓?且有疾而饮酒食肉,固丧礼也!"籍饮啖不辍,神色自若。(《任诞》2)

> 阮步兵丧母,裴令公往吊之。阮方醉,散发坐床,箕踞不哭。裴至,下席于地,哭,吊唁毕便去。或问裴:"凡吊,主人哭,客乃为礼。阮既不哭,君何为哭?"裴曰:"阮方外之人,故不崇礼制。我辈俗中人,故以仪轨自居。"时人叹为两得其中。(《任诞》11)

阮籍丧母是魏晋文化史上值得注意的一大事件,我曾写过《阮籍丧母考》一文,认为此一事件是阮籍由"至慎"一变而为"佯狂"的导火线。"居丧无礼"不仅是对当时礼教的反叛,也是阮籍丧母之痛带来的自我迷失的一种表现①。以前阮籍喝酒醉酒，是为了避祸，本质上还是清醒的，此时的阮籍却进入精神上的癫狂状态，因此敢冒天下之大不韪，以自暴自弃的态度继续向名教发起挑战。彼时的他已不再用语言，而只用行动来确立自我。礼法之士如何曾辈对阮籍恨之入骨，而素有"清通"之誉的裴楷却看出了其中的奥妙——"方外之人"这一指认，正是裴楷对阮籍的自我追求的一种观感。裴楷完全理解阮籍对礼法之士的轻蔑。在阮籍们看来，那些礼法之士不过是一些没有自我的裈中之虱、套中之人罢了，何足道哉！

这方面阮咸也是一个代表，他的"未能免俗"之典，以及在母亲丧礼上"骑驴追婢""累骑而还"的悖礼行为，其实也是"礼外求我"的一种表现。

二是酒中求我。说到"酒中之我"，最佳代表不是阮籍，而是刘伶。刘伶在中国酒文化史上的地位自不待言，其在中国人之精神史和心灵史上的地位尚须重新认识。在我看来，身材矮小、形貌丑陋的刘伶，却拥有一个无比强大、无比张扬的精神自我，而这个精神自我的最佳触媒不是别的，而是——酒。他的宇宙观（世界观）、人生观无不凭借杯中酒来展示和抒发，而深具人类学价值和哲学深度。史载刘伶"自得一时，常以宇宙为狭"（《容止》13注引梁祚《魏国统》），这种"天地之间唯我独大"的时空观和宇宙意识彰显的正是一个大大的"我"字！

刘伶在酒中的那个自我真是令人"须仰视才见"。那是一个"以天地为一朝，万期为须臾，日月为扃牖，八荒为庭衢。行无辙迹，居无室庐，幕天席地，纵意所如"（《酒德颂》）的自我，是一个"常以细宇宙、齐万物为心"（《晋书》本传）的自我，是一个把生死看得很淡，扬言"死便埋我"的自我。只有刘伶才能说出"天生刘伶，以酒为名，一饮一斛，五斗解醒。妇人之言，慎不可听！"的豪言壮语，也只有刘伶才会上演下面的

---

① 此文曾在 2010 年第三届中国云台山竹林七贤文化研讨会上宣读。收入张新斌、徐学智主编《云台山与竹林七贤》论文集，河南人民出版社 2011 年 9 月版。

"人间喜剧"：

> 刘伶尝纵酒放达，或脱衣裸形在屋中。人见讥之，伶曰："我以天地为栋宇，屋室为裈衣，诸君何为入我裈中！"（《任诞》6）

"入我裈中"的意象看似滑稽好笑，实则彰显了一个"精骛八极，心游万仞"的大我和超我。这一刻的刘伶，不仅是位特立独行的"行为艺术家"，更是一个经天纬地、独与天地精神往来的大哲人！后来魏晋名士好酒成癖，说出多少绝妙的话来，如"酒引人着胜地"，"酒正使人人自远"，"使我有身后名，不如实时一杯酒"，"拍浮酒池中，便足了一生"，等等，差不多都是承接刘伶而来。诚所谓"醉里乾坤大，杯中日月长"，刘伶通过酒，完成了自我人格的充分实现。

还有阮咸，也把喝酒这件俗事变成了狂欢甚至是图腾。他的"人猪共饮"的故事很多人以为是虚无和堕落，但我以为，其中弥漫着的是一种东方式的"酒神精神"。如果说刘伶的"死便埋我"是庄子"齐生死"之思想的投影，那么，阮咸的与猪共饮则体现了"齐万物"的超越性。阮咸们似乎在表达，唯有在与自然万物的亲和中，人类才能更好地认清自我，找回自我。

或问：酒的麻醉作用常常使人"忘我"，又何来"酒中之我"呢？我的理解是，这里的"忘我"，忘的乃是鄙俗功利之"小我"、机关算尽之"伪我"，找到的则是解放超脱之"大我"、赤裸坦荡之"真我"。东晋名士王忱说："三日不饮酒，觉形神不复相亲。"（《任诞》52）这里的"形"亦可理解为肉体层面的"小我""伪我"，而"神"则指的是灵魂层面的"大我""真我"。

三是情中求我。在魏晋，自然与名教的冲突，实质上也是"情"与"礼"的冲突。而人们在"发现了自己的深情"之后，便再也不愿意放弃这"人之所以为人"的最重要的禀赋。"礼外求我"并非空诸依傍,最终还要落实在"情中求我"。在更本质的意义上,"有情"方可谓"有我"。这一点可以竹林七贤年龄最小的王戎为例:

> 王戎丧儿万子,山简往省之,王悲不自胜。简曰:"孩抱中物,何至于此?"王曰:"圣人忘情,最下不及情,情之所钟,正在我辈!"简服其言,更为之恸。(《伤逝》4)

这故事其实也可以理解为以竹林七贤为代表的名士对何晏、王弼"圣人无情有情之辩"的一种现实响应。王戎们不惮于以"中人"自居,委婉地表达圣人道境之难以企及,不如痛快淋漓地投入对情感的拥抱。"情钟我辈"的"我辈",正可与阮籍"礼岂为我辈设也"的"我辈"并观对照,其潜台词也可以理解为"情之所弃,绝非我辈",这不正是"情中求我"的最佳诠释吗?后来魏晋名士重情、主情、伤情的故事层出不穷,《世说新语·伤逝》门有精彩描画,实在与竹林七贤的身体力行、推波助澜大有关系。

(三)求自由:"不自由,毋宁死"

自由是否可能?人活在世上,怕永远无法摆脱此一追问。这同样也是竹林七贤面对的一个大问题,在回答这个问题时,他们给出了以下三种答案。

一是从隐逸中求自由。这又与"隐逸之风"发生联系。古语说:"邦有道则仕,邦无道则隐。"汉末以来,天下大乱,正是"邦无道"之时,加上道家学说日益盛行,佛教思想润物无声,以致避世隐逸蔚成风气,《后汉书》专设《逸民列传》就是明证。降及魏晋,隐逸之风更是大行其道,不过由于政治环境之改变,具体表现上实与汉代不同。我曾总结过汉、魏、晋三个时期隐逸之风的不同取向：汉代人是孔子所谓"隐居以求其志"；魏晋易代之际则是"隐居以避其祸"；到了东晋，隐居流衍而为时尚，如郗超辈简直成了"隐士经纪人"[①]，隐居之意涵遂发生滑转，变成了"隐居以求其乐"。在我看来，隐逸之风是中国人精神史和心灵史最值得关注的现象，士人们"避世避地避色避言"的目的，除了亲近自然，安放自我，同时也是为了追求自由。所以，以"不事王侯，高尚其事""天子不得臣，诸侯不得友"相标榜的隐逸之风，其实也是有志之士捍卫个体尊严和独立的一种姿态。

竹林七贤无疑是魏晋隐逸之风的重要代表，《世说·栖逸》门开篇就是阮籍"苏门啸侣"的故事，紧接着的两条又是嵇康的，这样的安排足以凸显竹林七贤对于隐逸之风的重要性。而且，嵇康的两条故事颇具象征意义。一写"嵇康游于汲郡山中，遇道士孙登，遂与之游。康临去，登曰：'君才则高矣，保身之道不足。'"二写"山公将去选曹，欲举嵇康；康与书告绝。"这足以说明，魏晋易代之际，追求自由的隐居已经随着权力斗争的加剧而成了一种"奢侈"。仕和隐的选择几乎成了哈姆雷特之问："活着，还是死去？这是一个问题。"因为在专制暴政者看来，弃权票就是反对票！所以"邦有道则仕，邦无道则隐"就变成了"邦有道尚可隐，邦无道必须仕"。嵇康坚持不与司马氏政权合作，贯彻隐居之志，最后甚至付出了生命的代价。

嵇康死后，隐居对于士人来说更无可能，后来向秀也不得不应郡计进京做官，还说了一句很伤人心的话——"巢由狷介之士，不足多慕"（《言语》18）。如果说隐居是一种以赛亚·伯林所谓"消极自由"的话，那么在极权暴政笼罩之下，这种消极自由已经成了"禁忌"，甚至是连罗斯福总统所说的"免于恐惧的自由"都无法实现了。

---

① 《世说新语·栖逸》15："郗超每闻欲高尚隐退者，辄为办百万资，并为造立居宇。在剡，为戴公起宅，甚精整。"

但是，隐逸本身所具有的那种超越性和自由度还是让后来的士人心向神往。到了东晋，政治环境相对宽松，名士们便纷纷把隐居当作生命的"秀场"，不断演绎着一个个"玄对山水"和"厉操东山"的佳话。因为说到底，东晋的隐士至少已经拥有"免于恐惧的自由"。

总之，尽管竹林七贤并非一个严格意义上的隐士群体，但他们对中国的隐逸文化贡献至大，因为"竹林"二字本身就寄托着超尘出世的理想，不管"竹林"一词是中转自佛教，还是现实中的实存，其包含的意味都是与名缰利锁格格不入的自由追求。

二是从艺术中求自由。魏晋虽是乱世，政争激烈，国无宁日，但思想和学术却相对宽松，所以这一时期，各种艺术样式都达到了空前的繁荣。汉代以前，很少有人因为艺术上的成就而名垂青史，而在魏晋，因为艺术而为后人敬仰膜拜的人层出不穷。史书的记载中，文体日益丰富，甚至书法的体式也被记录在案，这在前代是不可想象的。法国作家罗曼·罗兰说："艺术是发扬生命的，死神所在的地方就没有艺术。"我要再加上一句：艺术是人类放飞自由的最佳方式和最佳阵地，没有艺术的地方便无从感知自由。醉心艺术的人，常常是内心的自由需求极其强烈的人。因为不管是哪一种艺术，都是人在自由地驱使"物"，而不是被"物"所驱使，只有在艺术的创造中，才能真正抵达庄子所说的"物物而不物于物"（《庄子·山木》）的自由境界。

竹林七贤中人多是当时杰出的艺术家。阮籍、嵇康除了是思想家、文学家，还是第一流的音乐家，他们都善弹古琴，都写过音乐论文。除此之外，阮籍还擅长围棋和长啸；嵇康还是杰出的书法家和画家，他的草书被誉为草书妙品，唐代张彦远《书法会要》评嵇康为草书第二，而王羲之则屈居第八。嵇康的绘画造诣也很高，作品在唐代还有流传。阮咸不仅妙解音律，听力超群，而且善弹琵琶，据说是一种圆肚、长颈、四弦的琵琶的发明人，后来琵琶的别名就叫作"阮咸"，简称"阮"。这在中外音乐史上也是一个特例。王戎应该也有才艺。因为王导看谢尚跳舞，看着看着，忽然对客人说："使人思安丰（即王戎）。"（《任诞》32）这话很让人怀疑，王戎可能是个不错的舞蹈家。可以说，传统雅文化中所谓"琴棋书画"，差不多是从竹林七贤那里才真正熔铸为一个整体并发扬光大的。他们或在音乐中体悟大道，或在诗歌中排遣幽情，或在书画中挥洒性灵，或在围棋中感受优雅，或在长啸中宣泄苦闷……艺术的天地，成了他们自由挥洒和诗意栖居的精神后花园。他们的艺术实践对整个魏晋南北朝的艺术之风产生了不可估量的影响，继"文学的自觉"之后，又直接催生了东晋的"艺术的自觉"。

三是从死亡中求自由。这是一种极端的追求自由的方式，类似于西谚所言："不自由，毋宁死！"在竹林七贤中，只有嵇康践履了这种追求自由的方式。由于出身背景、婚宦关系和个人气节等诸多原因的共同作用，仕和隐的选择问题，在"龙性难驯"的嵇康身上尤为尖锐地表现为生与死的选择和对抗。

《世说·雅量》一门对于中国精神史及人物美学的研究意义非常重大。"雅量"是魏晋人非常向往的一种理想人格，也是最具人文内涵的一种生命境界。雅量可以理解为人的胸怀博大，气量宽宏，临危不惧，处变不惊，不以外在环境的变故，改变内在人格的稳定性。雅量常常成为人们评价名士雅俗、优劣、高下的重要依据，像王子猷、王子敬在"火警"发露时的不同表现，祖约和阮孚对待自己癖好的不同态度，还有谢安和王坦之赴桓温"鸿门宴"时的不同气度，都是凸显名士"雅量"的著名案例。

我以为，雅量不仅关乎人的胆识、定力和气度，同时也关乎对自由的追求。因为"自由"也可以倒过来解，那就是"由自"。质言之，一切外物都不足以撼动内在的自我，"我的一切我做主"，哪怕是在危险甚至死亡面前，也要将自己认可和追求的人格形象进行到底！雅量人格往往可以通过外在的神色和表现显露出来。夏侯玄临刑、裴楷被收时神色不变，就是雅量的表现。而在魏晋名士"雅量人格"的舞台上，最值得注意也最令人"惊艳"的则是嵇康。

嵇康一生热爱自然，追求自我，崇尚自由。作为竹林七贤的灵魂人物，他最能体现士人或者知识分子应该具备的"独立之精神，自由之思想"。其立身处世，为人为文，光明磊落，彪炳千古。他的《山巨源绝交书》其实就是一篇"自由颂"，那"七不堪、二不可"的宣言就是"坚决不做公务员的九大理由"。这在今天，读之尤其令人神往！西方有自由女神，如果中国要选一自由男神，我愿意投嵇康一票。

嵇康的伟大人格完型于他的"广陵绝唱"。《世说新语·雅量》2载：

嵇中散临刑东市，神气不变。索琴弹之，奏《广陵散》。曲终，曰："袁孝尼尝请学此散，吾靳固不与，《广陵散》于今绝矣！"太学生三千人上书，请以为师，不许。文王亦寻悔焉。

这是《世说新语》全书最有力量的段落，堪称惊天地，泣鬼神。嵇康之死堪称人类历史上足以与"苏格拉底之死"相媲美的最哀婉、最壮丽的死亡事件之一，是中国士人精神史和心灵史上最重要的华彩乐段，千载之下读之思之，犹令人荡气回肠。嵇康之死不仅丰富了死亡的价值，更彰显了生命的尊严和自由的高贵。有鉴于此，我不敢苟同有些学者对嵇康之死类似"性格决定命运"的分析，换言之，嵇康之死如果只成为我们的性格分析材料，实在是对他的大不敬。

嵇康之死，使竹林七贤出现了极大的人格落差，更使他们成为中国文化史上最具阐释价值和哲学意蕴的文人群体。关于此点，我想说的是，竹林七贤的每个人都有选择之权利，他们的选择及命运最终丰富了国人的人格图像和精神维度。我们不能因为崇敬嵇康，就对阮籍、山涛们大加挞伐，而应该具有"了解之同情"。进而言之，我们应该祈祷的，绝不是今后还会出现更多的嵇康，而是，让那个导致嵇康死亡的黑暗世道万劫不复，彻底消亡！

四、结　语

竹林七贤与魏晋风度之精神层面的探讨，上述所谓"三自追求"，只能算是一个宏观的、横向的观照，如果就竹林七贤对魏晋风度之影响做一纵向的梳理，还可发现一个历时发展的脉络。而这一脉络差不多与汉末、魏、晋的名士人格之嬗变若合符节，即表现为从"风骨"向"风度"、再由"风度"向"风流"渐次滑落的动态过程。

"风骨""风度""风流"这三个概念全来自汉末以来的人物品藻和人伦识鉴。大概言之，"风骨"指人的风力、骨气，表现在人格上有刚烈、清峻的特点；"风度"则指人的风神、气韵、器量、识度的高妙；"风流"则很难就字面去诠解，略有广狭二义，广义包括前面的风骨和风度，狭义则似可理解为不执着于某种既定价值、率性任情、具有审美性和超越性的人格状态，类似于牟宗三先生所说的"清""逸"二气。就竹林七贤而言，这三种形态都有鲜明表现，难以量化区分。人略言之，最具"风骨"的当推嵇康。嵇康实则继承了汉末清议名士陈蕃、李膺以及后来的士林领袖孔融的铮铮铁骨，他的死亡，宣告了清议的终结。故王夫之说："孔融死而士气灰，嵇康死而清议绝"（《读通鉴论》卷十二）。如把"风度"与识度衔接，则七贤中阮籍、山涛辈可作代表，其他如刘伶、阮咸、向秀、王戎等人，则是由"风度"向"风流"转变滑落的过渡人物。

迨至两晋，尤其是玄风盛行的东晋，"风骨"如同清议一样渐趋式微，"风度"则被"风流"所取代，士人们不以物务自婴，"居官无官官之事，处事无事事之心"（《晋书·刘惔传》），纵情于山水丘壑，流连于丝竹丹青，追求"神超形越"，便形成了所谓"江左风流"。当是之时，尽管追求自然、自我、自由的大方向没有大变，但其中的生命张力和精神厚度却不可同日而语了。戴逵所谓："然竹林之为放，有疾而颦者也；元康之为放，无德而折巾者也。"①洵非虚语。究其原因，实与汉末、三国、两晋之政治、思想、文化背景轮番"倒卷"②有着不可分割的关系。

以上，是我对竹林七贤与魏晋风度两者关系的一些个人诠释，主要内容曾在不同场合讲述过，姑且置于此书的篇首，希望能引起读者的进一步思考。

---

① 戴逵：《放达为非道论》，《全晋文》卷一三七。
② 钱穆在谈到两汉、魏晋之际的学术政治大势时说："西汉初年，由黄、老清静变而为申、韩刑法。再由申、韩刑法变而为经学儒术。一步踏实一步，亦是一步积极一步。现在是从儒术转而为法家，再由法家转而为道家，正是一番倒卷，思想逐步狭窄，逐步消沉，恰与世运升降成为正比。在此时期，似乎找不出光明来，长期的分崩祸乱，终于不可避免。"参见钱穆《国史大纲》修订本，上册，商务印书馆 1996 年修订第 3 版，页 225。政治学术上如此"倒卷"，对士人精神与心灵产生相应之影响，必不难想见。

第一讲　美容之风

美
男
如
玉

看杀卫玠

西晋永嘉六年（312）六月①的一天，在建业（今江苏南京）城里，发生了一件让后人觉得匪夷所思的事：一个好端端的大男人，因为长得太漂亮，竟然被当时热情如火的南京市民给活活看死了！

您一定感到奇怪：只听说过有病死的，有老死的，有自杀的，有被杀的，有遭遇不测死于非命的，还从来没听说过有被"看死"的！——这到底是怎么回事？这个男人究竟是谁？他怎么有这么大的魅力？为什么那个时代会发生这样的事？反映了当时怎样的社会风气？和我们今天又有什么不一样？……不用说，这一连串的问题都是值得我们好好探讨的。

其实，史书和文献对这件事的记载比较模糊。最早记录这事的，是六朝志人小说名著《世说新语》②。《世说新语》这部书，很值得推荐给大家一读——民国时期不少文化名流给年轻人开的书单上，几乎都有《世说

---

① 本书涉及的月份均为农历。

② 《世说新语》，又名《世说》《世说新书》，是六朝志人小说代表作。全书分德行、言语、政事、文学、方正、雅量、识鉴、赏誉、品藻、规箴、捷悟、夙惠、豪爽、容止、自新、企羡、伤逝、栖逸、贤媛、术解、巧艺、宠礼、任诞、简傲、排调、轻诋、假谲、黜免、俭啬、汰侈、忿狷、谗险、尤悔、纰漏、惑溺、仇隙等36门，共1130条故事。所记上自东汉，下迄晋宋，虽多丛残小语，然写人叙事，笔法灵动，摇曳多姿，语言简约玄淡，妙趣横生，乃中国古代文言笔记小说之瑰宝，深受历代文人学者的喜爱。《世说新语》所开创的以类相从、分门隶事之体例，极具文体学的原创性，因而颇为后世所效法，历代续书仿作络绎不绝，蔚为大观，以致形成一种独具一格的文言笔记小说体式，学术界谓之"世说体"。

新语》。它成书于南朝刘宋年间，作者是当时的临川王刘义庆①。此书记载了从汉末到东晋近三百年间，上流社会那些王公名士的嘉言懿行，奇闻轶事，是中国文化史上一部非常重要的传世名著。许多大师级的人物都对《世说新语》推崇备至。譬如，鲁迅先生称《世说新语》为"一部名士底教科书"（《中国小说的历史的变迁》）；哲学家冯友兰先生把它当作"中国人的风流宝鉴"（《论风流》）；国学大师陈寅恪先生说："《世说新语》，记录魏晋清谈之书也。……然在吾国中古思想史，则殊有重大意义。"（《陶渊明之思想与清谈之关系》）而大翻译家傅雷先生对此书更是爱不释手，他在写给傅聪的信里说："你现在手头没有散文的书（指古文），《世说新语》大可一读。日本人几百年来都把它当作枕中秘宝。我常常缅怀两晋六朝的文采风流，认为是中国文化的一个高峰。"（《傅雷家书》）诸如此类，不胜枚举。

为什么这些一流的文化人如此喜欢《世说新语》呢？因为这部书不仅富有文学、史学乃至哲学的价值，而且记载了许多特立独行的人物和精彩纷呈的故事，读之如行山路，移步换景，目不暇接，美不胜收！尤其值得一提的是，为《世说新语》做注的，乃是南朝梁代的大史学家刘孝标。刘孝标的注（简称刘注）向以征引浩繁著称，一出世便成为文化史上的经典，与裴松之的《三国志注》、郦道元的《水经注》、李善的《文选注》，合称"四大古注"，泽被后世，影响深远。

《世说新语》共有三十六个门类，其中有一门类叫《容止》。"容止"，顾名思义，就是容貌举止。古人很重礼仪风度，所以古书上经常出现"美容止""善容止"，或者"周旋可则，容止可观"（《左传·襄公

---

① 刘义庆（403－444）：字季伯，彭城（今江苏徐州）人，南朝宋文学家。宋武帝刘裕之侄，长沙景王刘道怜次子，其叔父临川王刘道规无子，即以刘义庆为嗣，袭封临川王。曾任荆州、江州刺史等官职。为人"性简素，寡嗜欲"，爱好文学，才词虽不多，然足为宗室之表，招聚文学之士，远近必至，如袁淑、何长瑜、鲍照等文士皆入其幕。刘义庆堪称当时文坛领袖人物，所著《世说新语》及《幽明录》，为中国古代小说史上志人及志怪之经典名著。

三十一年》）之类的话，主要是赞美一个人不仅"颜值"高，而且动静得宜，令人赏心悦目。记得我在同济大学开"《世说新语》研究"的公选课时，曾问学生为什么选这门课，有一女生率尔对曰："听说《世说新语》中有一篇专门写帅哥，我就是冲着帅哥来的。"一座皆笑。其实她说的没错。《世说新语·容止》一门，的确记载了许多帅哥美男的故事，其中最著名的，莫过于这位被"看死"的美男了。世上的事就是这么奇怪：你长得太对得起观众，观众就只好对不起你了！

这个美男名叫——卫玠[①]。提起卫玠，今天很多人可能不甚了了。但是，如果时光倒流回到一千七百年前，一提起卫玠，恐怕会比现在的一些娱乐明星更易引起轰动效应。为什么？因为卫玠不仅是魏晋时期最著名的清谈家，他还是当时数一数二的美男子！

卫玠到底有多美呢？说起来也很有意思。史书记载说，卫玠小时候，大概也就七八岁吧，就曾因为长得俊美而造成交通拥堵。有一次，他乘坐一辆羊车来到京城洛阳城中的闹市区，没想到，所到之处，立即引起人群的骚动。看见他的人都说："这是谁家的玉人啊？"于是一传十，十传百，几乎全都城的都跑来围观。后来就留下一个典故，叫作"羊车入市"。可见卫玠小时候就已经体验过被人"看"的滋味了。这几乎是他后来在南京城的遭遇的一次"预演"和"彩排"。

我们知道，古时候没有照相技术，所以史书上介绍卫玠的美，只能用烘托法，或者是反衬法。卫玠的舅舅骠骑将军王济（字武子），也是个有名的美男，可是他每次见到外甥卫玠，就感叹地说："珠玉在侧，觉

---

① 卫玠（286－312），字叔宝，河东安邑（今山西夏县）人，卫瓘孙，卫恒子。西晋名士，清谈家。历任太傅西阁祭酒，太子洗马。卫玠擅长清谈，名重一时，当时另一名士王澄每次听卫玠清谈，辄叹息绝倒。时人谓："卫玠谈道，平子绝倒。"王澄与王玄、王济并有盛名，皆出玠下，世云："王家三子，不如卫家一儿。"永嘉四年（310），五胡入侵中原，北方大乱，为保存门户，卫玠携母举家南迁，于永嘉六年六月二十日病卒。死亡地点一说豫章，一说建业。

我形秽。"（《世说新语·容止》14，下引只注篇目及序号）就是说，卫玠就像珍珠美玉在旁边一样，让他舅舅王济觉得自己黯然失色。成语"自惭形秽"就由此而来。还有一次，王济对人说："与玠同游，囧若明珠之在侧，朗然照人。"（《晋书·卫玠传》）——与卫玠一起游玩，感觉就像有颗明珠在身边一样，光彩照人。可见卫玠的美，不是一般的美，而是一种极具视觉轰动效应和杀伤力的美，他是真正的阳光男孩，让人不敢正视，看了还想再看。

但是，金无足赤，人无完人。上帝是公平的，他给了卫玠风华绝代的美貌，却也给他"设计"了一个瑕疵——体弱多病。

关于这位美男的身体状况，《世说新语》记载得很清楚。东晋丞相王导第一次看见卫玠时，就感叹道："居然有羸形，虽复终日调畅，若不堪罗绮。"（《容止》16）——他的身体实在太羸弱了，尽管每天精神舒畅，还是一副弱不禁风、体不胜衣的样子。记得《红楼梦》里，贾宝玉和林黛玉开玩笑，说过一句话："你就是那倾国倾城的貌，我就是那多愁多病的身。"这"倾国倾城貌""多愁多病身"用在卫玠身上，真是再合适不过了。如果说，林黛玉是个病美女，则卫玠则堪称病美男。卫玠的美，是一种惹人怜爱的"病态美"。事实证明，这跟他后来的死大有关系。可以说，体弱多病才是卫玠死亡的真正杀手。

关于卫玠之死，《世说新语》记载得很简略：

卫玠从豫章至下都，人闻其名，观者如堵墙。玠先有羸疾，体不堪劳，遂成病而死，时人谓"看杀卫玠"。（《容止》19）

豫章，即今江西南昌。永嘉六年，卫玠从豫章流亡到下都。为什么说流亡呢[①]？因为当时正值西晋永嘉年间（307—313），由于西晋王族你争我斗，闹了长达16年的"八王之乱"，这时北方少数民族鲜卑、匈奴、羯、狄、羌等割据势力乘虚而入，进攻中原，引发了历史上著名的"永嘉之乱"，也叫"五胡乱华"。当时，西晋政权摇摇欲坠，很多北方的大家族为了保存门户，纷纷迁往江南，这在历史上又叫"永嘉南渡"。卫玠家族也是这南迁士族中的一支。永嘉四年（310），他携母亲举家过江，颠沛流离，百感交集[②]，先是寄居武昌，接着再到豫章，然后又辗转来到下都。

下都，就是当时的建业，今天的南京。下都在古代略相当于陪都，就是在京都之外，择地别建的另一个都城。西晋以洛阳为都城，历史上就称建业为下都。312年农历六月卫玠来的时候，还叫建业，半年之后，建业便改为建康。因为次年元月登基的晋愍帝名叫司马邺，为避皇帝的名讳，遂改建业为建康。又过了五年，317年，西晋灭亡，东晋建立，建康便成了东晋的首都。

可想而知，312年的建业城，作为北方南渡士族的集散地和未来的首都，是个非常繁华和热闹的大都市，所谓"六朝金粉"之都，"富贵温柔乡，烟柳繁华地"。经济中心的南移，南北文化的合流，使得这个地方成为当时的首善之区，更是人文荟萃之地，所以，卫玠这个当时最有名的清谈名士，花样美男，在当地有着很高的"人气"也就毫不奇怪了。估计卫玠还没进城，消息便传开了。这天千不该万不该，卫玠不该在公共场合抛头露面（他在哪里出现我们不得而知，估计是秦淮河或者乌衣巷之类比较热闹的地方），于是，就发生了《世说新语》记载的那一幕："人闻其

---

① 关于卫玠流亡与死亡详情的考证，参见拙文《流寓与死亡——卫玠之死的三种解读》，见《文史知识》2012年第11、12期。
② 《世说新语·言语》32："卫洗马初欲渡江，形神惨悴，语左右云：'见此芒芒，不觉百端交集。苟未免有情，亦复谁能遣此！'"

名，观者如堵墙。"①大家听说卫玠来了，纷纷赶来围观，不一会儿，看他的人便围得像一堵墙，风雨不透，水泄不通。卫玠本来就体弱多病，哪受得了这种劳累啊？终于病入膏肓，一命呜呼。当时的人就说是——"看杀卫玠"。

每次读这个惊心动魄的故事，我都会陷入真相与审美的矛盾之中，一方面明知这有可能是个"假新闻"，不可尽信。因为关于卫玠的死亡问题，《世说新语》还有另一个版本：

> 卫玠始度江，见王大将军。因夜坐，大将军命谢幼舆。玠见谢，甚说之，都不复顾王，遂达旦微言，王永夕不得豫。玠体素羸，恒为母所禁。尔昔忽极，于此病笃，遂不起。（《文学》20）

故事说，卫玠渡江之后，依附于大将军王敦②。王敦很赏识他，有一天夜里就让卫玠和一个叫谢鲲的名士清谈。清谈是魏晋名士非常热衷的一种很高雅的学术沙龙活动，谈的内容以《老子》《庄子》《周易》及佛理为主，多是比较高深玄妙的抽象哲理，不仅对人的学养、口才要求很高，而且清谈的人还要有充沛的体力和精力才行，否则很难应付那种高度紧张激烈的辩论局面。卫玠偏巧是当时最喜爱也最擅长清谈的，而且最善谈《易》《老》之理③，只要他一开口，简直是妙语如珠，口吐莲花，让人神魂颠倒。谢鲲也是一个清谈高手，两人棋逢对手，相见恨晚，于是大谈特谈，因为谈得太激烈，竟然通宵达旦。东道主王敦只有做听众的份儿，整

---

① "观者如堵墙"，语出《礼记·射义》："孔子射于矍相之圃，盖观者如堵墙。"

② 王敦（266－324）：字处仲，小字阿黑，琅邪临沂（今山东临沂北）人，王导从兄，东晋权臣，琅琊王氏代表人物。为人刚愎豪爽，晋室南渡后，贵为大将军，位高权重，遂有不臣之心，曾两度谋反，事败，病卒。《世说新语》记载了王敦的不少故事。

③ 《世说新语·文学》20刘注引《玠别传》："玠少有名理，善《易》《老》，自抱羸疾，初不于外擅相酬对。时友叹曰：'卫君不言，言必入冥。'武昌见大将军王敦，敦与谈论，咨嗟不能自已。"

个晚上都插不上一句话！卫玠的身体本来就羸弱不堪，他母亲经常要他严加防范，不让他参与清谈活动，就是怕他身体吃不消。估计这一次母亲没能管得住，结果这晚过后，这位美男体力严重透支，导致病情加重，终于一病不起。"不起"，一般而言就是死亡。所以，我把这个版本叫作——"谈杀卫玠"。

但是，根据我们的生活经验，无论是"看杀"也好，还是"谈杀"也好，其实都有故作夸张、耸人听闻的成分。用现在的话说，这事儿有点"八卦"！我在处理"卫玠之死"这样一个问题时，经常采取轻松一点的方式加以推理：估计卫玠先是通宵达旦地清谈，然后病情加重，接着很快又在建业城的闹市中被疯狂的追星族和粉丝们一通"猛看"，终于一病不起，香消玉殒！也就是说，在这个问题上，"病死"和"谈杀""看杀"是三位一体、牵一发动全身的。打个比方吧，就像英国的黛安娜王妃，你说她是被车祸杀死的，还是被"狗仔队"的闪光灯给"闪死"的呢？恐怕兼而有之。

叙事夸张，有些不靠谱，这是一个方面。另一方面，我又觉得，这个记载背后传达的东西真是美极了。有时候，太靠谱的东西也许反而不美了。比如，"梁祝化蝶"的传说靠谱吗？不靠谱。美不美？太美了！我们的古人真是太有才了，不说卫玠是病死的，也不说他是累死的，偏说他是被"看杀"，这里面传达的是一种非常唯美的信息，就是人们宁愿相信，卫玠是因为美丽而死亡！这真是"史上最美的死亡事件"！这个故事体现了古人的十分蓬勃的想象力、创造力和审美能力。在此之前，像"沉鱼落雁""闭月羞花"乃至"倾国倾城"等典故成语，都用"反证法"证明了美貌的魅惑性和杀伤力。而到了"看杀卫玠"，它却反其道而行之，竟把观众的"看"的杀伤力也凸显出来了！古今中外，有哪一个写美人的名著如此深刻地揭示出了"美的危险性"与"看的杀伤力"呢？可以说是绝无仅有！

有道是天妒英才，卫玠死时，年仅27岁。《晋书·卫玠传》记载，谢鲲听到卫玠的死讯，"哭之恸，人问曰：'子有何恤而致斯哀？'答曰：'栋梁折矣，不觉哀耳。'"王导更是称卫玠为"风流名士，海内所瞻"，号召天下名士"可修薄祭，以敦旧好"，可见卫玠在时人心目中的地位。后人对卫玠也是情有独钟。如唐代诗人孙元晏有诗云："叔宝羊车海内稀，山家女婿好风姿。江东士女无端甚，看杀玉人浑不知。"宋代诗人杨备《卫玠台》诗云："年少才非洗马才，珠光碎后玉光埋。江南第一风流者，无复羊车过旧街。"企慕怜惜之情，溢于言表。

鲁迅先生说："悲剧就是把有价值的东西毁灭了给人看。"卫玠的英年早逝，的确是个让人感伤的悲剧，但我们中国人常常有这么一种能力，就是在死亡中发现氤氲的诗意，在废墟中看见明媚的花朵，在无边的痛苦中还能擦干眼泪，"拈花微笑"。人们创造出"看杀卫玠"这个故事，不正是为了以此来安抚我们"人皆有之"的"爱美之心"吗？要我说，这是中国人特有的"艺术精神"和"喜剧精神"，而这两种精神，正是在魏晋那样一个乱世潜滋暗长并发扬光大的。

美是"看"出来的

从"看杀卫玠"这个故事，可以得出对魏晋时代的什么印象呢？我想至少有三点：

第一，魏晋时代是一个对美好的事物无限神往、无限崇尚、无限留恋的时代。魏晋风流之所以令后人心向神往，一个重要的原因就是，那个时代的人热爱美，追求美，更创造美！

第二，魏晋那个时代很特殊，审美的观点和今天不太一样。按照我们现在的标准，男人总要高大威猛一点、肌肉发达一点，才叫帅，才叫酷吧？像卫玠这样的体弱多病的小白脸儿，我们会有一个比较贬义的词送给他——"奶油小生"！

第三，和古往今来人们大都重视女性美不同，魏晋那个时代，似乎男性的美更受重视。男性美不仅被发现、被欣赏，甚至被"消费"了。有人说，如今的娱乐圈里颇有一些"花样美男"大受追捧，说明现在已经进入了所谓"男色时代"。但是，大家可能有所不知，今天的这股对男性美的欣赏和追捧的风气，比起魏晋时代来简直是小巫见大巫。魏晋的这股对于男性美的欣赏和追捧的风气，就是我们所说的"美容之风"。

所谓"美容之风"，其实就是"容止之风"。"容止"一词我们现在很少用，但在古代使用频率却很高。史书中介绍传主的外貌，常常会说"美容止"，或"善容止"，就是有美好的容貌、神态和举止，让人喜闻乐见。必须说明的是，这里的"美容"和今天的美容化妆并不一样，它包括两层意思：一是"美己之容"，二是"赏人之美"。而且，魏晋的这股美容止的风气主要是集中在男性身上的，简单说，也就是对男性美的欣赏。

从历史上看，对男性美的欣赏要远远落后于女性美。早在《诗经》的时代，就留下了许多描写美女的诗歌，但整个《诗经》对男性美的表达并不多见，即使有，也是高大威猛的形象。而且，值得注意的是，高大威猛常常是强调某种实用价值。比如《诗经·伯兮》这首诗，写一个留守空闺的女子思念她的丈夫，开篇就说："伯兮朅兮，邦之桀兮"。——我的丈夫真英武，他是国家顶梁柱。朅（qiè），就是高大雄健的样子。但紧接着话锋一转，却道："伯也执殳（shū），为王前驱。"（殳是古代的一种武器，用竹木做成，有棱无刃）——丈夫手执锋利殳，为王打仗做先锋。因为这个丈夫孔武有力，很快就被国君征调出征，拿着武器上战场、做前锋了。所以，这个女子夸奖自己的丈夫高大威猛，就不是一种纯粹的审美状态，而是另有所指。《诗经·淇奥》一诗中塑造的那位"有匪君子"，"瑟兮僩兮，赫兮咺兮"——气宇庄重又轩昂，举止威武又大方。——也涉及了男性美，但最终还是为赞美君子的德行服务的。

那什么才是审美状态呢？简单说，你欣赏的对象带给你的联想，离功利目的和道德价值越远，就越是接近审美状态。比方说，你看到一个高个男孩，不禁赞叹：这小子真帅！这就是审美状态。如果你马上想：这小子是打篮球的好苗子——这就是篮球教练的眼光了。"看"了就想到"用"，这不是审美状态。反过来，能够欣赏那些"中看不中用"的人或物（比如艺术品），倒是一个人的审美能力的体现。

一句话，美是"看"出来的。审美状态就是单纯享受"看"的愉悦，而不是执着于"用"的算计。

用这个标准来衡量，大概只有到了战国时期，才开始出现对于男性美的欣赏。我们讲两个战国美男的故事。

第一个是宋玉的故事。宋玉是战国时期著名的楚辞作家，相传是屈原的学生。他写过一篇很著名的赋，叫《登徒子好色赋》。写楚国大夫登徒子在楚王跟前进谗言，说宋玉虽然长得高大英俊，风流倜傥，但是却经常说点不满现实的牢骚话，而且十分好色。楚王一听，很生气，就找来宋玉，质问他：可有此事？宋玉知道是登徒子背后进了谗言，就说了一席话，塑造了一位绝色美女的形象。他先绕了一个大圈子，说：

天下之佳人莫若楚国，楚国之丽者莫若臣里，臣里之美者莫若臣东家之子。

先解释一下这个"里"。"里"是古代一个编制单位。有说二十五户人家为一里的，也有说七十二家、八十家甚至一百家为一里的。用今天的标准看，"里"差不多相当于一个街道或者小区。宋玉这段话的意思是：天下的美人都不如我们楚国的，楚国的美人都不如我们那个"小区"的，我们那"小区"的美人又都不如我家东邻的女孩子。宋玉果然文才了得，这么层层递进、逐步升级的交代自然吊足了读者的胃口。这个"东家之子"美到什么程度呢？宋玉说：

增之一分则太长，减之一分则太短；著粉则太白，施朱则太赤。

就是增加一分就嫌太高了，减去一分吧，又嫌太矮了；搽点粉就显得太白了，抹点胭脂又觉得太红了！用今天的话说，这个宋玉的"邻家女孩"真是美到了极致，都达到"黄金分割"了，好比一个巧夺天工的艺术品，一丁点儿都不能改动！宋玉还说这美女"眉如翠羽，肌如白雪；腰如束素，齿如含贝；嫣然一笑，惑阳城，迷下蔡"，真是"一顾倾人城，再顾倾人国"（李延年《佳人歌》）了。

可有趣的是，这么一个绝代美女不过是宋玉的一个"托儿"！宋玉接着说，"然此女登墙窥臣三年"。——这样一个美人，整天爬到我家的院墙上，干什么呢？"偷窥"我。不是偷窥一天两天，而是整整三年！原来宋玉是要借这个美女衬托自己的美。紧接着他又说，即便如此，"至今未许也"——我到今天也还是没有答应她呢！

更好笑的还在后头。宋玉接着又把登徒子的老婆塑造成了一个"绝代丑女"——"其妻蓬头挛耳，齞唇历齿，旁行踽偻，又疥且痔"。宋玉说，登徒子的妻子啊，头发蓬乱，耳朵卷曲，豁唇龅牙，弓腰驼背，身上既生癣疥又有痔疮，简直是古今"丑女无敌"。可就是这么一个丑老婆，"登徒子悦之，使有五子"，竟和她一口气生了五个孩子！最后宋玉说：大王啊，你说我们俩谁更好色呢？

必须指出，楚辞甚至后来的汉赋都有个特点，就是虚构，所以这篇赋写的内容未必就是实情，但从这个故事我们可以推知，宋玉是当时的一位颜值、才华都堪称一流的美男，而且已经受到邻家女孩的暗恋和追捧，这个结论大概是不错的。

第二个故事的主人公是邹忌。据《战国策·齐策》记载，齐威王时，国相邹忌身高八尺有余，形体容貌光艳美丽。一天早晨，邹忌穿戴好衣帽，照着镜子，自我感觉特好，就问他的妻子说："我同城北徐公相比，谁更漂亮？"这个城北的徐公可不是一般人，他是齐国有名的美男子。妻子连忙说："您漂亮极了，徐公哪能比得上您呢？"邹忌还算有点自知之明。他不相信自己真比徐公漂亮，就又问他的妾："我同徐公比，谁更漂亮？"妾连忙说："徐公怎么能比得上您呢？"

第二天，有客人来访，邹忌又以同样的问题问客人，得到的回答也一样。又过了一天，徐公亲自来拜访他，邹忌上看下看，左看右看，看了又看，怎么看都觉得自己比徐公差远了。邹忌晚上躺着琢磨这件事：为什么妻妾和客人都要"忽悠"我呢？最后他得出一个很有心理学价值的结论来："我的妻子认为我漂亮，是偏爱我；妾认为我漂亮，是害怕我；客人认为我漂亮，是有求于我啊！"于是邹忌就上朝拜见齐威王，说："我知道自己不如徐公漂亮，可我的妻子偏爱我，我的妾害怕我，我的客人有求于我，他们都说我比徐公漂亮。如今大王您拥有千里疆土，上百座城池，宫中的妃子、近臣没有谁不偏爱您，朝中的大臣没有谁不害怕您，全国的人民没有谁不有求于您。由此看来，大王您被忽悠得也很厉害啊！"后来的情节大家都知道了——齐威王采纳了邹忌的建议，广开言路，终于国泰民安，美名远扬。

这个故事一般是被当作君臣之间一个善进谏、一个善纳谏的事例来说的。但是我们也可以从男性美的发展看这个故事。我的结论是，大概在战国时期，对男性美的欣赏已经成为一个明确无疑的事实。这个爱照镜子、喜欢没事儿一个人"臭美"的邹忌，还有那个大家公认的美男子徐公，无疑都是当时男性美的代表人物。

但是，我们要把宋玉和邹忌的故事跟"看杀卫玠"的故事放在一起比较，就会发现三个很大的不同：

第一，性质不同。战国时，男性美的欣赏还属于"私人领域"，邻家女孩隔墙偷窥也好，一个人对着镜子臭美也好，被妻妾赞美也好，都很私密，而到了魏晋，却成为"公共空间"的大事，风生水起，无比张扬。

第二，规模不同。宋玉和邹忌的故事还只能算是个案，可到了魏晋，像卫玠这样被写进史书的美男，简直是层出不穷，蔚成一时风气。

第三，功用不同。战国的两个美男故事并不是叙事的重心，只是陈情说理的铺垫。"看杀卫玠"的故事则把对美的欣赏作为叙事的中心。而且，从效果上来看，战国的两个故事"群众参与度"明显不够，而魏晋呢？对男性美的欣赏就好比一股巨大的台风，席卷了整个社会。像卫玠这样的美男，甚至拥有数量庞大的"粉丝军团"，结果竟然付出了"卿卿性命"！

总之，魏晋时代，对男性美的发现和欣赏仿佛一下子被唤醒了，男士爱美，成了这个时代的重大精神事件。相比之下，对于女性美的欣赏和记载反倒处于下风。所以，要说"男色时代"，魏晋才是真正的"男色时代"。

傅粉何郎

既然美是"看"出来的，那么，魏晋时期对于男性美的审美标准又是怎样的呢？

要回答这个问题，还是先来说说中国古代女性美的一个审美标准。比如《诗经》有首题为《硕人》的诗，里面写到一位美女（即嫁给卫庄公的庄姜夫人）："手如柔荑，肤如凝脂。领如蝤蛴，齿如瓠犀。螓首蛾眉，巧笑倩兮，美目盼兮。"意思是：她手指嫩白如茅荑，皮肤洁白赛凝脂。颈子白嫩像蝤蛴，白牙齐整似瓠犀。额头方正白如蝉，眉毛弯比蛾触须，粲然一笑百媚生，明眸善睐人人喜。请注意：这里描写美女的美，说来说去都在强调一个非常重要的标准，那就是——白。我们知道，现在的化妆品尤其是护肤品广告，一个最大的卖点就是——"美白效果"好。可见，"白"，几乎是"美"的一个必要条件。

令人诧异的是，魏晋男性美的标准竟和女性美差不多，最受推崇的也就是——白。和今天的男士也用护肤品一样，汉末以来，在上层贵族和名士圈里，就有了"傅粉"的风习。傅粉，也就是搽粉。为什么搽粉？当然是为了"美白"。为什么要"美白"？因为当时人"以白为美"。

有个"傅粉何郎"的故事最能看出当时"以白为美"的好尚。故事的主人公，就是三国时大名鼎鼎的名士何晏①。何晏是东汉灵帝时的大将军何进的孙子。他的父亲死得早，母亲尹氏因为长得漂亮，被曹操收纳为妾，他也就"拖油瓶儿"地成了曹操的养子。何晏长得形容俊美，大概得益于他的母亲尹氏的遗传基因。《世说新语·夙慧》篇有个故事，说何晏七岁的时候，就出落得很漂亮，很可爱，"明慧若神"。曹操很喜欢他，当时何晏随他的母亲尹氏住在宫里，曹操有一次就把他召到自己身边，想收他做儿子。何晏不愿意，就在地上画了个大大方框，自己站在当中，人问其故，他回答说："何氏之庐也。"曹操知道后，也不勉强，立即把他送回去了②。

何晏长大之后，姿容甚美，冠绝当世。《世说新语》记载说：

> 何平叔美姿仪，面至白。魏明帝疑其傅粉，正夏月，与热汤饼。既

---

① 何晏（？－249）：字平叔，南阳宛县（今河南南阳）人，汉大将军何进孙。三国魏经学家、玄学家。少以才秀知名，好老庄言。擅清谈，与王弼共同开创清谈史上著名的"正始之音"。著有《论语集解》十卷、《道德论》二卷。娶魏金乡公主。魏文帝曹丕时未授官职。明帝曹叡即位，以其浮华，仅授冗官。正始年间（240－248）曹爽秉政，何晏党附曹爽，累官侍中、吏部尚书，典选举，爵列侯，后为司马懿所杀，夷三族。
② 《世说新语·夙慧》2："何晏七岁，明慧若神，魏武奇爱之，以晏在宫内，因欲以为子。晏乃画地令方，自处其中。人问其故，答曰：'何氏之庐也。'魏武知之，即遣还。"

啖，大汗出，以朱衣自拭，色转皎然。（《容止》2）

"美姿仪，面至白。"这个描写透露了一个信息，就是皮肤白皙对于一个姿容美好的人来说，具有强调的作用。更何况，何晏不是一般的白，是"至白"，白到了极点。白到了让人怀疑的程度。因为何晏太白了，而当时的人又有搽粉的风气，所以魏明帝曹叡（一说魏文帝曹丕）便怀疑何晏的"面至白"乃"傅粉"所致。于是曹叡就想了一个办法试探他。什么办法呢？就是大夏天儿给他热汤面吃，而吃热面往往会流汗的，一流汗，不就真相大白了吗？何晏吃完以后，果然大汗淋漓，就用"朱衣"的衣袖擦了擦脸，没想到，"色转皎然"，他的面色居然变得更加皎洁明亮了！

由此看来，人家何晏的白，是胎里带的，属于"天生丽质"，而不是"后天加工"。但这个"傅粉何郎"的典故，是不是"冤假错案"呢？也未必。因为有个材料说："晏性自喜，动静粉帛不去手，行步顾影。"（刘注引《魏略》）"自喜"也可以理解为"自恋"。粉帛也写作"粉白"，可能就是粉饼或粉盒之类的化妆品。《晋书·五行志》还说："尚书何晏好服妇人之服。"说他喜欢穿女人的衣服，这在古代叫作"服妖"①。总之这个有些"娘娘腔"的美男因为出身高贵，就理所当然地成了美容之风的代表人物，他的生活习惯和个人爱好对当时的上流社会产生了莫大影响，于是天下名士都爱美起来，肤白如玉就成了男性美的一个重要标准。

孔子曾说过一句意味深长的话："绘事后素"（《论语·八佾》）。绘事就是绘画这件事，素就是白色的绢，这句话的意思是说，先要有洁白的底子，才能在上面画出美丽的图画来。其实人又何尝不是如此？一个人如果皮肤白，五官再端正些，就给人以美感，俗话不是说嘛——"一白遮百丑"。从这个角度上说，美和白的关系，真是古今同理，并没有发生质变。

---

① 服妖：指服饰怪异。古人以为奇装异服会预示天下之变，故称。《尚书大传》卷二："貌之不恭，是为不肃，厥咎狂，厥罚常雨，厥极恶，时则有服妖。"

说到白，西晋的名士王衍也是个极端的例子：

> 王夷甫容貌整丽，妙于谈玄，恒捉白玉柄麈尾，与手都无分别。（《容止》8）

王夷甫名王衍，是西晋首屈一指的清谈家，也是个著名的美男。王衍经常拿着一种类似羽扇的叫作麈尾的风流雅器，和别人清谈的时候一挥麈尾，显得特别潇洒。他的这把麈尾的柄，是用玉做的，当然很白。可是，当王衍手执麈尾的时候，人们发现，他那只手竟然白得和麈尾的玉柄毫无分别！从这个故事可以看出，当时的人对于白面小生有着异乎寻常的欣赏和迷恋。

为什么古人总爱把男人与玉联系起来呢？因为先秦时即有"君子比德"的传统，就是把自然物和君子的德行节操相比附。其中最为人喜闻乐见的就是"君子比德于玉"①。因为玉的洁白、坚硬、温润等特点和所谓君子的德行与节操最为相似。而把人与自然物联系在一起，在美学上就是"人的自然化"。所以，当时把男人称作玉人、璧人，比作玉山、玉树，也就顺理成章了。

那么，除了白，在魏晋名士心目中，还有哪些美的标准呢？又留下了多少韵味悠长的故事？魏晋这股美容之风，到底蕴含着怎样的文化密码，对我们今天又有什么启示呢？我们第二讲再说。

---

① "君子比德于玉"：意为君子喜欢拿玉来和人的美德相比。语出《礼记·聘义》："子贡问于孔子曰：'敢问君子贵玉而贱玟者何也？为玉之寡而玟之多与？'孔子曰：'非为玟之多故贱之也、玉之寡故贵之也。夫昔者君子比德于玉焉：温润而泽，仁也；缜密以栗，知也；廉而不刿，义也；垂之如队，礼也；叩之其声清越以长，其终诎然，乐也；瑕不掩瑜、瑜不掩瑕，忠也；孚尹旁达，信也；气如白虹，天也；精神见于山川，地也；圭璋特达，德也。天下莫不贵者，道也。《诗》云："言念君子，温其如玉。"故君子贵之也。'"

玉树临风

三国曹魏太和三年（229）的一天，魏明帝曹叡在皇宫里召见一些亲近的大臣，举行了一个小型的宴会。被邀请的大臣中，有曹叡的小舅子，也就是毛皇后的弟弟毛曾，当时任驸马都尉。还有一位客人名叫夏侯玄①，当时只有20岁，任散骑黄门侍郎，就是在皇帝身边的侍从之臣。

客人们都到齐了之后，皇帝曹叡指挥大家落座，估计要按照官阶高低、亲疏关系排一下座次。其他人落座后，都没有什么问题，只有20岁的夏侯玄脸上一脸的不高兴。为什么呢？因为曹叡竟让他的小舅子毛曾和自己坐在一起了！

有人可能会问：不就是一个座位嘛，有什么了不起，犯得着这样较真儿吗？

大家要这样想，可就委屈夏侯玄了。夏侯玄何许人也？说起来可是大大的有名。他是三国曹魏名将夏侯尚之子，曹操的侄孙曹爽的姑表兄弟。我们知道，曹操的父亲曹嵩本来就是夏侯氏之子，曹氏和夏侯氏事实上属于同宗，所以夏侯玄可以说是皇亲国戚，朝廷重臣，政治地位很高。这是其一。其二，夏侯玄还是当时著名的玄学家，与另外两位玄学家何晏、

---

① 夏侯玄（209－254）：字太初，沛国谯（今安徽亳州）人。夏侯尚之子。三国曹魏大臣，玄学家。有名望，仪表出众。被誉为"四聪"之一。嘉平六年（254）二月，中书令李丰、皇后之父光禄大夫张辑密谋诛杀司马师，拥夏侯玄辅政，事泄，三人一起被杀，夷三族。著有《乐毅论》等。

王弼齐名，开启了正始时期的一代玄风，其文化地位也是首屈一指的。其三，更重要的是，夏侯玄容仪俊美，风度翩翩，是三国时一位著名的大帅哥，在贵族阶层享有很高的声誉，堪称实力派和偶像派的"双料明星"。虽然此时的夏侯玄还是个年轻后生，羽翼尚未丰满，但所有先天的和后天的优势无不具备，可以说是位眼睛长在额头上的主儿，一般人怎么能入他法眼呢？

再说毛曾，虽然贵为国舅，出身却很低贱，其父毛嘉在发迹之前，不过就是搞祭祀典礼的一个下等差役，因为女儿长得有些姿色，被曹叡看上，先做太子妃，后来当了皇后，于是毛家一下子鸡犬升天。顺便说一句，曹魏政权的最初几代统治者，从曹操到曹丕再到曹叡，选立正妻或皇后都有个毛病，就是不看门第，只要有姿色就行，他们所立的皇后都是出身低贱之人，这在学术界有个说法，叫作"三世立贱"。

一般而言，一夜暴富或者暴贵的人往往自我膨胀，不知天高地厚，毛曾也是如此，此人行为举止粗俗不堪，给人一种猥琐鄙陋之感，简直就是一标准的"歪瓜裂枣"！可是这么一个不上台面的人，曹叡为了抬举他，却让他和夏侯玄坐在一起。我们可以设想一下当时的情形：毛曾因为能和夏侯玄这样的偶像级人物坐在一起，当然很兴奋，估计是眉飞色舞，乐不可支。而出身高贵的夏侯玄，一向很鄙视毛曾这样的暴发户，《三国志·夏侯玄传》的说法是："玄耻之，不悦形之于色。"就是夏侯玄把和毛曾这样的人坐在一起看作是自己的耻辱，所以一脸的不高兴，估计连皇帝他都爱答不理了。

这样一来，曹叡就很生气：再怎么着我也是皇帝啊，你不给我小舅子面子，总得给我面子吧？于是龙颜大怒，后来他就找了个借口，将夏侯玄从黄门侍郎降为羽林监，也就是皇家禁卫军的一个官。

这个故事的结局就是如此，实在谈不上精彩生动，甚至是有些无聊。但是，在《世说新语》作者的笔下，却变成了另外一种光景，显得生动有趣，摇曳多姿。《世说新语·容止》篇载：

> 魏明帝使后弟毛曾与夏侯玄共坐，时人谓"蒹葭倚玉树"。（《容止》3）

说魏明帝曹叡让他的小舅子毛曾与夏侯玄共坐一处，结果怎样呢？他不写夏侯玄如何因为惹怒皇帝被贬职，反而换一个角度说，这样一幅比例严重失调的"快照"，就被有心人"抓拍"到了，大家看出了一个大帅哥和一个"小瘪三"坐在一起的喜剧效果，于是美其名曰："蒹葭倚玉树"。蒹葭，是河边乱长的芦苇；玉树，则是神话传说中只有仙境才有的高贵的仙树。芦苇倚靠着玉树，这句话显然不是事实判断——毛曾不是蒹葭，夏侯玄也不是玉树——而是一种价值判断，甚至还是一个审美判断，无非是说，夏侯玄和毛曾坐在一起，一个美，一个丑，一个贵，一个贱，反差实在太大了！既表达了对夏侯玄风度气质的赞美，也表达了对毛曾猥琐之态的贬斥和嘲讽。

不太为人注意的是，"蒹葭倚玉树"这个十分鲜明的形象，对于我们了解魏晋男性美的另外一个标准，具有非常重要的参考价值。什么标准呢？一言以蔽之，就是——高。如果说，魏晋时代对男性要求白，和我们今天的审美标准不太一样的话，那么，要求男性高大一点，伟岸一点，恐怕倒是古今一致的。可以说，对男性身高的要求从来都是衡量男性美的一个重要标准，古今中外，概莫能外。

自汉代以来，史书中描写人物，身高就是重要的一项。比如司马迁在《史记·孔子世家》中就说：孔子"长九尺有六寸，人皆谓之'长人'而异之。"九尺六寸有多高呢？按照古今尺度的比例换算一下，孔子的身高差不多要两米多，都能和姚明抢篮板球了！但是，似乎没有人说，孔子是长得俊美的。为什么？因为他太高了！连孔子自己都说过，"过犹不及"，一件事情，过头了，或者达不到，都不好。就身高而言，太高给人以压迫感；太矮了，像武大郎那种，只能让人产生同情心，总之不太容易产生美感。这说明，人类对于身高的认识，也有一个类似于"黄金分割"的恰到好处的比例。据我的观察，古代男子身高在七尺五寸到九尺之间，往往被认为是美的。不到或者过了这个限度，也就谈不上美了。

到了魏晋，文献记载男人的身高，出现了一个十分有趣的现象，就是除了交代一下尺寸，往往还采用比喻的手法，把人比作优美的自然物，因此形成了不少美丽的词汇。比如夏侯玄所以被称为"玉树"，大概就是因为他把帅哥的两大标准都占了——不仅白，而且高。

"玉树"之外，形容美男的高，还有两个很有气势的词——"孤松"和"玉山"。这两个词都是用在"竹林七贤"的领袖嵇康身上的。《世说新语·容止》篇记载说："嵇康身长七尺八寸，风姿特秀"。七尺八寸，大概相当于现在的一米八八（三国时一尺合今24.2厘米），堪称伟岸。所以嵇康的好朋友山涛赞美他说：

"嵇叔夜之为人也，岩岩若孤松之独立；其醉也，傀（kuǐ）俄若玉山之将崩。"（《容止》5）

嵇叔夜这个人啊，高大挺拔如山崖间傲然独立的青松；就连他醉倒的时候，也是风光无限，就好像一座巍峨的玉山将要坍塌了一样。美不美啊？当然美！如果说夏侯玄堪称"玉树临风"的伟丈夫，那么嵇康也为中国文化创造了一个很有阳刚之美的成语，叫作——"玉山倾倒"！

除了玉树、孤松、玉山，形容一个人高还可以用动物来做比。比如鹤。大概是遗传基因的作用吧，嵇康的儿子嵇绍后来也长成一位高大英俊的帅哥。有例为证：

有人语王戎曰："嵇延祖卓卓如野鹤之在鸡群。"答曰："君未见其父耳。"（《容止》11）

那是嵇绍刚刚踏上仕途，来到京城洛阳的时候，有人见了他，就对"竹林七贤"的另一位名士王戎说：你看这个嵇绍啊，他在众人之间，就好像一只野鹤站在鸡群中一样，卓然独立，器宇轩昂！王戎一听，很不屑地说："君未见其父耳。"言下之意，他父亲嵇康更让人叹为观止啊！尽管嵇绍不如父亲嵇康，但他也为中国文化贡献了一个成语——"鹤立鸡群"。

总之，一个男人如果白而且高，在魏晋时期就会大受欢迎。我们上一讲所讲的那位花样美男卫玠，之所以受人追捧，大概也因为他具备了当时美男的两个标准——白，而且高。说他白，有人们叫他"玉人""璧人"为证。说他高，有一个间接的根据。据《晋书·贾后传》记载，晋朝开国皇帝晋武帝司马炎要给自己的儿子司马衷选太子妃，当时有两个家族是候选人：一个是卫瓘家，卫瓘就是卫玠的祖父；再一个是贾充家。晋武帝很看好卫家，理由是："卫家种贤而多子，美而长白。"认为卫氏家族遗传基因（"种"）好，并且能生儿子，生的孩子都长得漂亮，又高又白。反过来呢，"贾家种妒而少子，丑而短黑"。就是贾家的遗传基因不太好，生的都是女孩子，又生性好忌妒，这倒也罢了，还相貌丑陋，又矮又黑！

这个材料非常清楚地说明，当时美的标准是"长白"，丑的标准是"短黑"，无论男女都是一样。但是好事多磨，最后，太子妃，也就是未来皇后的位子还是被位高权重的贾充家给抢去了。坐上皇后宝座的是谁呢？就是贾充的大女儿，有一代妖后之称的贾南风。这位可以说是"史上最丑皇后"的贾南风，果然"性酷虐"，"妒忌多权诈"，后来专权乱政，荒淫残暴，成为"八王之乱"的罪魁祸首。西晋灭亡，贾南风难辞其咎。不过，这都是后话了。

由"白"和"高"这两种标准推演开去，也便形成了魏晋美男的两种类型。哪两种类型呢？一种是阴柔美。以何晏、王衍、卫玠为代表，他们大多以白为主，白得有点女性化，有点"病态美"的味道，形容他们经常用"美""丽"这样的字眼儿。第二类是阳刚美。这一类型以夏侯玄和嵇康为代表，他们属于阳刚美男，常用"高""伟""俊""秀"这样的字眼儿来形容。如果说，阴柔美男的主要特点是皮肤白皙，那么阳刚美男则往往身材高峻，令人须仰视才见。

因此，认为魏晋人只喜欢奶油小生的观点是不确切的，当时，像夏侯玄、嵇康这样高大英俊、风神傲岸的阳刚美男照样受到人们的欣赏和欢迎。

心明眼亮

除了白和高，在魏晋名士心目中，还有哪些美的标准呢？

我们知道，一个人不仅有外在的形体容貌，还有内在的精神气质，所谓"形神兼备"。外在的形体容貌和内在的精气神，共同构成了一个人的整体印象。如果一个人仅有外形的美，而没有内在的神采，无论如何也不会给人以美感。唯有"形神并茂"，美感才能由内而外地散发出来。

如果说，肤色白、身材高只是外在之"形"的话，那么，更重要的内在之"神"要靠什么显示呢？不用说，靠的是——眼睛。

俗话说："人心隔肚皮。""知人知面不知心。"人是很复杂的，"知人"之难自古以来就困扰着人们。圣贤如孔子，对于人的了解，也曾经历过从"听其言而信其行"到"听其言而观其行"（《论语·公冶长》）的艰难转变。最后他总结出一个观察人的有效方法："视其所以，察其所由，观其所安，人焉廋哉？人焉廋哉？"（《论语·为政》）仔细观察一个人行为的动机，处事的方式，以及他所安于什么样的一种状态，那么这个人怎么可能隐藏得住自己呢？

后来孟子嫌这种"跟踪调查"式的方法太麻烦，便提出了一个更简便也更直观的观察人的方法，他说："存乎人者，莫良于眸子。眸子，不能掩其恶。胸中正，则眸子瞭焉；胸中不正，则眸子眊焉。听其言也，观其眸子，人焉廋哉？（《孟子·离娄上》）意思是，观察一个人，没有比观察他的眼睛更好的办法了。眼睛掩藏不了他内心的丑恶。心怀坦荡的人，眼睛就特别明亮；居心叵测的人，眼睛就晦暗而浑浊。听一个人说话，再观察他的眼睛，他怎么能掩藏得住呢？

俗话说，眼睛是心灵的窗户，心明才能眼亮，而眼亮，是一个人内在精神和生命活力的体现。所以，在魏晋的美容之风中，人们就把眼睛黑亮作为判断一个人是否具有内在风神之美的重要标志。

比如"竹林七贤"中年龄最小的王戎，眼睛就很亮，而且史书上说他有一种"特异功能"——"视日不眩"。他眼睛直视太阳的时候，一点都不会头晕目眩。有位叫裴楷的名士一见王戎的眼睛，就大加赞叹："戎眼烂烂，如岩下电。"（《晋书·王戎传》）就是说，王戎的眼睛精光四射，好像山岩下的闪电一样。王戎本来身材矮小，其貌不扬，但因为他拥有这么一双"电眼"，混迹于名士圈中倒也不觉得磕碜。

其实，裴楷夸王戎眼亮，也是在"表扬和自我表扬"。因为被称为"粗服乱头皆好"①的裴楷自己也是一位"电眼"帅哥：

裴令公有俊容姿，一旦有疾至困，惠帝使王夷甫往看。裴方向壁卧，闻王使至，强回视之。王出，语人曰："双眸闪闪若岩下电，精神挺动，体中故小恶。"（《容止》10）

---

① 《世说新语·容止》12："裴令公有俊容仪，脱冠冕，粗服乱头皆好，时人以为'玉人'。见者曰：'见裴叔则，如玉山上行，光映照人。'"

有一次，裴楷卧病在床，晋惠帝司马衷派大名士王衍来看他。裴楷本来是向壁而卧的，听说王衍来了，出于礼貌，便勉强转过身来看了他一眼。正是这一眼，给王衍留下很深的印象。王衍出来后，对人说："裴楷的双眸闪闪若岩下电，精神很好，不过身体微染小恙罢了。"这说明，当时的人把一个人眼睛亮不亮作为评判其内在精神气质的一个重要标准。

　　东晋还有个美男叫杜弘治。大书法家王羲之见了他，非常欣赏，说了一句很经典的话："面如凝脂，眼如点漆，此神仙中人。"（《容止》26）"面如凝脂"是说他皮肤极白，白得像凝结的羊脂。"眼如点漆"是说他双眸黑亮，炯炯有神，这样黑白形成的强烈对比，就把一个人的内在精神凸现出来了，所以此人望上去简直就像神仙下凡一般！

　　有时候，眼睛黑亮的作用甚至比白和高这些外在特点更巨大，更本质。一个人如果容貌一般，既不白，也不高，甚至很丑陋，但只要你有一双明亮的眸子，也能凸显其风神气度，给人一种美感。比如东晋有个叫支遁（字道林）的高僧，他的"相貌丑异"是出了名的，而"丑异"一词，差不多相当于"丑八怪"，但是，此人照样是东晋非常受欢迎的名僧加名士。为什么？因为他有一双黑白分明、精光四射的眼睛，凭着这双眼睛，"一美遮百丑"，照样让人刮目相看，肃然起敬[1]。

　　所以，魏晋美容之风既注重皮肤白、身材高等外形的美，也注重眼睛明亮等内在精神的显现，说穿了，魏晋人不仅欣赏一个人的自然美、修饰美，更推重一个人的风度美、人格美。这也就是我们所说的"形神并茂"。

掷果潘郎

　　除了肤白，身高，眼亮，还有一种男性美的标准也值得注意，那就

---

[1]　《世说新语·容止》37："谢公云：'见林公双眼，黯黯明黑。'孙兴公见林公：'棱棱露其爽。'"

是一个人的"神情之美"。神情可以理解为风度，仪态，韵味。这里我们要重点介绍一位家喻户晓的人物，谁呢？说起来大家一定知道。民间有个说法："潘安貌，子建才。"子建是三国时最有才华的诗人曹植的字。潘安就是就是西晋的文学家潘岳，大概因为他的字叫安仁，所以人们又叫他潘安。

我觉得，潘岳的美可能体现了阴柔和阳刚两种美的完美结合。或者说，在他身上，外在美和内在美达到了相得益彰的程度。《潘岳别传》称："岳姿容甚美，风仪闲畅。"说他不仅姿容美好，而且风度潇洒，仪态万方。

潘岳大概也是很白的，《世说新语》记载说：

潘安仁、夏侯湛并有美容，喜同行，时人谓之"连璧"。（《容止》9）

潘岳喜欢和另一位美男夏侯湛同行，被人们称为"连璧"。"连璧"是指连在一起的两块美玉，说潘岳和夏侯湛两人在一起，真如珠联璧合，相映生辉！

不仅如此，和卫玠一样，潘岳的美也是很有杀伤力的。美貌的人常常会伤害平凡的人：一是让人感到自卑，二是让人嫉妒，三是让人痴狂。这样的人对于公共领域来说，差不多是个"公害"，只要他们一出门，很容易造成交通或治安方面的"险情"。《世说新语·容止》篇就记载：

潘岳妙有姿容，好神情。少时挟弹出洛阳道，妇人遇者，莫不连手共萦之。左太冲（左思）绝丑，亦复效岳游遨，于是群妪齐共乱唾之，委顿而返。（《容止》7）

说潘岳姿容美妙，神情动人。他年少时曾拿了一把弹弓，来到洛阳的大街上。必须说明，这时候的潘岳年龄不大，也谈不上是名流，可是他走在大街上一下子就引起异性的注意，而且不是"收视率"和"回头率"高的问题，而是更严重的问题——那些妇人遇到他，都不约而同地手拉手把他围在中间，一通猛看，大饱眼福，有没有动手动脚咱们就不知道了。

顺便说一句，衡量一个时代妇女地位是否提高，一个重要的参照就是看这个时代的女性敢不敢大胆表达自己的喜好。这和今天的大众文化很相似。男性明星开始占据了更大的市场份额，欣赏和追捧他们的，大部分都是女性消费者。试想，如果娱乐杂志的封面，清一色都是女性明星的玉照，女性美独霸人们的"眼球市场"，那除了说明我们还处在一个男性绝对中心的时代，还能说明什么呢？换句话说，男性美的被欣赏和被消费，或者说，当女性不惮甚至公开地表达自己的"好色"趣味的时候，不仅不是女性的道德水准下降了，反而恰恰是女性整体地位特别是经济独立性提高的表现。

就我的观察，魏晋女性的地位就要比汉代女性高。这跟当时儒家礼教的崩解有很大的关系。东晋史学家干宝在《晋纪·总论》中说：魏晋的妇女，往往"先时而婚，任情而动，故皆不耻淫佚之过，不拘妒忌之恶，父兄不之罪也，天下莫之非也"。可知，魏晋女性的地位的确比以前有了提高，礼法对她们的束缚也比较小。大街上围观一个美男就是证明。

我们的故事还没讲完。后面的情节更好笑。当时另一位诗人左思听说潘岳出去逛街，受到这么隆重的追捧，很羡慕，他也模仿潘岳（估计也拿把弹弓）来到洛阳的大街上晃荡，没想到妇女们一看到他，就一齐向他吐口水，弄得左思像泄了气的皮球，郁闷而归。原因无他，盖因左思才华虽高，但容貌"绝丑"！

无独有偶。还有一个"掷果潘郎"的故事：

安仁（潘岳）至美，每行，老妪以果掷之，满车。张孟阳（张载）至丑，每行，小儿以瓦石投之，亦满车。（刘孝标注引《语林》）

故事说，潘岳因为长得太美，每次出行，老妇人便会向他车里投掷水果，常常装满一车；另一位叫张载的丑男每次出行，小朋友便用瓦块石头砸他，也常常弄得"满载而归"。

这两个故事虽然都有些夸张，但足以说明，魏晋时人们对美的狂热追求，已经到了登峰造极的地步。别的不说，你爱美男可以，可也不能虐待丑男啊？红花总须绿叶衬吧？但是话又说回来，这种看似有些极端的偶像崇拜恰好说明魏晋人对美的崇尚，热烈生猛，爱憎分明，一派天真烂漫！

如果把今天的偶像崇拜和魏晋比较一下的话，就会发现本质的不同。今天的偶像崇拜，权力的也好，道德的也好，文化的也好，娱乐的也好，大都离不开现代传媒的强势宣传和炒作，而魏晋这股美容之风，则显得更为淳朴、真率和自然。那时候没有聚光灯，没有商业包装，也很少有行政命令来干预大众的精神生活，有的只是对美的事物的热爱，对高贵气质的欣赏，对卓越才华的仰慕。要知道，人们崇拜的这些人，除了长得美，长得帅，有风神，有气度，更重要的是，他们大多是当时一流的文化人和艺术家。与其说他们是其他偶像，不如说他们是人格偶像。这么一比较，孰高孰低，不言自明。

这世界上，人类是最会制造偶像并崇拜偶像的物种，偶像崇拜也带动了人类的精神生活向更高级的方向发展。但是，和所有的时尚一样，偶像崇拜难免带有非理性的色彩，特别是今天风起云涌的粉丝文化，那种"爱你没商量"或者"好恶大于是非"的狂热心态倒是需要警惕的。要我说：与其崇拜权力偶像，不如崇拜娱乐偶像；与其崇拜娱乐偶像，不如崇拜文化偶像；与其崇拜文化偶像，不如崇拜人格偶像；与其崇拜所有一切偶像，不如所有一切偶像都不崇拜！从经济学角度说，崇拜别人，意味着不断地透支自己，人生苦短，何必把自己的价值绑在别人的光环背后呢？

神超形越

魏晋美容之风是有着深广的文化内涵的一种时代风气，与后来单纯的
"以貌取人"不可同日而语。这股风气对于中国的文化和国人的心灵有着
非常重要的影响。

第一，魏晋美容之风脱胎于汉末人物品评的风气，它极大地促进了
中国美学的发展。中国美学有两大特色：一是天人合一，二是人文合一。
很多人物审美的概念，最终变成了文学艺术欣赏的关键词。美学家宗白华
先生说："中国美学竟是出发于'人物品藻'之美学。美的概念、范畴、
形容词，发源于人格美的评赏。"（《论〈世说新语〉和晋人的美》）比如"形
神"这一概念，原本用于对人的认知，后来变成了对艺术品赏鉴的一个范
畴，出现了"形似"和"神似"①、"形神兼备"等美学概念。再比如，
"风骨"本来也是形容人的性格的，后来却成了表达对文章风格的把握，
所以出现了"建安风骨"这种非常具有中国民族特色的美学概念。再如，
眼睛是人物美的一个重要审美标准，后来，人们就转移到对文学的欣赏
上，把一篇文章中最关键的句子叫作"文眼"，一首诗中最警醒的字眼叫
作"诗眼"，这都和魏晋这股人物美的欣赏风气不无关系。

第二，魏晋美容之风丰富了中国人的心灵，提升了我们的精神境界。
魏晋以前，比较注重的是道德修养，孔子曾感叹说："吾未见好德如好色
者也。"（《论语·卫灵公》）此言一出，"好德"遂成为一种较高的道德
境界，至少胜过"好色"。但是，"好德"强调的往往是社会性、群体
性或者说"共性"的东西，需要社会规范引导和后天学习修养才能养成，
而"好色"或者说"爱美"则是人的天赋本能，它强调的是自然性或者说
"个性"的东西。相比"好德"，"好色"几乎是无师自通，因而更接近

---

① 《世说新语·排调》42："桓豹奴是王丹阳外生，形似其舅，桓甚讳之。宣武云：'不恒相似，
时似耳。恒似是形，时似是神。'桓逾不说。"窃以为，中国美学中"形似""神似"的概念由此发端。

人的本真。儒家崇尚道德本身是好的，但道德一旦被权力拥有者所利用，发展成为"照妖镜只照别人不照自己"的道德主义和迂腐教条，则很容易流入虚伪，甚至是残暴。东汉末年的政治腐败正是道德主义破产的信号。到头来，道德成了统治者单方面要求被统治者遵守，而自己却可以豁免的意识形态专制。魏晋时期，礼崩乐坏，儒家礼教日益瓦解，人们的思想空前解放，是一个十分重视个性发展的时代，几乎每个人都拥有一双"善于发现美的眼睛"，所以，人们发现，人的天赋的才性和自然的体貌风度本身就是赏心悦目的，值得欣赏和肯定，而那些人为刻板的教条则显得十分虚伪甚至荒谬。这种欣赏和肯定，甚至可以说是人类本身的自我欣赏与自我确认。如果说先秦两汉时期，对一个人最高的赞美是——"贤哉！"那么到了魏晋，对人的最高的礼赞则变成了——"美哉！"

这种对人的自然、自在的形神之美、才性之美、人格之美的肯定和欣赏，使中国人的精神世界丰富了，多元了，升华了。而排除道德成见，不带功利性地去欣赏美，追求美，创造美，表现美，正是魏晋这个乱世虽然动荡不安，但又多姿多彩、令人神往的重要原因。

而且，我以为，魏晋美容之风的价值和意义还不仅在于"形神并茂"，更在于"神超形越"①。这样一种风气产生在一个生命朝不保夕的乱世，本身就值得深思，它所具有的那种超越性的价值和意义便显得格外重要。为什么魏晋名士会崇尚那样一种"神仙中人"的境界？说穿了，是因为现实太痛苦，他们无不希望获得一种短暂的超越！因为过了今天不知道明天，所以更要精彩地活着，美丽地活着，活出独一无二的自我！《世说新语》中的"神超形越"一词，说的正是魏晋人灵魂深处的精神追求。

所以，魏晋美容之风是有着深广的文化内涵的一种时代风气，与后来

---

① 《世说新语·文学》76："郭景纯诗云：'林无静树，川无停流。'阮孚云：'泓峥萧瑟，实不可言，每读此文，辄觉神超形越。'"

的单纯"以貌取人"不可同日而语。

在美容之风的推动下,魏晋时代还有一种今天看来更另类、更生猛、更有杀伤力的风气也开始流行起来,甚至在空间上席卷了整个上流社会,在时间上一直蔓延到隋唐。这究竟是一种什么风气呢?

第二讲　服药之风

人蛋之战

《世说新语》有一个门类，叫作《忿狷》，忿就是愤怒，狷就是性情急躁。也就是说，这一个门类，记载的都是脾气大、爱发火的人。其中"王蓝田食鸡子"的故事，可以说是脍炙人口：

王蓝田性急。尝食鸡子，以箸刺之，不得，便大怒，举以掷地。鸡子于地圆转未止，仍下地以屐齿蹍之，又不得，瞋甚。复于地取内口中，啮破即吐之。（《忿狷》2）

王蓝田名述，字怀祖，太原晋阳（今山西太原）人。古代经常以官爵称呼一个人，王述因为袭封了其父王承的爵位蓝田县侯，所以就被称作王蓝田。王蓝田这个人性情非常急躁。有一次他吃鸡子，也就是鸡蛋——我们吃鸡蛋都是要亲自动手剥蛋壳吧，可王蓝田不。他先用筷子去戳鸡蛋，结果没有戳进去。这本来很正常，鸡蛋是椭圆形的，还有一层硬壳，哪那么容易戳进去呢？可是王蓝田为这点小事就开始"大怒"了。人的心态一失衡，行为肯定也要失常，他竟然抓起这只鸡蛋就扔到了地上！王蓝田当时的神态动作，真是要多好笑就有多好笑。

更好笑的是，这个鸡蛋好像故意和王蓝田过不去似的，它被摔在地上竟然没碎。不仅没碎，它还在地上跳芭蕾——"圆转未止"，就是滴溜溜地转个不停。这下王蓝田更火了，他就下地用木屐齿去踩。故事到了这时候，简直是一场火药味儿很浓的战争了。王蓝田穿的木屐，是大有讲究的。木屐就是木底的鞋子，木底下面有的有齿，有的没齿，齿也就是跟，魏晋人穿的木屐大都是有齿的，而且是前后两个齿，中间有个空当。正是这个屐齿中间的空当，让这场"人蛋大战"变得更有戏剧性了。王蓝田下去一踩，估计鸡蛋正好卡在了屐齿之间的空当里，当然又没有踩破。

第二个回合，王蓝田又落于下风。这下他更气急败坏了，"瞋甚"——瞋就是睁大眼睛瞪人的样子，不过这回瞪的不是人而是鸡蛋。说时迟，那时快，这次王蓝田总算动用了他那只养尊处优的手，把鸡蛋从地上捡起来。你捡起来剥了壳吃掉不就完事了吗？可他不，他把鸡蛋直接放进口里，用牙狠狠地咬。这一咬，当然把鸡蛋咬破了。咬破了你就吃啊？可他不，估计是火气还没消，他竟然把入口的鸡蛋又十分孩子气地吐了出来！就像猫捉住老鼠一定要好好逗弄一番一样，王蓝田那意思大概是：把我折腾了半天，想让我好好地吃你，没门儿！

这条故事的末尾继续写道：

王右军闻而大笑曰："使安期有此性，犹当无一豪可论，况蓝田邪？"（《忿狷》2）

王右军就是王羲之，因为官至右军将军，故世称"王右军"。王羲之听说王蓝田食鸡子的事后，就大笑起来，十分轻蔑地说："要是王安期也有这种上不得台面的急性子，那就没有什么可以称道的了，更何况是等而下之的王蓝田呢？"王安期，就是王蓝田的父亲王承，王承是西晋一流的名士，在士林享有很高的名望。顺便说一句，魏晋之际有两个王氏家族非常显赫，一个是山西太原王氏，一个是山东琅琊（今山东临沂）王氏，两个王氏都是人才辈出，政治地位和文化地位很高，彼此难免有攀比竞争之心。王蓝田出身于山西太原王氏，东晋时，他和出身山东琅琊的王羲之是齐名的。但是王羲之对王蓝田很看不起，因为王蓝田这个人为官贪浊，他做宛陵令的时候，受贿多达一千多起。丞相王导劝告他，他却大言不惭地说："足自当止。"（《品藻》47刘注引《中兴书》）等我捞够了，自然就会停止的。和这样一个品行有瑕疵的人齐名，对于性情耿介而又傲慢的王羲之来说，真是"是可忍，孰不可忍"。所以只要逮住机会，王羲之总要拿王蓝田开涮。上面王羲之说的这句话，意思很明白，就是王蓝田这种性情狂躁的愣头青，哪里配和我王羲之相提并论呢？

这就是"王蓝田食鸡子"的故事。这故事和我们这一讲的话题大有关系。稍微了解魏晋风度的朋友可能都有个印象，魏晋名士大都很有个性，甚至很有脾气，像王蓝田这样的性情狂躁的人在魏晋一点都不稀罕。按照鲁迅先生的说法，魏晋名士之所以脾气大，个性强，跟当时的一种风气大有关系。什么风气呢？就是服药之风。

那么，魏晋名士所服的，到底是一种什么药呢？说起来真是有点耸人听闻。

毒品"五石散"

先说这种药的名字。名字就挺吓人，叫作"五石散"。为什么叫"五石散"？因为它是由五种矿石配制而成的。哪五种矿石呢？根据唐代医学家孙思邈《千金翼方》的说法，分别是：紫石英、白石英、赤石脂、钟乳石、石硫黄。您看看这名字，哪一个给您您敢吃？更何况是五种配制在一块儿呢？

俗话说：是药三分毒。而"五石散"这种药，至少也有七分毒！和众所周知的鸦片、大麻、白粉之类的毒品相似，"五石散"可以说是中国古代最著名的毒品，从魏晋到隋唐，不知多少人被此药所毒杀！

既然有剧毒，为什么还有那么多人服食呢？因为"五石散"不仅可以治病，还有一些特殊的"功效"和"附加值"，足以让当时追逐时尚的贵族名士们争先恐后，趋之若鹜。

先说附加值。什么"附加值"呢？首先一个就是名贵。我们从"五石散"的配方就可知道，这种药制作工艺应该是比较复杂高端的，单把这五种矿石搜集完备成本就很高，何况还要把它们配制成药呢？俗话说，"物以稀为贵"。但是，人们的消费心理还有一个不可思议的定律，就是"物以贵为贵"。你看现在买房子，有个行话叫"买涨不买跌"，房价越高，越有人去买。为什么？怕得不偿失。商家正是利用这种消费心理大肆聚敛的，以至于有人竟然红口白牙地说："中国房价根本不贵。"真是站着说话不腰疼！"五石散"也是如此，因为它难得，成本很高，造价昂贵，所以反而刺激了当时贵族圈的消费欲望，于是大家争相服用，以至于服用"五石散"竟成了贵族身份的象征和标记。此其一。

其二，不仅名贵，而且有名人为之炒作。谁呢？就是三国时那位著名的美男子何晏。虽然史书记载的何晏形象不怎么光辉，但是平心而论，何晏实在是当时第一流的文化人，他对魏晋士风乃至中国古代文化都有着不小的影响。就魏晋士风而言，至少有三种风气都与他的倡导和实践有关。哪三种风气呢？其一是前面说过的魏晋美容之风，其二是我们后面会谈到的清谈之风，其三就是在魏晋大行其道的服药之风了。

何晏可以说是魏晋服药之风的始作俑者。《世说新语·言语》篇记载：

何平叔云："服五石散，非唯治病，亦觉神明开朗。"（《言语》14）

有一次，何晏吃过"五石散"之后，兴之所至，说了一句很有煽动力的话。他说：服用"五石散"这种药啊，不仅能治病，还可以让人精神爽朗，容光焕发！需要补充说明的是，何晏不仅是曹操的养子，而且后来娶了曹操的女儿金乡公主，成了驸马爷，再加上他长得漂亮，又是当时最著名的玄学家，曹爽执政后，又提拔他当了吏部尚书，使何晏在政坛、学界、名士圈中的声望和地位如日中天，所以他几乎是当时的时尚先锋和大众偶像，引领着当时的时尚潮流。何晏这么一说，等于充当了"五石散"的形象代言人。不过，比起今天一些做虚假广告的明星大腕儿来说，何晏还算有操守，因为他首先喝过这种药，其次他也不是为了牟取暴利才去做"形象代言"的。他是属于身体力行，有感而发。

总之，何晏这么一炒作，"五石散"这种药便"大行于世，服者相寻"（刘注引秦承祖《寒食散论》）。后来鲁迅先生说何晏是"吃药的祖师"（《魏晋风度及文章与药及酒之关系》），真是一点都不夸张。

"寒食散"

"五石散"还有一个更知名的别称——寒食散。为什么叫"寒食散"？唐代医学家、"药王"孙思邈的解释是：

> 凡是五石散，先名寒食散者，言此散宜寒食，冷水洗取寒，惟酒欲清热饮之，不尔即百病生焉。服寒食散，但冷将息，即是解药热。（《千金翼方》）

如果说，"五石散"之名主要是说这个药的配方的话，那么"寒食散"则是强调它的服用方法。

为什么要"寒食"呢？一句话，因为"五石散"药性极热，药力发作以后，人会浑身发热，五内如焚。所以要"冷将息"，也就是"冷处理"，以解药热。怎么"冷处理"呢？主要注意三点：

第一，吃冷食。就是要多吃凉菜凉饭。因为服用"五石散"后，毒火攻心，五脏燥热不堪，热力开始发散，这有个术语，叫作"散发"。"散发"后必须多吃冷饭以散热降温，有时一天竟要吃七八次冷饭！估计那个时候，没人会说一个人吃冷饭不卫生，没准儿吃冷饭反而成了显示身份的标志——说明你吃得起"五石散"啊！

"散发"还有个别称，叫"石发"。说到"石发"，隋朝侯白的笑话故事集《启颜录》载有一个很好笑的故事：

后魏孝文帝时，诸王及贵臣多服石药，皆称"石发"。其时乃有非富贵者，亦云服石发热。时人多嫌其诈作富贵体。有一人于市门前卧，宛转称热，因众人竞看。同伴怪之，报曰："我石发。"同伴人曰："君何时服石，今得石发？"曰："我昨在市得米，米中有石，食之乃今发。"众人大笑。自后少有人称患石发者。

故事说，北魏孝文帝的时候，许多王公大臣都喜欢服食"五石散"，大家见了面，不免要交流一下服药体会，说着说着就会有身体发热的反应，于是都会说"我石发了"。结果"石发"一词竟时髦起来，有点像是广告词："今天你喝了没有？"于是就出现了一种现象，有的人家里并非贵族豪门，吃不起"五石散"，却也说自己"石发"，人们就说这种人是"诈作富贵体"。当时流传着这么一个笑话：有一人躺卧在闹市门前，一个劲儿地说自己热，闹得动静很大，于是引得很多人都来围观。这人的同伴奇怪了，问他怎么回事。这人故意大声说："我石发了！"同伴大概见过些世面，就问他："你何时吃过五石散呢，非要说自己石发？"这人说："我昨天买的大米中有小石子，今天吃了以后可不就石发了嘛！"众人一听，大笑不止。这个附庸风雅的家伙，压根不知道"石发"是咋回事，却要当场"秀"给别人看，结果闹出了笑话。说明服食之风在北朝时依然盛行，甚至已经渗透到民间了。

冷处理的第二个办法，是冷水浇身，就是洗冷水澡。因为要让热力"散发"出去，方法就不止一个，除冷食外，还可以采用洗冷水澡的办法，以散热降温。今天的人到了酷暑天气，也喜欢洗冷水澡，这是"外热"导致的本能反应，而吃了"五石散"发的是"内热"，那些石硫黄啊、钟乳石啊之类的东西在肚子里闹腾，火烧火燎的，洗冷水澡当然成了散发内热的一个有效途径。

第三个方法就不能叫冷处理了，就是服药之后，人必须喝点温酒。喝酒是魏晋名士的身份标志，但是如果你先服了"五石散"，喝酒便要小心了。我们知道，酒是性热的，冷着喝下去，和肚子里那些硫黄之类的掺和在一起，无异于火上浇油，所以只好温一温，烫一烫，等热力挥发一些再喝，这样比较保险。由此看来，魏晋人爱喝酒，和服了药以后必须要用温酒来调理大有关系。

说到喝温酒，《世说新语·任诞》篇记载了一个故事：

桓南郡（桓玄）被召作太子洗马，船泊荻渚。王大（王忱）服散后已小醉，往看桓。桓为设酒，不能冷饮，频语左右：'令温酒来！'桓乃流涕呜咽，王便欲去，桓以手巾掩泪，因谓王曰：'犯我家讳，何预卿事！'王叹曰：'灵宝故自达。'"（《任诞》50）

故事发生在东晋孝武帝太元十六年（391），桓南郡即东晋大司马桓温[1]的儿子桓玄（369－404），当时桓玄只有23岁，被召作太子洗马[2]，刚

---

[1] 桓温（312－373）：字元子（一作符子），谯国龙亢（今安徽怀远龙亢镇）人。东汉名儒桓荣之后，宣城内史桓彝长子，晋明帝驸马。东晋政治家、军事家、权臣，谯国桓氏代表人物。曾率军溯江而上灭掉成汉政权，又三次出兵北伐（北伐前秦、羌族姚襄、前燕），战功显赫，遂独揽朝政十余年，操纵废立，有篡位之心，终因第三次北伐失败而令声望受损，又受制于朝中王谢势力而未能如愿。卒谥宣武。后其子桓玄篡位，建立桓楚政权，追尊其为"宣武皇帝"。

[2] "洗"读作"xiǎn"，原意是"先"，"先马"也就是在马前驰驱之意，也就是太子的侍从官。

刚踏上仕途。这一天，桓玄所乘的船停泊在荻渚（今湖北江陵附近）。当时的荆州刺史是王忱，小名叫佛大，简称王大（王大是王蓝田的孙子，足以说明他们家是个服药世家）。王大听说桓玄到自己的辖区（东晋时荆州治所在江陵）来了，就想去看望一下。去之前，王大已经服用了"五石散"，并且先在家里喝了温酒，已经是小醉微醺的状态，然后他就来到桓玄的船上。

桓玄很有他父亲桓温的风格，豪爽粗犷，不拘格套，见王大来访，就用冷酒招待他。王大不乐意了，就开始发飙，嚷着要身边的人"快去拿温酒来"！言下之意：老子今天吃了"五石散"了，怎么能用冷酒打发我呢！这话里其实有一种服散者的自我炫耀在里面。但是王大因为喝醉了，犯了个小错误，就是话里面用了"温"字，触犯了桓玄父亲桓温的名讳。魏晋人对父祖名讳是很在乎的，这时候桓温已经去世多年，而桓玄是个孝子，或者说为了显示自己是个孝子，居然当场哭起鼻子来。王忱一看，这下触了霉头了，非常尴尬，就想起身告辞。没想到，这时桓玄很可爱地说了一句："我因犯了家讳而哭，关你什么事？"意思是，我哭我死去的老子，与你没关系。这显然是执意留客了。王忱也就留下来喝酒，并且十分佩服桓玄的豁达。

这个故事说明，服了药必须喝温酒对于魏晋名士来说，几乎是个常识。王大虽然在家已经喝得醉醺醺的了，到了别人家仍然没有拿起冷酒就喝，为什么呢？因为这时候你要是喝冷酒，简直就是等于喝毒药，轻则致残，重则丧命！这也是有前车之鉴的。比如，西晋有个叫裴秀的名士，可以说是中国古代最著名的地理学家。裴秀有个绝活儿，就是制作地图，为此还创立了一套绘图理论，可以说是当时世界上最先进的；这还不算，他甚至还最早提出了比例尺的问题。可就是这样一个挺有才华的名士，也是吃"五石散"的，更可悲的是，他最后甚至死于"五石散"！死因就是《晋书·裴秀传》所说的，"服寒食散，当饮热酒而饮冷酒"，中毒身亡。裴秀也不是喝了冷酒马上就死的，死前害了几个月的寒热病，大呼小叫，神志不清，家里人也不懂，以为这是内热所致，于是就用冷水往他身上猛浇，用了几百石水之后，裴秀终于死在水中，成了一朵提前凋谢的"水中花"。裴秀死时，年仅48岁。

"行散"去哪里？

除了吃冷饭，洗冷水澡，喝温酒，还有一种散发热力的方法，就是户外散步。这也有个术语，叫作"行散"或者"行药"。因为吃完药的人不能静坐不动，必须让身体"烦劳"。哪怕你身体很弱，自个儿走不动，也要在别人帮助下，或拄着拐杖四处走走。像王蓝田那样非要跟鸡蛋过不去，脾气大固然是一个原因，估计也是吃了药，闲着也是闲着，非要活动活动胳膊腿儿不可。因为"安坐不动"正是服药的大忌之一。

人在行散的时候，会发生一些意想不到的故事，表现出一种特立独行的风度。比如东晋名士王恭就有两件与"行散"有关的雅事。

王恭字孝伯，太原晋阳人，是王大的堂侄，仪容俊美，人见人爱，有人称赞他的美貌，说："濯濯如春月柳。"（《容止》39）说他长得清朗而又明净，就像是春天里的柳枝，清新宜人。王恭和他的堂叔王大是齐名的，两人关系很好。有个故事说，一次王恭从会稽（今浙江绍兴）回来，王大去看望他。一到王恭家，就看见王恭坐在一张六尺见方的簟子（也就是竹席）上。于是王大也就毫不客气地对王恭说："你刚从会稽回来，所以有这种物品，给我一张带回去吧。"王恭没说话，等于默认了。王大走后，王恭便将自己坐的那领竹席派人送给了他。而他自己没了竹席，便坐在草席上。后来王大听说了这件事，大为惊讶，对王恭说道："我以为你有许多，所以才向你要的。"王恭笑着说："丈人不悉恭，恭作人无长物。"（《德行》44）——老叔您不了解我，我做人从来没有多余的东西。成语

"身无长物""别无长物"即由此而来。

遗憾的是，这一对关系很好的叔侄，后来因为别人挑拨离间，竟然在一次宴会上，拔刀相向，反目成仇①。但人毕竟是感情动物，后来，王恭还是经常想念王大。《世说新语·赏誉》篇载：

> 王恭始与王建武（王大）甚有情，后遇袁悦之间，遂至疑隙。然每至兴会，故有相思。时恭尝行散至京口射堂，于时清露晨流，新桐初引，恭目之曰："王大故自濯濯。"（《赏誉》153）

故事说，王恭当初和王大（因官建武将军，故称王建武）关系很好，后来遭到小人袁悦的挑拨，叔侄两人才有了嫌隙。然而每到兴之所至的时候，彼此还是会思念对方。有一天早晨，王恭吃了"五石散"之后，外出"行散"，来到京口（今江苏镇江）一个演习射箭技艺的射堂，他看到清冷的露水在晨光中闪闪发亮，新生的梧桐刚刚抽出嫩芽，不觉心旷神怡，竟又想起堂叔王大来了。于是说了一句很怀旧的话："王大故自濯濯。"（《赏誉》153）——王大确实是清新明朗，讨人喜欢的。

这说明什么呢？说明服用"五石散"之后的行散过程中，一个人的确容易进入超尘脱俗的精神状态，以至于连过去有过仇怨的人也都不再计较了。

《世说新语·文学》篇还记载王恭"行散"途中的又一件雅事：

> 王孝伯在京，行散至其弟王睹户前，问："古诗中何句为最？"睹思未答。孝伯咏："'所遇无故物，焉得不速老？'此句为佳。"（《文学》101）

---

① 《世说新语·忿狷》7："王大、王恭尝俱在何仆射坐。恭时为丹阳尹，大始拜荆州。讫将乖之际，大劝恭酒，恭不为饮，大逼强之，转苦，便各以裙带绕手。恭府近千人，悉呼入斋。大左右虽少，亦命前，意便欲相杀。何仆射无计，因起排坐二人之间，方得分散。所谓势利之交，古人羞之。"

王恭住在京城建康的时候，有一次，他服药之后，出门行散，信步来到他的四弟王爽（小名王睹）家门口，就问王爽："古诗中哪一句写得最好啊？"这里的"古诗"应该指的汉代末年流传的一些无名氏的诗歌，大都是五言诗。王爽想了半天，答不上来。王恭就说了："'所遇无故物，焉得不速老？'这句最佳。"你看，王恭在行散的过程中，想的竟然是"古诗何句为佳"这样十分高雅的文学话题，而且，"所遇无故物，焉得不速老"二句，的确充满了对时光流逝和人生短暂的感叹，这不仅说明王恭的文学鉴赏力很高，也说明服散之后，人会思考一些"形而上"的问题，不那么庸俗。

东晋名士殷觊更有意思，他仕途失意时，竟在一次服药之后的"行散"活动中，干脆离开官衙，来个一走了之，从此再也没有回来，这事完全是他兴之所至，事先里里外外没有一个人知道。当时舆论因此赞美殷觊，说他意趣神色潇洒自得，不同凡俗①。说明人在服药之后，身心俱轻，飘飘若仙，陶然忘我，可以达到短暂的"神超形越"的状态，名缰利锁之类统统可以抛在脑后了。

以上，我们讲了"五石散"的名称，服用的方法，以及行散过程中发生的故事，可以得出一个印象，就是吃"五石散"这种药，和吃一般药不同，实在十分麻烦，十分危险，连怎么吃都是一门学问，如果服用方法不当，不注意善后措施，那真是"后果很严重"的。

问题是，既然"五石散"这么有杀伤力，为什么魏晋名士还要争相服用呢？除了那些无关痛痒的"附加值"，这种药到底有什么功效？服用之后，给人的生理和心理，衣饰和行为，带来了怎样的影响，出现了哪些"生理并发症"和"文化后遗症"呢？

---

① 《世说新语·德行》41："初，桓南郡（桓玄）、杨广共说殷荆州（殷仲堪），宜夺殷觊南蛮以自树。觊亦即晓其旨。尝因行散，率尔去下舍，便不复还，内外无预知者。意色萧然，远同斗生之无愠。时论以此多之。"

饮鸩止渴

上一讲我们讲了魏晋名士喜欢服用的一种药——"五石散"，介绍了它的名称、配方，以及"五石散"的服用方法和注意事项。讲了一些有趣的故事，而且，突出了一个重要的事实，即"五石散"含有剧毒，吃了以后对身体的杀伤很大，就像现在的一些"极限运动"一样。我们必须加上一句负责任的话——"危险动作，请勿模仿"。

有人会说：既然这玩意儿这么有杀伤力，为什么还要吃呢？这些名士到底是想不开还是缺心眼啊？很显然，把服用"五石散"的理由"锁定"在药的名贵、名人的炒作以及显示贵族身份上，说服力还是不够。

其实，魏晋名士都是些智商和情商奇高的人，哪会那么跟自己过不去呢？民间有个俗话："寿星佬吃砒霜——活腻了！""五石散"虽然是一种剧毒药，但它可不是砒霜，主要的功能不是让活腻了的人消灭自己，而是相反，初衷是为了让人活得更长些，更好些。它虽然有毒，但毕竟还是药，是药总是有些功效的。

哪些功效呢？综合何种文献和信息，可以得出服用"五石散"的三大功效。

祛病延年

第一个功效：祛病延年。

我们知道，秦汉以来，求仙问道以求长寿的风气开始流行。因为这个时期可以说是人的生命意识和自我意识开始觉醒的时期，人们认识到生命只有一次，而且太过短暂，"伤心总是难免的"，于是转而去追求长生不老。传说秦始皇统一六国之后，曾派方士徐福率领五百童男童女横渡东海，求神仙，访不死之药。汉武帝时期，国力空前强盛，但人到老年万事哀，刘彻最后发现，在生老病死的自然规律面前，再大的功业终不过是虚无，于是感叹"欢乐极兮哀情多，少壮几时兮奈老何"（《秋风辞》），也开始了求仙问道的长生之旅。

东汉末年，外戚和宦官轮流专权，朝政昏乱，民不聊生，导致了黄巾大起义的爆发。接下来就是董卓之乱，群雄分起，逐鹿中原，最后是三国鼎立，连年的战争、饥荒和瘟疫使人口大幅度锐减。据学者考证，157年的一次人口普查统计，东汉人口达5600多万，一百多年后，魏、蜀、吴三国的人口总数才760余万，还不到原来的七分之一！正如曹操的《蒿里行》所写的那样："铠甲生虮虱，万姓以死亡。白骨露于野，千里无鸡鸣。生民百遗一，念之断人肠。"

生命朝不保夕，转瞬即逝，更使人们留恋生命，祈求长生。黄巾大起义虽然被各路诸侯联合剿灭了，但神仙道教的思想依然在民间流行，上流社会笃信道教的大有人在，服食炼丹以求长生的风气不是消歇了，而是更盛了。因此我们说，服药的行为，归根结底是跟人生的痛苦和死亡带来的恐惧有关的。

那么，这些通过服药以求长生的人成功了没有呢？当然没有。因为生老病死本来就是自然规律，谁都没有豁免权。所以大概写于汉末的无名氏的组诗《古诗十九首》里就有这样的诗句："服食求神仙，多为药所误。不如饮美酒，被服纨与素。"也就是说，通过服食炼丹，养生延年的方法并不可靠，不如抓住有限的人生，饮美酒，穿华服，及时行乐。

不过，人类有个特点，就是"知其不可而为之"。不管死亡是一件多么现实而又切近的事，都不会影响人类做长生不老的大头梦。和今人一样，古人对于养生、长寿、保健之类的"灵丹妙药"同样趋之若鹜。"五石散"这种药，正是在汉末这种"服食求神仙"的风气中产生的，他的发明人就是东汉著名的医学家、医学名著《伤寒杂病论》的作者张仲景。

张仲景发明这种药，本来是为了治疗当时很流行的伤寒症的。最初的名字叫作"紫石寒食散"，其主要成分是赤石脂、白石脂、紫石英，再加上其他一些药材配制而成，在临床上，其治疗伤寒症还是颇有效果的。后来何晏服用的"五石散"又加上了钟乳石和石硫黄，药性更猛，毒性更大，副作用也更明显了。但是中国古人挺聪明，就像今人喜欢是给杀伤力巨大的台风取个好听的名字，诸如"麦莎""韦帕""安娜"之类，让人心理上好受些，"五石散"也有两个好听的别名：一个叫"五石更生散"，一个叫"五石护命散"。说明研制这种药，大概是要取以毒攻毒之效，使人体获得脱胎换骨似的改变，从而达到祛病延年的目的。其实，这是人们认识上的一个"误区"。

有例为证。西晋有个叫皇甫谧（215—282）的名士，就是被"五石散"误了一生的活标本。他在35岁时，得了风疾，就是中风的病（一说麻风病），症状是半身不遂，右脚偏小，整天卧病在床。当时何晏虽然已经死了，但他代言的"五石散"却在社会上大为流行。皇甫谧病急乱投医，以为"五石散"能够治疗中风，就开始吃起来。没想到吃了之后，毒副作用很大，弄到后来，大冬天居然要光着身子吃冰块，夏天又老是咳嗽哮喘，浑身无力，四肢酸痛，苦不堪言。有一天，他实在受不了了，竟拿起刀子要自杀，想来个"长痛不如短痛"，幸亏被他婶子撞见，好说歹说一番，总算打消了轻生的念头。

不过，这个皇甫谧还算幸运，虽然缠绵病榻，最后竟然活到68岁。尤其让人肃然起敬的是，皇甫谧在痛苦的后半生，苦心钻研医药诊疗之学，竟然久病成医，成了历史上有名的医学家，针灸学的奠基人。因为深受"五石散"之苦，皇甫谧写了一篇题为《寒食散论》的文章，专门论述服药之苦，调理之难。文章说到，他有六个中表兄弟，都是服用"五石散"不得法而命丧黄泉的，有的是舌头缩进喉咙里，有的是背上长了大疮，有的是肌肉溃烂，真是惨不忍睹！

尽管如此，魏晋南北朝服用"五石散"的还是前仆后继，代不乏人，贵族人家甚至男女老少都有服散治病的，也不能说全无疗效。比如嵇康的侄孙嵇含，晚年得子，儿子生下来十个月，就得了上吐下泻的病，多方医治无效，眼看病入膏肓了，一家人急得要命。嵇含一不做二不休，竟然给这个襁褓中的婴儿吃了一剂"寒食散"。没想到，不到三十天，儿子就转危为安。嵇含大喜过望，就写了一篇《寒食散赋》，其中有"伟斯药之入神，建殊功于今世"之句，热情赞美这药有起死回生之效。

另外，根据现代史学家余嘉锡先生的论文《寒食散考》搜集的材料可知，魏晋时很多家族都有服用"五石散"的传统，比如我们讲过的以王蓝田、王大、王恭为代表的山西太原王氏家族，再如山东琅琊王氏家族，特别是大书法家王羲之一家，他的妻子、妹妹，还有几个儿子，包括他的小儿子、和王羲之并称"二王"的东晋大书法家王献之等，都是"五石散"的老用户。

这说明，"五石散"在魏晋南北朝，拥有十分广泛的群众基础和消费市场。如果说此药只有毒副作用而没有任何疗效，恐怕难以服人。要知道，古时候人们的科学知识还很贫乏，医学也不发达，我们现在可以轻松治愈的病，在当时差不多就是绝症。我们设想一下，如果自己或者亲人身患重病，是不是任何一种药都可能是救命稻草？与其坐以待毙，还不如病急乱投医。只要有一分希望，就要做百倍努力。今人如此，古人依然。一旦得了病，怎么办？只有"尽人事，听天命"。实在没办法，只好拿自己的身体做实验，冒险赌一把，运气好的，比如嵇含的儿子，还真的能捡回一条命。

所以，对于"五石散"的祛病延年这个功效，我们要分开来理解。

一方面，如果对症下药，"五石散"的确有治疗伤寒等病症的功效，孙思邈《千金翼方》就说五石护命散"百病皆治"，"久服则气力强壮，延年益寿"。另一方面，如果是个病就吃"五石散"，以至于长期服用而形成依赖，则势必像吸毒一样，有百害而无一利。至于延年益寿的说法，纯粹是"赔本赚吆喝"，自欺欺人罢了。从效果上看，什么"更生"啊、"护命"啊，怎么听怎么像是说反话。因为服用这种药的，很少有真正长寿的。特别是如果你得了其他病，而偏要靠"五石散"来治病，那恐怕就等于"饮鸩止渴""慢性自杀"了。

事实上，正如世上没有救世主，世上也从来没有不死药。孔子说："老而不死是为贼。"如果大家都赖在这世界上不走，我们的子孙后代住房条件岂不要更紧张？

济欲壮阳

"五石散"的第二个功效是什么呢？让我们再来重温一下何晏说的那句广告词：

服五石散，非唯治病，亦觉神明开朗。（《言语》14）

何晏说得很明白，"五石散"还是能治病的。何晏治的什么病呢？余嘉锡先生考证的结论是：

盖晏非有他病，正坐酒色过度耳。故晏所服之五石更生散，医家以治五劳七伤。劳伤之病，虽不尽关于酒色，而酒色可以致劳伤。观张仲景所举七伤中有"房室伤"，可以见矣。（《寒食散考》）

这里的"五劳七伤"有多种说法，总的来说是指人的身体极度虚弱劳累。原来，何晏所得不是其他病，而是贪恋酒色、纵欲过度导致的"难言之隐"。

但是，我们研究一个问题，不能仅凭一个材料就下结论，所谓"孤证不立"。余嘉锡先生是20世纪的人，我们不能仅凭他几句话就给这件事定案。说何晏好色，还有更早的文献可以作为佐证材料吗？当然有。成书于三国时期的鱼豢所撰的《魏略》一书，就有一则材料，说何晏：

尚主，又好色，故黄初时无所事任。（《言语》14注引）

尚主就是娶了公主，公主是谁呢？就是曹操的女儿金乡公主。有的文献说金乡公主是何晏的同母妹，显然不可信。因为何晏的母亲是尹氏，而金乡公主的母亲则是沛王太妃杜夫人，根本不是一个人，不能张冠李戴。说何晏娶了同母所生的妹妹，不就等于说他"乱伦"吗？何晏再轻狂，也不至于如此。再说了，就是他想要如此，那曹操、曹丕能答应吗？

为什么会有这种"妖魔化"何晏的记载呢？鲁迅先生说："因为他是曹氏一派的人，司马氏很讨厌他，所以他们的记载对何晏大不满。"（《魏晋风度及文章与药及酒之关系》）这是很有道理的。

尽管如此，何晏这个人生性好色、纵欲无度却是不争的事实。金乡公主实在看不过去，有一次，就跑到母亲那里告状，说："他这样为所欲为，怎么养生保身呢？"有人以为，金乡公主说这话，是有感于当时的政治险恶，为何晏的政治前途担心。我以为这是皮相之见。因为紧接着杜夫人说了一句话，恰好证明这件事属于闺房之私，与国家大事政治前途无关。杜夫人笑着讽刺女儿说："你恐怕是因为何晏的行为而嫉妒吧？"公主嫉妒什么呢？大概是嫉妒何晏纵情声色，眠花卧柳，却老让自己独守空房吧。

何晏好色和"五石散"有什么关系呢？当然有关系。最早将何晏服"五石散"和他"耽声好色"联系起来的，就是西晋那位深受"五石散"毒害的皇甫谧。他在《寒食散论》中说：

寒食药者……近世尚书何晏，耽声好色，始服此药。心加开朗，体力转强。京师翕然，传以相授，历岁之困，皆不终朝而愈。（隋巢元方《诸病源候论》卷六《寒食散发候》引）

这里说到了服用"五石散"的效果和影响。本来形弱体虚的阴柔美男何晏服散之后，竟然"体力转强"，于是引起天下效尤，争相服用。"历岁之困，皆不终朝而愈"云云，很像是"难言之隐，一吃了之"的意思。所以，从某种意义上说，这第二大功效甚至比第一大功效更有吸引力，所以才会"大行于世，服者相寻"。

此一风气直到唐代依然流行，孙思邈《备急千金要方》开篇云："有贪饵五石，以求房中之乐。"祛病延年的遮羞布干脆被扯掉了，只剩下四个字——及时行乐。到了宋代，服食者仍未绝迹。苏轼《东坡志林》称："世有食钟乳、乌喙而纵酒色以求长年者，盖始于何晏。晏少而富贵，故服寒食散以济其欲，无足怪者。"

这些材料说明，"五石散"这种药的确有着滋阴壮阳、增强性功能的作用，有些民间学者甚至直接把"五石散"叫作"春药"，称之为"古代伟哥"，尽管有耸人听闻的意思，也并非全无道理。

养颜美容

第三个"功效"也可以从何晏的话里一窥端倪。何晏说，吃了"五石散"，不仅能治病，"亦觉神明开朗"。"神明"在这里，是指人的精神，"神明开朗"有两个方面的含义：一是精神舒畅爽朗，大有"神超形越"之感，我估计，这可能是服食之后生理或心理上所产生的短暂幻觉。二是容光焕发，风神美好。这就与我们上一讲所说的美容之风联系在一起了。也就是说，服用"五石散"的第三个功效就是养颜美容。我甚至怀疑服食"五石散"会使人变得更白，何晏就是个最好的例子。何晏的"面至白"，大概是服药之后的严重贫血状况，但由于迎合了当时的一种对于男性美的欣赏标准，于是贵族公子都开始服食此药，成为一种让我们觉得不可思议的时尚。魏晋著名的美男夏侯玄、王衍、裴秀、王恭等人都有服用"五石散"的经历。魏晋出现了那么多肤白如玉的美男帅哥，大概和服药的风气不无关系。

一种风气一旦成为时尚，哪怕它会危及人的身心健康，人们也会乐此不疲。这是人类的从众心理和劣根性所致。就魏晋服药之风而言，有多少人深陷其中而不能自拔，最终成了时尚的牺牲品。从这个角度上说，时尚可以说是一种不易觉察的"软暴力"，好比一把"温柔地杀人"的软刀子，让你在神魂颠倒中不知不觉地"过把瘾就死"。

所以，一个清醒而又理性的人，最好对一切时尚保持距离，否则，你就难免不被时尚绑架而失去自我。人在这世界上，什么都可以失去，就是不能失去自我。一旦失去自我，其他也都不足道了。

并发症与后遗症

任何药久服之后难免会有"并发症"或"后遗症"，"五石散"也不例外。不过，世界上恐怕没有一种毒品的后遗症，会像"五石散"那样对文化和生活产生那么大的影响。服用"五石散"的"生理并发症"和"文化后遗症"，大概有以下几种：

第一，视力严重下降，双眼红肿疼痛。我们前面说的那位行散时弃官不做的名士殷觊，就因为长期服用"五石散"，以致生了重病，一个显著的症状就是"看人政见半面"（《规箴》23）①，就是看人只能看见半边脸。这是服用"五石散"后，热气冲击肝脏，影响到眼睛导致的"幻视"症状。

第二，皮肤敏感，干燥，易生皮屑。这本来是"生理并发症"，影响到文化上，特别是人的服饰和行为举止上，就是魏晋名士喜欢穿宽大舒适的衣服，所谓"宽衣博带"。为什么呢？鲁迅先生分析说："因为（吃药之后）皮肉发烧之故，不能穿窄衣。为预防皮肤被衣服擦伤，就非穿宽大的衣服不可。现在有许多人以为晋人轻裘缓带，宽衣，在当时是人们高逸的表现，其实不知他们是吃药的缘故。一班名人都吃药，穿的衣都宽大，于是不吃药的也跟着名人，把衣服宽大起来了！"（《魏晋风度及文章与药及酒之关系》，下同。）

鲁迅还认为，魏晋名士爱穿高高的木屐，也和服药有关。他说："吃药之后，因皮肤易于磨破，穿鞋也不方便，故不穿鞋袜而穿屐。所以我们看晋人的画像和那时的文章，见他衣服宽大，不鞋而屐，以为他一定是很舒服，很飘逸的了，其实他心里都是很苦的。"

但是，我以为这个说法未免简单化和绝对化了，不能因为吃药之后必须穿宽大的衣服，不鞋而屐，就武断地认为，爱穿宽大的衣服，或者穿木屐，一定和吃药有关。这个推理在逻辑上不能自洽。要说穿宽大的衣服，汉代人就已经开始了。甚至相比我们今天而言，古人一直都是宽衣博带的。同样，穿木屐也未必全由皮肤干燥，否则就很难解释日本人和中国闽南地区的人一直都喜欢穿木屐。其实，追求自由，舒适，潇洒，从来都是人的本性。比如，现代人喜欢休闲装，穿拖鞋，穿沙滩裤，甚至每到盛夏，大街小巷都有一些祖胸赤膊的人，总不能说，这些人都是从魏晋"空降"过来的，都吃过"五石散"吧！

---

① 《世说新语·规箴》23："殷觊病困，看人政见半面。殷荆州兴晋阳之甲，往与觊别，涕零，属以消息所患。觊答曰：'我病自当差，正忧汝患耳！'"

《世说新语·贤媛》篇有个故事说：

> 桓车骑不好著新衣，浴后，妇故送新衣与。车骑大怒，催使持去。妇更持还，传语云："衣不经新，何由而故？"桓公大笑，著之。（《贤媛》24）

桓车骑就是桓温的弟弟桓冲，他不喜欢穿新衣服。有一次，洗完澡后，妻子特意让人给他送来了新衣服。桓冲大怒，让来人把衣服拿走。片刻，妻子又让人把新衣服送回来了，并且传话说："衣服不经过新的，怎么会旧呢？"这话说得很幽默，也很有水平，桓冲听罢大笑，也就恭敬不如从命地穿上了。有人以为桓冲"不好著新衣"，也是因为吃药的缘故，我以为这个说法未免牵强附会，旧衣比新衣穿着舒服乃生活常识，何必要喝"五石散"而后才明白呢？

换句话说，不能认为魏晋名士如果不服药，"魏晋风度"就会荡然无存，因为说到底，魏晋名士的风度更多的还是与精神上追求自由和超越有关。鲁迅的说法虽然很好玩，却把"魏晋风度"的精神品性给降低了。

此外，因为皮肤干燥易破，衣服不能常洗，还会有另外 个"后遗症"，就是容易生虱子。虱子这东西我们现在觉得挺恶心，可在魏晋时代，却是一个显示身份的雅物，有的名士一边清谈，一边在身上捉虱子，一点不觉得有什么不妥。《晋书·王猛传》记载："桓温入关，猛被褐而诣之，一面谈当世之事，扪虱而言，旁若无人。"王猛的做派真叫作名士风流，他愣是把虱子这种俗物给"雅化"了，成语"扪虱而谈"即由此而来。其实，世间再尴尬、再不上台面的事，只要你在做的时候能够"旁若无人"，立马就能改变人们的观感，原因无他，就因为你能够不在乎别人的观感！

第三，服药之后，人会暴躁易怒，晋人的痴狂之气应该就与喝药有关。这是由生理作用到心理乃至精神气质的一个症状。这个观点也是鲁迅先生的"发明"。他说："晋朝人多是脾气很坏，高傲、发狂、性暴如火的，大约便是服药的缘故。比方有苍蝇扰他，竟至拔剑追赶；就是说话，也要糊糊涂涂地才好，有时简直是近于发疯。但在晋朝更有以痴为好的，这大概也是服药的缘故。"前面讲过的"王蓝田食鸡子"，就是典型的例子。因为吃过"五石散"之后，人的内脏发热，常常会导致心烦意乱，焦虑失眠，食不下咽，脾气当然好不到哪儿去。所以，晋人的狂气，痴气，虽说并不全是吃药惹的祸，至少也与吃药有关。"八王之乱"中，"竹林七贤"的王戎向齐王司马冏进谏，话说得不中听，被司马冏身边的谋臣怒斥"可杀"，王戎急中生智，就借口上厕所，然后假装服药散发，跌倒在茅厕中，这才免于一死。为什么？因为服药之后人会神志不清，甚至胡言乱语，王戎搞这么一出"苦肉计"就是为了"否定"甚至"删除"自己所说的话。可见，假托服药后装疯卖傻，甚至还可以虎口脱险，保全性命！

还有一种"文化后遗症"也很值得注意，就是魏晋名士有一种"居丧无礼"的风气，也是和服药有关的。按照儒家丧礼，父母去世，办丧事的时候，是不许饮酒食肉的，但是因为服药的缘故，必须要喝温酒才行，所以，一些名士便在居丧期间不遵礼节，照旧大碗喝酒，大口吃肉。这种行为其实是从东汉的戴良就开始了，但是尚未形成风气，到了魏晋，人们就利用服药之后必须喝酒这个借口，在丧礼上狂饮大嚼而不受礼法限制，如"竹林七贤"的阮籍、王戎就是。后来，"居丧无礼"就渐渐成为魏晋名士展示放达个性的一种风气了。

无药可救

作为一种剧毒之药，"五石散"有没有解药呢？

事实上，古代的确有不少《解寒食散方》之类的文献，如皇甫谧就列举了许多解毒方法，如喝三黄汤、栀子汤、针灸等，效果还是有的，只是一般人不懂。我们这里不再展开。值得一说的，倒是史学大师陈寅恪先生发现的一个很有意思的解毒之道。这事跟东晋大名士王羲之有关。众所周知，王羲之有个爱好，就是喜欢鹅。通常的观点认为，大书法家王羲之喜欢鹅，跟鹅这种动物脖颈颀长，转动伸展之时姿态多变，深合书法之道有关[1]。这当然是可能的。但是，陈寅恪先生经过审慎考证，提出了一个石破天惊的观点，他认为王羲之喜欢鹅，和服食养生有关，因为鹅肉可解"五脏丹毒"[2]！要知道，王羲之一家都是信奉天师道的，而天师道讲究服食炼丹。史书上说，王羲之经常"与道士许迈共修服食，采药石不远千里，遍游东中诸郡，穷诸名山，泛沧海"，甚至说："我卒当以乐死。"（《晋书·王羲之传》）可见，王羲之是把服食养生与游山玩水当作人生一大乐事的。

那么，活了58岁的王羲之到底是不是"乐死"的呢？恰恰相反，王羲之差不多是被"气死"的，把他"气死"的不是别人，就是那位被他看不起的王蓝田。《世说新语·仇隙》篇记载：

王右军素轻蓝田。蓝田晚节论誉转重，右军尤不平。蓝田于会稽丁

---

[1] 如宋陆佃《埤雅》卷六《鹅》："又善转旋其项，古之学书者法以动腕，羲之好鹅者此。"又郭熙《林泉高致》三《画诀》："说者谓右军喜鹅，意在喜其转项，如人执笔转腕以结字，故世之人多谓善书者往往善画，盖由其腕用笔之不滞也。"北宋陈师道《后山谈丛》亦云："苏、黄两公皆喜书，不能悬手。逸少非好鹅，效其腕颈耳。正谓悬手转腕。而苏公论书，以手抵案，使腕不动为法，此其异也。"清人包世臣《艺舟双楫》说："其要在执笔，食指须高钩，大指加食指中指之间，使食指如鹅头昂曲者。中指内钩，小指贴无名指外距，如鹅之两掌拨水者。故右军爱鹅，玩其两掌行水之势也。"

[2] 陈寅恪说："医家与道家古代原不可分。故山阴道士之养鹅，与右军之好鹅，其旨趣实相契合，非右军高逸，而道士鄙俗也。道士之请右军书道经，及右军之为之写者，亦非道士仅为爱好书法，及右军喜此鬼鬼之群有合于执笔之姿势也。实以道经非请能书者写之不可。写经又为宗教上之功德，故以此段故事适足表示道士与右军二人之行事皆有天师道信仰之关系存乎其间也。"参见陈寅恪《天师道与海滨地域之关系》，载《金明馆丛稿初编》，上海古籍出版社1980年版，页38。

艰，停山阴治丧。右军代为郡，屡言出吊，连日不果。后诣门自通，主人既哭，不前而去，以陵辱之，于是彼此嫌隙大构。后蓝田临扬州，右军尚在郡。初得消息，遣一参军诣朝廷，求分会稽为越州。使人受意失旨，大为时贤所笑。蓝田密令从事数其郡诸不法，以先有隙，令自为其宜。右军遂称疾去郡，以愤慨至终。"（《仇隙》5）

故事说，王羲之特别瞧不起王蓝田，但是王蓝田晚年时声名越来越好，这让王羲之十分不平。有一次，他趁王蓝田办丧事的时候前去闹事——按照丧礼的规定，丧事的主人哭过几声之后，前来吊孝的客人也要哭几声还礼，并且还要握一握孝子的手，没想到王蓝田及家人哭过之后，王羲之竟然拂袖而去，存心羞辱人家，从此两人就反目成仇。后来王蓝田做了他的顶头上司，王羲之听到这个消息，忍无可忍，竟然派人上报朝廷，希望把自己所属的会稽郡单独划出来，成立越州！这事不仅没能成功，反而引起当时贤达名士的耻笑。王蓝田也以牙还牙，趁机派人察看王羲之郡中的不法行为，整他的"黑材料"，并且告诉他：你自己看着办吧！王羲之于是称病辞去郡守一职，发誓再也不做官了，朝廷因为他发的誓太重，也就不再起用他。最后，王羲之就在愤慨中抑郁而死。由此看来，风流潇洒的王羲之也有瑕疵，由于是"五石散"的老用户，他的脾气并不比王蓝田好多少，从某种程度上说，坏脾气几乎是导致他死亡的主要原因。

总之，魏晋名士的服药之风，看似很另类，不可理喻，但的确富有文化内涵和现实意义，它不仅是魏晋士风的重要组成部分，而且，服药所带来的各种负面效应，也的确值得今天的人们好好反思，引以为戒。

不过话又说回来，最能展示魏晋名士风采的倒不是喝药，而是饮酒。那么，饮酒之风又是怎样兴起的？为什么饮酒竟会成为魏晋名士的一个重要标志呢？

第三讲　饮酒之风

解忧灵药

建安十三年（208）十一月十五日，正值历史上著名的赤壁之战爆发前夕，这天深夜，54岁的曹操在军中大摆宴席，与众将领把酒畅饮。酒过数巡之后，曹操已经大醉，想自己戎马一生，屡建奇功，统一大业，指日可待，不由得意气风发，豪情满怀。当时月明星稀，江面上风平浪静，正是"风景这边独好"，于是曹操就乘着酒兴，摇摇晃晃地走到船头，拿起他那支著名的大槊，横在胸前，慷慨赋诗。他做了一首可以入乐演唱的乐府歌，就是文学史上传唱不衰的四言绝唱——《短歌行》：

对酒当歌，人生几何？譬如朝露，去日苦多。慨当以慷，忧思难忘；何以解忧？惟有杜康。……

曹操这几句诗，有三点值得注意：第一，他"炒作"出了一个酒的品牌，从此"杜康"酒天下闻名，甚至成了酒的代名词。第二，这诗揭示了一个文学的母题——那就是感叹人生苦短，生命无常，忧患多多。慷慨激昂之间，蕴藏着挥之不去的伤感。第三，也是跟我们本讲所说的内容相关的，就是曹操告诉我们，解忧消愁有且只有一种最有效的方式——饮酒。的确，古往今来，最常见，也最具权威性的解忧方式，莫过于饮酒了。上至帝王将相，下至平民百姓，都赞成这种以酒解忧的方式。一遇到烦恼，大家都会说："走，喝酒去！"

问题是，人们为什么会认为酒能解忧呢？

首先，当然是因为酒有麻醉作用，饮酒能使人忘却烦恼，体味快乐，哪怕很短暂。

其次，人们认为酒能解忧消愁，大概跟一个很神奇的故事有关。这个故事记载在《殷芸小说》中：

> 武帝幸甘泉宫，驰道中有虫，赤色，头目牙齿耳鼻悉尽具，观者莫识。帝乃使朔视之，还对曰："此'怪哉'也。昔秦时拘系无辜，众庶愁怨，咸仰首叹曰：'怪哉怪哉！'盖感动上天，愤所生也，故名'怪哉'。此地必秦之狱处。"即按地图，果秦故狱。又问："何以去虫？"朔曰："凡忧者得酒而解，以酒灌之当消。"于是使人取虫置酒中，须臾，果糜散矣。

故事说，汉武帝刘彻有一次驾临甘泉宫，在驰道中发现一种红色小虫，五官分明，有鼻子有眼儿的，可是大家都不认识。武帝很好奇，就让东方朔去看看。东方朔是当时武帝身边的一个侍从文人，博学多闻，见多识广，差不多是个人体版的"十万个为什么"，什么问题都能解决。东方朔看后说："这虫名叫'怪哉'。"武帝一听，更好奇了。东方朔接着说："当年秦朝法令严酷，滥杀无辜，百姓愁怨，都仰首感叹说：'怪哉，怪哉！'这虫子就是感动上天所生，所以名叫'怪哉'。"东方朔进一步断言："这里一定是秦朝监狱所在之处。"当即按察地图，果然是秦朝的监狱所在地。武帝就问："怎么才能把这虫子消掉呢？"东方朔说："凡忧者得酒而解，以酒灌之当消。"就是凡是忧愁之类的东西，只要遇到酒就会消解，用酒一灌，肯定就会消失了。于是叫人把虫子放进酒中，不一会儿，那些叫"怪哉"的虫子果然消失得无影无踪。

这个故事其实暗含着一种讽谏之意，就是希望统治者不要用严刑峻法镇压无辜的百姓。但东方朔的一句"凡忧者得酒而解"，一不小心就使那杯中酒成为天下第一解忧灵药了。不知道曹操是不是知道这个传说，如果知道，那以酒解忧的"发明专利权"，就应该让给东方朔。

可以想象，曹操当时吟唱起这首歌的时候，一定是心潮澎湃，荡气回肠。曹操也许并不知道，他兴之所至唱出的几句四言诗，揭开了一个波诡云谲的乱世的时代主题。什么主题呢？那就是——饮酒。而且不是一般的饮酒，是席卷整个魏晋时代的一股饮酒之风。可以说，曹操的这首慷慨激昂的《短歌行》，几乎是魏晋饮酒之风的前奏和序曲。从此以后，酒，就成了中国文化中非常重要的一个"关键词"。

酒以成礼

除了解忧，在古代，酒还有什么作用呢？且看《世说新语·言语》篇的一则小故事：

钟毓兄弟小时，值父昼寝，因共偷服药酒。其父时觉，且托寐以观之。毓拜而后饮，会饮而不拜。既而问毓何以拜，毓曰："酒以成礼，不敢不拜。"又问会何以不拜，会曰："偷本非礼，所以不拜。"
（《言语》12）

故事说，三国时著名的书法家钟繇养了两个儿子，大的叫钟毓，小的叫钟会。这兄弟俩小的时候很顽皮，有一天，他们趁父亲睡午觉时，就一起偷喝父亲的药酒。钟繇也很有趣，这时虽然已经醒了，却假装还在睡着，想借机观察一下两个儿子的行为。哥哥钟毓还算老实，他拿到酒，先跪在地上拜了拜，然后才喝酒。弟弟钟会却狡猾得多，他拿到酒只顾喝，压根儿不行跪拜之礼。看他们喝完，钟毓也不装睡了，马上起来，将俩小子抓了个"现行"。然后就问钟毓："你为什么要行拜礼呢？"钟毓说："酒以成礼，不敢不拜。"这句"酒以成礼"，出自《左传·庄公二十二年》。意思是，酒是用来使礼仪完备的一种重要的工具。你看，钟毓一不小心道出了中国酒文化的一个重要的核心内容，那就是——酒以成礼。

礼是儒家思想的重要组成部分，那是非常庄严的国家意识形态，怎么和酒挂上钩了呢？我们来做一个拆字游戏就明白了。汉字的"礼"字，繁体写法是"禮"。"禮"的本义是什么呢？就是举行礼仪，祭神求福。左边"示"字旁，说明与祭祀有关，右边的"豊"，是行礼之器。下边的"豆"字代表礼器，上边的"曲"字，代表礼器所盛之物。这个"曲"，当然可以指代各种祭品，但也可以干脆就把它当作是酿酒时引起发酵的酒曲，也就是说，礼器中装的至少离不开一样东西，就是——酒。

礼器里为什么要装酒呢？因为古人认为，酒可以作为沟通天地、神人的桥梁和纽带。比如，古代有一种天子祭祀天地和祖先的大型祭祀典礼，叫"禘"礼，其中有一道非常重要的礼仪名叫"灌"，就是斟酒浇地，以求神灵降临。人们认为，酒味醇香，可以袅袅上升，上达天听，告慰神灵。所以在古代，酒在重大礼仪活动中几乎无处不在，大到宗庙祭祀，小到婚丧嫁娶，只要有大型的聚会，只要涉及礼仪，都离不开酒。我们在博物馆中看到的古代青铜器，很多都是酒器，说明酒器是最重要的礼器之一。可以说，在古代，真是无酒不成礼。

我有个观点，不知道对不对。我以为中国文化能够当之无愧地号称"世界第一"的不是其他这个文化那个文化，而是——饮食文化。而饮食文化中，最具文化含量和哲学意味的不是烹饪文化，而是又热又辣、见仁见智的酒文化！

回到刚才的那个小孩偷酒的故事。钟毓说"酒以成礼，不敢不拜"，说明他对酒的与礼仪有关的内涵非常清楚。钟毓这么说，说明他没少读儒家经典，而且对礼仪规矩心存敬畏。

相比之下，他弟弟钟会就不这么厚道了。父亲问他为什么不拜，他竟然大言不惭地说："偷本非礼，所以不拜。"偷酒本来就不合礼仪，所以我不拜。有道是：三岁看大，七岁看老。钟会长大后，果然成了个心术不正、趋炎附势的阴谋家，他先是投靠了大权在握的司马昭，做了一件最臭名昭著的事，就是在司马昭跟前进谗言构陷"竹林七贤"的领袖嵇康，导致嵇康被无辜杀害。后来他又奉司马昭之命率军伐蜀，平蜀之后进位司徒，不可一世，竟想背叛朝廷，拥兵自立，结果被部下所杀。不过这都是题外话。在这个故事中，钟会说"偷本非礼，所以不拜"，虽然有点嘴硬，但也没有否定酒对于礼的作用。

既然酒与礼有关，当然就会受到礼的制约。所以，古人认为，比较符合礼节的饮酒方式就是要适度节制。比如《礼记·乐记》中就说："一献之礼，其宾主百拜，终日饮酒而不得醉焉，此先王所以备酒祸也。"就是说在举行重大献祭典礼的时候，宾主都要饮酒行礼，行礼必喝酒，但又必须节制，终日饮酒却又不能喝醉，以免因喝醉搅乱了整个庄严隆重的仪式。因为酒本身是有麻醉作用的，喝得多了就容易醉，醉了就容易"乱"。所谓"酒能乱性"。

孔子在喝酒方面就很注意节制，说自己是"不为酒困"（《论语·子罕》）。"不为酒困"，就是不为酒所困扰，所扰乱，也就是喝酒能够把握一个合适的度。在《论语·乡党》篇里，孔子说："惟酒无量，不及乱。沽酒，市脯，不食。"意思是饮酒一般不限量，但不能喝醉；从市场上买来的酒和肉，也就是与礼仪活动无关的酒肉，他一般是不吃的。有了这个"双保险"，孔子才能做到"不为酒困"。

可见，酒是一把双刃剑，一方面它跟礼有关，是"成礼"的重要工具；另一方面，它又很容易导致"越礼""无礼"甚至"非礼"，所以，儒家的这个规范是很有道理的。

酒以避祸

然而，到了魏晋时代，酒与礼的关系完全被颠覆，"酒以成礼"的神话被打破了，"不为酒困"的告诫被抛弃了，人们沉浸在酒的狂欢中，喝得昏天黑地！什么礼教，什么纲常，什么清规戒律，一律被抛诸脑后，人们尽情地享受酒带来的麻醉、快乐、忘我和超越！酒，不再是礼仪的一本正经的道具，反倒成了"违礼""越礼"的工具了！可以说，不是"酒以成礼"，而是"酒以越礼"成了这个时代的主旋律。

这方面，最突出的代表莫过于"竹林七贤"。"竹林七贤"分别是：嵇康、阮籍、山涛、刘伶、向秀、阮咸、王戎。而七贤中，阮籍与刘伶对于中国酒文化贡献最大。可以说，没有这两个人，饮酒之风的价值和意义就要大打折扣。

阮籍字嗣宗，陈留尉氏（今属河南）人，"建安七子"之一阮瑀的儿子，魏晋杰出的诗人、思想家和音乐家，是当时名士群体中领袖级的人物。《晋书·阮籍传》里有一段话，几乎是了解魏晋之际政治风云和社会变迁的一把钥匙：

> 籍本有济世志，属魏、晋之际，天下多故，名士少有全者，籍由是不与世事，遂酗饮为常。

由此可知，阮籍本来也有济世安民之志，但因为身处魏晋改朝换代的多事之秋，天下变故层出不穷，那些有才华、有志向的名士很少有能够保全性命的，于是阮籍就不再参与政事，"以酗饮为常"。一个人天天喝酒醉酒，正是被专制暴政逼出来的一种"变态"，而阮籍不得不把这种"变态"当作"常态"，其中的痛苦可想而知！

"天下多故"四字，指的是一系列血雨腥风的政治事变。当时司马氏集团和曹魏集团争夺最高统治权的斗争，已经到了你死我活的地步，曹魏集团的军政大权已经旁落，司马懿、司马师、司马昭父子三人虎视眈眈地盯着皇帝宝座，党同伐异，穷凶极恶。一批又一批倾向于曹魏宗室的名士和大臣，先后被杀害，一时间真是万马齐喑，风声鹤唳，草木皆兵。孔子说过："邦有道则仕，邦无道则可卷而怀之。"（《论语·卫灵公》）就是国家政治清明时可以出来做官，国家政治黑暗时就把才能收而藏之，退隐保身。阮籍碰上的正是一个"邦无道"的时代，所以他只好不问政事，天天泡在酒缸里，喝得昏天黑地。

然而，像阮籍这样的出身和才华，很难摆脱政治的网罗。司马氏家族看准了阮籍在名士圈里是个"大腕儿"级的人物，千方百计拉拢他。万般无奈，为了保全身家性命，阮籍不得不先后出任司马氏父子三人的从事中郎。从事中郎是大将军府所设的一个参谋官。阮籍做这个官，可以说是"在其位不谋其政"，具体事情是不干的，每天除了喝酒还是喝酒。这要放在今天，说好听点叫"行政不作为"，说难听点叫"尸位素餐"。但是知道阮籍的为人的话，你也可以说，这是"非暴力不合作"！

阮籍这样做，其实也是迫不得已。孔夫子曾评价卫国的大夫宁武子，说："宁武子，邦有道则知（智），邦无道则愚；其知可及也，其愚不可及也。"（《论语·公冶长》）就是国家有道的时候，他发挥聪明才智；国家无道的时候就装傻充愣，难得糊涂。他的"有道则知"我们尚可企及，而"无道则愚"，却是我们达不到的境界。孔子还夸奖他的弟子南容："邦有道不废，邦无道免于刑戮。"（《论语·公冶长》）国家有道的时候不至于被废黜，国家无道的时候你又能够免于刑罚杀戮，保全自己，后来孔子干脆把侄女嫁给了他。类似的话孔子还说过不少，比如："邦有道，危言危行；邦无道，危行言孙（逊）。"这说明，孔子并不主张在乱世，让人都做"以卵击石""飞蛾扑火"的"敢死队员"。这就是所谓"明哲保身"的生存智慧。阮籍也是深谙此道。他并不是真糊涂，他只是装傻；他也不是真狂，他只是佯狂。所以，虽然他在司马昭的手下做官，但在大是大非的问题上还是十分谨慎，绝不逾越自己的道德底线。实在不行，他还有一招——把自己灌醉！

有一次，司马昭想要为儿子司马炎（即后来的晋武帝）娶媳妇，就派人求婚于阮籍。按说，这是攀龙附凤的事，对于那些名利之徒来说，可能是求之不得的，但阮籍立场非常坚定，坚决不愿与司马氏走得太近，以免落个骂名。不过作为司马昭的下属，阮籍实在没法当面拒绝，只好求助于酒。于是阮籍就每天喝得醉醺醺的，人事不省，这一醉简直就破了"吉尼斯纪录"了——竟然大醉六十天！前来提亲的人每天都对着一摊烂泥似的阮籍，怎么开得了口呢？于是这件事宣告作废。

大概是这件事引起了司马昭的警觉，于是就派了个"思想警察"前去刺探，谁呢？就是那位"偷酒不拜"的钟会。钟会确实是个干特务的好料，但是面对阮籍，他也没辙。因为他每次去找阮籍交流"国家大事"，讨论人是人非，阮籍都是醉眼迷离，一问三不知，抓不到一丁点儿把柄。

你看，在阮籍这里，酒的功能和作用被大大拓展了，既不是为了享乐，也不仅是为了解忧，更不是为了成礼，那都太小儿科了。酒，就是阮籍的"保护伞""避雷针""挡箭牌"和"烟幕弹"。正是靠了酒，阮籍总算没有身首异处，死于非命。

说穿了，阮籍喝酒的真实动机，就是为了全身远祸。

居丧无礼

三国魏甘露三年（258）的一天，在晋文王司马昭的府邸，正有一场大型的宴会。到会的客人中，有两个不得不提：一个是当时的司隶校尉何曾，另一个就是当时任大将军府从事中郎的阮籍。宴会上，何曾一开始看见阮籍，气就不打一处来。为什么呢？因为阮籍的母亲刚刚去世不久，按照儒家丧礼，他应该守孝三年（一般25个月），根本就不该在觥筹交错的宴会上出现。

何曾为什么会有这么强烈的反应呢？第一，何曾所任的司隶校尉一职本来就是监察官，京城所有官员的一举一动都在他的工作范围之内。他看阮籍不顺眼，其实也是职责所在，本能反应。第二，何曾本人是一个以礼法自居的人，当时被称作"礼法之士"，也就是"道德先生"。据说他年老之后，每次与老伴儿见面，都要端正衣冠，相敬如宾。更好笑的是，每年他还会和妻子搞几次参拜之礼，自己一本正经地向南而坐，让老伴北面对着自己，拜两拜，再敬酒，两人酬酢一番后，礼仪结束。可见此人是个多么迂腐刻板的家伙！

估计阮籍也看到何曾那阴云密布的脸了，但他假装没看见。一开宴，他就大吃大喝，旁若无人。这下何曾更是怒不可遏。因为按照丧礼，孝子服丧期间是不能饮酒吃肉的，阮籍这么做显然是没把孝道放在眼里，或者说，是没把何曾这个"风化警察""道德模范"放在眼里。于是何曾就气呼呼地对司马昭说："眼下明公您正在以孝治天下，而阮籍却在母丧期间出席您的宴会，而且喝酒吃肉，如此居丧无礼，应该处以流刑，把他流放到偏远的地方，以正风俗，以弘名教！"

从维护纲常礼教的角度看，何曾说的也没错。汉代以来，统治者无不标举"以孝治天下"，不孝之罪，在当时重则杀头，轻则流放，都有先例可循。当时在座的宾客想必都为阮籍捏着一把汗。司马昭看了阮籍一眼，对何曾说："嗣宗因为丧母之痛已经不像个人样儿了，你不能为其分忧倒也罢了，为何还要这样说呢？况且，人在服丧时因为有疾病而饮酒食肉，本来也是符合丧礼的！"

司马昭说阮籍有疾病，并非空穴来风。阮籍到底生了什么病呢？有两种可能。其一，就是有些学者所认为的，阮籍很可能是服用"五石散"的，而我们知道，吃了"五石散"必须要饮热酒，多吃冷食，否则后果不堪设想。所以，服药之人当然就可以视为有病之人。有病之人居丧期间饮酒食肉是符合礼教规定的，因为儒家丧礼不赞成"灭性之孝"，灭性就是把自己弄得要死要活，你如果因为悲痛，竟然把自己给"消灭"了，那是一种更大的不孝！因为"不孝有三，无后为大"！

其二，在母亲去世这件事上，阮籍虽然无视礼法，事实上也是极其痛苦的，他得的是"废顿"之病，废顿就是因为过度悲痛，身体垮掉了，以至于僵卧不起。阮籍三岁就失去父亲，母亲守寡，含辛茹苦把他抚养成人，母子情深，自不待言。有记载说：阮籍母亲将要死去的时候，他还在和人下围棋，对方知道这情况后，要求停止下棋，阮籍不肯，非要下完不可。这似乎是有些铁石心肠，但他下完棋后又饮酒三斗，放声号哭，吐了好几升血，精神委顿了好久。①

还有一个记载说，阮籍的母亲将要安葬的时候，阮籍竟然蒸了一头小猪，就着猪肉喝起酒来，而喝酒吃肉都是违礼的行为。这次阮籍只喝了二斗，就去和母亲的遗体做最后诀别，那一刻，阮籍万念俱灰，嘴里只说了一声"完了！"就号啕大哭，刚号了一声，又吐出几口鲜血来，再次瘫倒在地②。这都说明母亲的死让阮籍悲痛欲绝。

司马昭说阮籍有病，大概因为他知道阮籍在母亲的丧礼中，曾两次吐血，死去活来。

那么，居丧无礼的阮籍到底算不算是个孝子呢？要我说，阮籍不仅是个大孝子，而且是个不可多得的性情中人。在阮籍看来，亲情乃是人伦至

---

① 《世说新语·任诞》9 注引邓粲《晋纪》曰："籍母将死，与人围棋如故，对者求止，籍不肯，留与决赌。既而饮酒三斗，举声一号，呕血数升，废顿久之。"

② 《世说新语·任诞》9："阮籍当葬母，蒸一肥豚，饮酒二斗，然后临诀，直言："穷矣！"都得一号，因吐血，废顿良久。"

情，本乎自然，根本不须繁文缛节来证明。居丧无礼，不等于不孝；反过来说，礼数周到，面面俱到，也未必就是真孝。阮籍所处的时代，正是一个黑白颠倒、是非不分的乱世，礼义廉耻早被当权者抛在脑后了，而他们却在宣扬什么礼法名教，不过是为了瞒天过海，欺世盗名。慧眼卓识的阮籍看透了这一点。既然礼已崩，乐已坏，我何必要做那帮窃国大盗的应声虫呢？

所以，酒对于阮籍来说，只是一个不得已而用之的工具，是全身远祸、保全性命的工具，也是反抗礼教、张扬自我的工具。

礼岂为我辈设？

阮籍不仅"居丧无礼"，还对"男女授受不亲"的儒家礼教发起大胆挑战。

有一次，阮籍的嫂子要回娘家，阮籍就去和嫂子道别。这事儿放在今天再正常不过了，可在当时，就可以说是大逆不道。因为儒家礼教规定："男女授受不亲。"《礼记·曲礼》甚至说："男女不杂坐"。但阮籍可不管这些。他隔壁邻居有一位少妇长得很漂亮，开了一家酒馆，自己当垆卖酒。阮籍就经常和王戎一起去喝酒。阮籍一喝醉，就躺在老板娘的身边呼呼大睡。这自然引起老板娘丈夫的怀疑，于是就在一边严密监视。可到后来，他发现阮籍真是睡着了，并无非分之想，于是也就释然①。阮籍用自己的行动突破了"男女不杂坐"的礼法束缚。

《礼记·曲礼》对叔嫂之间也有规定，就是"叔嫂不通问"。这样的伦理规定在战国时代就受到过质疑，比如《孟子》一书中就有一段对话：

---

① 《世说新语·任诞》8："阮公邻家妇，有美色，当垆酤酒。阮与王安丰常从妇饮酒。阮醉，便眠其妇侧。夫始殊疑之，伺察，终无他意。"

淳于髡曰："男女授受不亲，礼与？"孟子曰："礼也。"曰："嫂溺则援之以手乎？"曰："嫂溺不援，是豺狼也。男女授受不亲，礼也；嫂溺援之以手者，权也。"曰："今天下溺矣，夫子之不援，何也？"曰："天下溺，援之以道，嫂溺，援之以手子欲手援天下乎？"（《孟子·离娄上》）

有个叫淳于髡的人问孟子："男女授受不亲，是礼吗？"孟子回答："当然是礼了。"淳于髡马上问了一个刁钻的问题："嫂溺，则援之以手乎？"如果嫂子溺水了，又不会游泳，小叔子要不要伸手救她呢？这问题就像母亲和媳妇掉到河里，你到底先救谁一样是个两难选择——伸手拉嫂子吧，就违背了礼；见死不救吧，就违背了基本的人性。怎么办呢？

孟子果然是圣贤，回答得非常干脆："嫂溺不援，是豺狼也。"首先肯定必须要救。然后解释说："男女授受不亲，礼也；嫂溺援之以手者，权也。"——男女授受不亲，固然是礼；但发生嫂子溺水的特殊情况，援之以手，这是合理的权宜变通之计。也就是说，礼固然是礼，但也要具体情况具体对待，碰到救死扶伤的事情，是可以变通的。

可惜的是，像孔子、孟子这样通达的圣人不能永远活着，他们死后，理论的解释权便被历代统治者垄断了，被改造的儒家礼教渐渐变得僵化、迂腐，甚至缺乏人性。所以，对于"竹林七贤"这样的乱世精英来讲，他们要做的功课就是拨乱反正，这也就是嵇康所说的"越名教而任自然"，就是超越名教礼法的局限性，听凭自然本性和内心情感的召唤。

像阮籍就是，嫂子要回娘家，他偏要去道个别，这事传出去后，就有人讥讽他违背礼法。这个时候，阮籍开始发飙了。他说了一句惊天动地的话："礼岂为我辈设也？"（《任诞》7）——礼法这玩意儿，难道是为我这样的人设计的吗？这话是很自信也很自傲的，其潜台词有两个：第一，礼法从来就是统治者给被统治者设计的，他们要别人遵守，自己却往往逍遥法外。解释权永远在他们那里，还不许你质疑。说穿了，这是骗子统治哑子！第二，礼法这劳什子压根儿"忽悠"不了我这样眼里揉不进沙子的人，所以你用你法，我行我素，咱们两不相干！

这句话可以说是魏晋名士最具个性解放精神的宣言，充满了先知先觉者的大智和大勇。阮籍几乎可以说是一个反礼教的"钉子户"，他用自己的行动证明，对于那些不符合人性的礼法教条和强奸民意的"霸王条款"，每个有尊严、有人格的人，都有大胆说"不"的权利！所以，阮籍虽然经常喝醉，却有一份常人没有的清醒。

那么，为什么魏晋名士喝酒能喝出如此的人格精神和思想深度？这里面有着怎样的奥秘呢？

醉里乾坤

唯酒是务

上一讲我们主要讲了酒与礼的关系，并通过阮籍的饮酒故事，交代了魏晋饮酒之风的一个重要特征，就是酒从"成礼"的工具变成了"越礼"的工具，从群体性仪式的道具，变成了个性张扬、自我高蹈的媒介。酒在阮籍哪里，甚至还是躲避政治高压、保全生命的工具——酒是阮籍的"保护伞""挡箭牌""避雷针"和"烟幕弹"。

我老觉得，阮籍的酒量虽然尚可，他的身体却可能很糟糕，特别是他的胃——你想一个大醉过六十天的人会有一只好胃吗？母亲的死曾让他两度吐血，用现代医学术语来说，那是典型的"胃出血"症状。所以，阮籍的饮酒尽管不乏幽默，却让我们笑不出来。因为里面充满了乱世中知识人的无奈、痛苦和血泪！

不过，如果阮籍和刘伶在一起，喜剧效果就要大大增强了。比如，阮籍听说步兵指挥部的厨房中存有三百石好酒，他便向司马昭请求去做步兵校尉。所以阮籍后来就有个别称，叫"阮步兵"。其实，阮籍做这个官，是醉翁之意不在官，而在酒。他一进步兵府的官衙，便叫上酒友刘伶一起畅饮。别人是朋友做官，自己来"帮忙"或"帮闲"，刘伶倒好，他是"帮着喝酒"！

刘伶到底是个怎样的人呢？从外表来看，刘伶应该是"竹林七贤"中长得最对不起观众的一个。《世说新语》记载：

> 刘伶身长六尺，貌甚丑悴，而悠悠忽忽，土木形骸。（《容止》13）

身高六尺，换算一下，不会超过今天的一米五，也就是说，刘伶的身高大概和10岁的小孩子差不多。不仅如此，刘伶的容貌还既丑陋又憔悴，这就有些祸不单行了。因为先天不足，刘伶的生活态度当然不会很积极，"悠悠忽忽"可以理解为优哉游哉，马马虎虎；"土木形骸"，不是说形骸像土块木头，而是说，他视自己的身体如土块木头，毫不在意。在意又有什么用呢？胎里带的东西，没法更新换代啊。

矮小、丑陋、憔悴、邋遢——这就是刘伶给人的第一印象。

但是，人不可貌相，海水不可斗量。如果咱们中国酒文化要找个形象代言人，我肯定投刘伶一票。因为中国历史上的许多与酒有关的杰出人物，像陶渊明、李白、苏轼等等，他们不是诗人就是文豪，都不是单靠酒出名的。完全靠喝酒爆得大名的，数来数去，只有一个刘伶。而且，刘伶喝酒，不仅喝出了文化精神，喝出了人格魅力，而且还喝出了哲学深度，喝出了"行为艺术"！

别的不说，刘伶愣是通过喝酒，把天地宇宙都喝得小下去了，小到什么程度呢？小到甚至都装不下他那又瘦又小的肉身！《世说新语·任诞》篇有一个非常著名的故事：

> 刘伶尝纵酒放达，或脱衣裸形在屋中。人见讥之，伶曰："我以天地为栋宇，屋室为裈衣，诸君何为入我裈中！"（《任诞》6）

刘伶常常不加节制地喝酒，任性放纵，有时甚至在家里赤身露体，用现在的话说就是"裸奔"。有人推测，刘伶之所以喜欢做这样的"天体运动"，可能和服药有关，因为吃"五石散"的症状之一，就是身体发热，穿衣服越少越好，甚至有人大冬天就敢一丝不挂。但什么事都不是绝对的，拿刘伶来说，硬说他喜欢"裸奔"是因为吃了药，那简直是太小瞧人家的精神境界了。据我观察，这个身矮貌丑的刘伶，却是个心胸极其宽广、个性极其张扬的人。可以说，他身体上类似"侏儒"，精神上却形同"巨人"。这样巨大反差的人物，你找遍中国历史，恐怕都找不到第二个！

有记载说，这个刘伶"自得一时，常以宇宙为狭"（刘注引梁祚《魏国统》）。又说他"放情肆志，常以细宇宙、齐万物为心"（《晋书·刘伶传》）。"细宇宙"也就是"以宇宙为小"的意思。也就是说，刘伶一高兴的时候，常常就得意忘形——这个成语对刘伶是再合适不过了，他真是一得意就忘记了自己"袖珍型""迷你型"的身材，竟然觉得茫茫宇宙都太狭小了，万物尽可以等量齐观，仿佛自己成了一个可以俯瞰地球的"巨无霸"！

这天刘伶正在家里"裸奔"，正好有人来访，被撞见了，客人就责备他，大概是有伤风化之类的话。这时候，刘伶终于把他那鲜为人知的精神世界暴露出来了，他振振有词地说："我把天地当作房屋，把房屋当作衣裤，我倒要问问，你怎么跑进我的裤裆里来了！"言下之意，明明是你进入我的"私人空间"来偷窥我的隐私，怎么反倒说我有伤风化呢？仔细想想，刘伶竟能把天地当作房屋，把房屋当作衣裤，这是多么大气磅礴的宇宙观和时空观！又是多么广大张扬的自我意识！我们说这种思维方式富有形而上的哲学内涵，应该不算大谬吧！

刘伶不仅有实践，还有一套理论。在他的唯一一篇传世之作《酒德颂》里，刘伶表达了自己的时空观和宇宙观，他写道：

有大人先生者，以天地为一朝，万期为须臾，日月为扃牖，八荒为庭衢。行无辙迹，居无室庐，幕天席地，纵意所如。行则操卮执觚，动则挈枱提壶，唯酒是务，焉知其余？……

说有一个大人先生，他把高天广地当作一处宫室，把一万年只当作片刻；又把太阳当作门，把月亮当作窗，把天地八方作为庭院中的通道；这个大人先生出外行走，没有一定轨迹，居住也没有像样的房屋，"幕天席地"，就是把天空当作帐幕，把大地当作席子，从心所欲，随遇而安——后来"幕天席地"就成了一个成语。刘伶还说，这个"大人先生"无论到哪里，都随身携带着饮酒的器具，酒壶酒杯，一应俱全。"唯酒是务，焉知其余"，是说他只是沉湎于杯酒，把喝酒当作正事，不知道除了酒，这世界上还有什么值得追求的东西！

这个"大人先生"，多像是刘伶的自画像啊！这个看似矮小、丑陋、憔悴、邋遢的男人，其实拥有着凡夫俗子梦都梦不到的"精神自我"。中国有一副很有名的对联，单说酒的妙处，叫作"醉里乾坤大，壶中日月长"。可是在刘伶眼里，"醉里乾坤"不是大了，而是小了，而自我的天地却空前广大，无边无际！《尚书》中有个成语，叫"无远弗届"①，意思是，不管多远的地方，没有达不到的。刘伶的"精神自我"就是"无远弗届"的，那该是何等博大和宽广！

为什么刘伶的形体与精神会有如此巨大的反差呢？这里面当然有十分复杂的原因。从文化渊源上来说，应该与庄子思想中的"小大之辨"有关系。庄子有一个重要的观点：等生死，齐万物，就是把生死和万物等量齐观。魏晋的名士大多是老庄哲学的信徒，刘伶也不例外。甚至可以说，刘伶活脱脱就是从《庄子》笔下跳出来的人物。庄子的齐物思想对他的影响一定是巨大的。他的"以宇宙为狭"采取的正是一种类似上帝的宏大视角。

---

① 《尚书·大禹谟》："惟德动天，无远弗届，满招损，谦受益，时乃天道。"

有人说，刘伶只会喝酒，对于酒文化的精神层面没有什么贡献，不像李白，醉卧长安时，让高力士脱靴，杨贵妃磨墨，傲视权贵，粪土王侯，那才叫牛啊！但在我看来，刘伶比李白更超脱，更有哲学深度。他不是在"社会伦理"层面超脱，而是在"天人之际"做精神的"逍遥游"，他通过酒，把人类作为"万物之灵长"的那种高贵性和超越性，都表达出来了！在刘伶深刻地感受到宇宙天地如此狭小的时候，他几乎是站在和上帝一样的高度上了。

千年之后，想到曾经有这么一个刘伶先生，难道不能激发起我们作为人类的自豪感吗？李白诗云："自古圣贤皆寂寞，唯有饮者留其名。"（《将进酒》）我怀疑，李白正是用这句诗向刘伶遥遥致敬呢！

刘伶病酒

在中国酒文化史上，"刘伶病酒"是个脍炙人口的故事：

> 刘伶病酒，渴甚，从妇求酒。妇捐酒毁器，涕泣谏曰："君饮太过，非摄生之道，必宜断之！"伶曰："甚善。我不能自禁，唯当祝鬼神自誓断之耳！便可具酒肉。"妇曰："敬闻命。"供酒肉于神前，请伶祝誓。伶跪而祝曰："天生刘伶，以酒为名，一饮一斛，五斗解酲。妇人之言，慎不可听！"便引酒进肉，隗然已醉矣。（《任诞》3）

故事一开头就说"刘伶病酒"，这个"病酒"和"醉酒"还不太一样。病酒可能是最大程度的"醉酒"，我们知道，喝酒在似醉非醉之间是最妙的，所以陆游有句诗说：

> 个中妙趣谁堪语，最是初醺未醉时。（《剑南诗稿·对酒二首》）

也就是说，刚开始觥筹交错而没有酩酊大醉的时候感觉最妙，等到烂醉如泥、人事不省，就已经属于"病酒"了。这是严重的"酒精中毒"症状。往往是第二天酒醒了，可身体还是头疼肚胀，口干舌燥，所以叫"病酒"，也叫"酲"。一般人这时候就该老实了，可刘伶不，因为口渴，他竟然还要向老婆要酒喝。其实也不奇怪，刘伶这么做是有学理根据的，因为古代有一种说法，认为解酒的方式之一就是再喝点儿酒。

刘伶的老婆气坏了，于是就开始发飙。"捐酒毁器"，就是把酒都倒掉，酒壶酒杯全摔碎，看你怎么喝！但话又说回来，老婆毕竟还是心疼刘伶的，接着她一边哭，一边劝谏说："您喝酒喝得太过分了，这哪是养生之道啊，今天你必须要把酒戒掉！"

刘伶一看妻子来者不善，就说："那好吧。要我戒酒可以，但靠我的自觉是不可能的，必须当着鬼神的面祝祷发誓才行。而拜神祭祖必须要有酒肉，所以，老婆你还是去准备好酒好肉吧。"看刘伶一本正经的样子，老婆也就信以为真，很快就准备了丰盛的酒肉，不是放在餐桌上，而是放在了神龛前的供桌上。接下来的情节更好笑：一切准备停当之后，醉醺醺的刘伶跪在祖宗的牌位前，嘴里念念有词地说："天生刘伶，以酒为名。一饮一斛，五斗解酲。妇人之言，慎不可听！"把这段祝词改成五言诗就是："天生我刘伶，以酒自命名。一次饮一斛，五斗方解酲。妇人所与言，千万不可听！"说完，刘伶又开始狂饮大嚼，直到烂醉如泥，瘫倒在地！

老婆又一次被刘伶"忽悠"了，估计她这次是彻底绝望了。说句玩笑话，刘伶最好的配偶压根儿就不是女人，而是——酒！不过话又说回来，凡是在文化上、艺术上对人类有大贡献和大影响的男人，本质上都不是女人的好配偶——他们常常极端自我，极端自恋，也可以说极端自私，但他们又常常犹如赤子，一派天真，更适合从事文化和精神上的创造。他们注定不会只属于一个屋檐下的一个女人，从某种意义上说，他们属于全人类！

这就是刘伶——一个没有什么丰功伟绩，也没有创造过多少GDP，一天到晚除了喝酒还是喝酒的狂狷酒徒！正是他，把酒这个物质的东西精神化了，象征化了，理想化了。在刘伶这里，酒与醉，成了自我、自然和自由的象征！

不过，当人需要借助酒来表达内在的自由追求的时候，可能恰恰是外部环境最不自由的时候。所以，酒的功能和作用被人类开发得越是多，就越是表明，人的生存状况和精神世界已经越来越逼仄，越来越可悲，越来越糟糕！

刘伶不仅把宇宙看得很小，也把生死也看得很淡。有个故事说，刘伶经常坐着一辆鹿车（古代一种简易小车）出行，"携一壶酒，使人荷锸随之"，带了一壶酒，并让一个随从扛着一把铁锹在后面跟着，说："死便掘地以埋。"（刘注引袁宏《名士传》）——如果我死了，你就随便挖个坑，把我埋掉拉倒！在刘伶看来，生死似乎没有一个界限，不过是从一个地方到另一个地方，或者说从这辆车换到另一辆车，只要在"中途倒车换乘"时有酒，一切都不在话下！一个连死都不怕的人，你让他怕老婆，不是很难吗？

刘伶的醉酒比阮籍走得更远，就像艺术常常分为"为人生而艺术"和"为艺术而艺术"两派一样，喝酒也是如此——阮籍是"为人生而醉酒"，刘伶是"为醉酒而醉酒"。在阮籍那里，喝酒醉酒都只是手段而不是目的，而在刘伶这里，喝酒醉酒本身就是目的，就是生命存在的意义。一句话，阮籍醉得痛苦，刘伶醉得虚无。

刘伶的醉酒中已经有了西方的"狂欢节"精神或者说尼采所谓的"酒神精神"，他的行为看似毫无意义甚至是玩物丧志，但往深处追问，你会发现，刘伶的"以酒为命"其实也具有深刻的哲学价值。它揭示了当时那样一个倒行逆施的社会所阳奉阴违的一套意识形态和价值标准，本质上都是荒谬的，骗人的，甚至连存在本身的意义，也都是人类自身所"追加"

的，就像我们人类来到这世界上都是赤条条的一样，衣服装饰这些东西都是后天"追加"的，越是珠光宝气，越是失去本真。所以，刘伶的脱衣裸形的行为里面，含有对人生最自然的状态的一种向往和复归。

人猪共饮

"竹林七贤"中还有一位以喝酒著名的，就是阮籍的侄子阮咸。有个"人猪共饮"的故事说：

> 诸阮皆能饮酒，仲容至宗人间共集，不复用常杯斟酌，以大瓮盛酒，围坐，相向大酌。时有群猪来饮，直接去上，便共饮之。（《任诞》12）

故事说，阮氏家族的人都能喝酒。有一次，阮咸和一帮同宗的亲戚一块儿聚会，喝酒喝到兴头上，大家都不再用酒杯倒酒了，而是用一只大酒瓮（也就是陶制的大缸）装酒——注意，古代喝酒用特定的酒杯斟酌是合乎礼仪的，而用这样的酒缸就是违礼的行为。接下来大家也不按长幼之序坐在自己的位置上喝了，而是大搞"圆桌会议"，围坐在那个大酒瓮周围，"相向大酌"，喝得热火朝天。这时碰巧有一群猪闻到酒香，也跑过来，凑到酒缸里吧唧吧唧地喝起来。按说这时候只要是个正常人，都应该退避三舍，或者把群可爱的猪赶跑也行，这不仅是出于卫生的考虑，还有人相对于猪的尊严的考虑。但是，阮咸和他的族人们却不管这些，照样凑上去和猪兄猪弟们一起共饮！

喝酒喝到这个份上，真是物我合一，宠辱皆忘！你固然可以说这是酒精作用之下人的堕落，但是，换个角度看一看，"人猪共饮"的行为，其实包含了对礼教所规定的人的社会身份的颠覆，仿佛在说：在动物性的口腹之欲上，人类和猪并没有两样！就像穿绫罗绸缎的富人并不比穿粗布衣服的穷人更高贵一样，在自然面前，在天地之间，在所谓文明和礼法的制约之外，人类也并不比猪更高贵！这大概也是庄子"万物齐一"思想的魏晋翻版！

苏格拉底说："我只知道一件事，就是我一无所知。"在我看来，知道自己是无知的，这恰恰是一个人拥有智慧的表现。

同样，阮咸的"人猪不分"看似降低了人的高贵性和尊严感，但事实上却又体现了人的高贵性——高贵就高贵在，他知道自己并不比万物更高贵！

窃以为，真正的贵族精神不是以贵傲物，以富凌人，而是富而好礼，虚己待人，特别是，对弱势群体应心怀同情和感恩。你应该这么想：世界上的财富就这么多，没准儿正是你的富贵给别人带来了贫穷和困窘。而在更本质的意义上，"众生都是平等的"。就像家庭教师简·爱对罗切斯特先生说的那句话：我们的精神是同等的，就如同你跟我经过坟墓，将同样地站在上帝面前！

——这就是竹林七贤的饮酒带给我们的深层思考。

阮籍的儿子阮浑长大后，颇有乃父之风，他看到"竹林七贤"这么逍遥自在，十分羡慕，也想"作达"，也就是"做些放达的事"，用现在的话说，也想"玩酷"。他向父亲申请"入伙"，但阮籍不同意，理由是："阮咸已经参加了，你就免了吧。"这说明，阮籍对自己的这种不得已而为之的行为有着清醒的认识，纵酒违礼不过是乱世的一种反常行为而已，他并不希望儿子效法，更希望儿子将来不会遇到自己这样的世道和痛苦。真要是好事，父亲会拒绝与儿子分享吗？

大凡父辈，总是怀有一种本能的慈悲之心，那就是——所有的痛苦由我来扛着，孩子，你还是远离这黑暗，到光明自由的地方去！

身后名与杯中酒

因为"竹林七贤"在当时拥有很高的知名度，他们所开启的饮酒之风，很快席卷了魏晋整个上流社会。《世说新语》有个门类叫《任诞》，也就是任达放诞之意，里面记载了许多魏晋酒徒的故事。

比如西晋有个叫张翰的名士，他曾担任齐王司马冏的东曹掾，后来闹起了"八王之乱"，张翰看势头不对，就借口思念江南家乡的莼菜羹、鲈鱼脍，从洛阳辞官回乡。当时还说了一句很豪迈的话："人生贵得适意耳，怎能千里迢迢到外地求取名位利禄呢？"

后来张翰在江南老家竟然以旷达好酒闻名，人称"江东步兵"——步兵是阮籍做过的官，好比说他是"江东阮籍"。有人问他："你现在固然可以纵情享乐一时，难道就不为身后的名声考虑吗？"这话多像是做思想工作的口吻。历朝历代都有这样一些代表主流价值标准的人。比如讥讽阮籍和刘伶的，都是这一类人。但是这类人，在魏晋时特别吃不开，因为魏晋时欣赏的是狂狷之士，这样没出息、没个性的"乡愿"很让人瞧不起。所以，像张翰这样的放达之士，瞅准机会便会给他们上一课，洗洗脑。张翰说："使我有身后名，不如即时 杯酒！"（《任诞》20）——让我有身后的好名声，还不如眼前的一杯酒呢！在张翰眼里，人生在世，真正可以享受的时光太短，功名利禄这些身外之物，又阻碍了人们去追求生命本该有的快乐，真是何苦来哉！

还有个叫毕卓的东晋酒徒。他的豪言壮语是：

一手持蟹螯，一手持酒杯，拍浮酒池中，便足了一生。（《任诞》21）

这是一种典型的"及时行乐"思想，这种思想从汉末以来就像流行病一样感染了整个魏晋时代。当时战争、瘟疫、杀戮接踵而至，生命朝不保夕，所以《古诗十九首》才会这么唱：

生年不满百，常怀千岁忧。昼短苦夜长，何不秉烛游！为乐当及时，何能待来兹？愚者爱惜费，但为后世嗤。仙人王子乔，难可与等期。

既然如此短暂的生命充满了数不清的忧患，既然长命百岁根本上就是痴心妄想，为什么不能追求短暂的快乐呢？你可以说"及时行乐"的思想格调低下，不够"政治正确"，但你不能否认，这种思想背后传达的是一种十分蓬勃的生命精神，更不能否认的是，追求快乐本身也是一种"天赋人权"，每个人都有追求的自由，谁都无权剥夺！

喝酒的几个理由

魏晋名士好酒，并非一概属于低级趣味，身体享乐，他们在喝酒的过程中，也有人生的思考，生命的感悟，留下了许多脍炙人口的名言隽语，让人流连和沉思。比如东晋名士、爱吃"五石散"的王大就说：

三日不饮酒，觉形神不复相亲。（《任诞》52）

王大说：如果三天不喝酒，便觉得形体和精神，或者肉体和灵魂，相去甚远，不再亲近了。"形神"是古代非常重要的一个哲学和美学概念。"形"指外在形骨体貌，"神"则指内在精神气质。王大的说法应该是来自嵇康，嵇康在《养生论》中说："形神相亲，表里俱济。"这个养生观点在东晋一度很流行。

王大的"形神不复相亲"的说法，隐含着一个前提，就是平常不喝酒的时候，人的形体和精神常常是"分离"的，每天都会被各种各样的俗事所烦恼，机心重重，没有灵气。而酒的麻醉作用可以使人短暂地进入"灵肉合一"的境界，飘然若仙，陶然忘机，达到一种超然自得的精神境界。在生活中我们也经常看到，有的人平常循规蹈矩，庸庸碌碌，索然无味，可一喝起酒，就显得生动起来，嗓门也大了，眼睛也亮了，语言也精彩了，一句话，有了"精气神"了！这就是魏晋人所说的"神超形越"！

而追溯起来，第一个把酒与"形神相亲"联系在一起的应该是庄子。《庄子·达生篇》里有一个说法：喝醉的人从车上摔下来，虽然会受伤生病，却不会死亡。为什么呢？庄子认为这是醉酒的人"其神全"的缘故，"神全"就是"精神保全"的意思。喝醉的人根本不知道他坐在车上，更不知道自己从车上摔下来，所以在摔倒的那一刻，他的精神没有涣散，没有因为联想到死亡的危险而"灵魂出窍"。因为"其神全"，最后才能"形全"①——他虽然摔了一跤，却没有生命危险。

其实，庄子的观点根本经不起实践的检验，总不能说，"酒后驾车"的人，即使出了车祸也不会有生命危险吧？但是，庄子的话在哲学上还是有其价值的，至少说明人的"神"对于"形"有着十分重要的作用。

不过，这个颇有哲学头脑的酒徒王大，最终却走到了极端。他在荆州的时候，因为太贪杯，经常醉倒，甚至连日不醒，最后愣是给醉死了。王大或许是历史上有明确记载的一位"醉死"的名士。喝酒喝到这个份上，真的叫"醉生梦死"了。所以，到了东晋，醉鬼虽多，但像阮籍和刘伶那样真正喝出人格精神和哲学深度的却很少。

东晋还有个叫王蕴的名士，他也说过一句饮酒的名言：

酒，正使人人自远。（《任诞》35）

---

① 《庄子·达生篇》："夫醉者之坠车，虽疾不死，骨节与人同，而犯害与人异，其神全也。乘亦不知也，醉亦不知也，死生惊惧不入乎胸中。是故逆物而不慑。彼得全于酒，而犹若是，而况得全于天乎？圣人藏于天，故莫之能伤也。"

意思是：酒，恰恰能让每个人远离自己，其实也就是忘却自己。往深一层理解，就是酒这东西，好就好在能使人远离自己的凡俗，进入到一种混沌邈远之境。其实，这和王大的"形神相亲"说正相反，是一种"形神自远"说，就是"得意忘形"的意思。

东晋丞相王导的儿子王荟也有一句脍炙人口的话：

酒，正引人著胜地。（《任诞》48）

酒这东西，能够引领人达到一种美妙的胜境！成语"引人入胜"即由此而来。我们常说一篇文章写得好，叫作"引人入胜"，却不知其最早是用来形容酒的妙处的。

最脍炙人口的要数王恭的豪言，他干脆把饮酒当成了名士身份的"三要素"：

名士不必须奇才，但使常得无事，痛饮酒，熟读《离骚》，便可称名士。（《任诞》53）

不过，当饮酒成为名士的身份证明和醒目招牌的时候，饮酒的深刻和哲学深度也就被消解大半了。

还有个叫刘公荣的名士也是放达好酒之辈。不管三教九流，上不上台面的人，他都一块喝酒。人家笑他，他说："比我强的，不能不跟他喝；比我差的，也不能不跟他喝；跟我差不多的，更不能不与他喝。所以我每天都是醉着的！"[1]孔子说过"有教无类"（《论语·卫灵公》），刘公荣简直可以说是"有酒无类"了。

---

[1] 《世说新语·任诞》4："刘公荣与人饮酒，杂秽非类。人或讥之，答曰：'胜公荣者，不可不与饮；不如公荣者，亦不可不与饮；是公荣辈者，又不可不与饮。故终日共饮而醉。'"

总之，喝酒的理由有千千万，戒酒的理由却是一个没有！

在汉末魏晋时期，社会上最受推崇、最有影响力的不外乎两种人：一种是英雄，一种是名士。前者追求的是事功，所谓建功立业；后者追求的是名声，所谓千古流芳。中国的文学经典中，分别有两部书对英雄和名士这两种人，加以描画和表现，一部是《三国演义》，一部就是《世说新语》。如果说，《三国演义》展现的是"英雄本色"，那么，《世说新语》描画的就是"名士风流"。

每次读到这些故事，我总是非常感激《世说新语》的编者刘义庆。能够把这些不一定"高大全"，但充满个性的人物和语言保存下来，实在需要一种十分高超的价值判断力，只有那种超越于某一时代、某一地域、某一主流价值的伟大作家才能具备这样海纳百川的胸襟和眼光。没有这种胸襟和眼光，也就没有《世说新语》和魏晋风流。从这个角度上说，刘义庆的伟大程度，真不亚于《红楼梦》的作者曹雪芹。

和饮酒之风并行不悖的，还有一种非常独特的风气，那就是任诞之风。那么，到底什么是任诞？在这种风气影响之下，又有哪些特立独行的人与事呢？

第四讲　任诞之风

丧礼中的驴鸣

在中国历史上，建安二十二年（217）是一个值得注意的年份。这一年，发生了许许多多的事，似乎与历史上任何一个年份并没有什么两样，但有意思的是，很多让当时的人心惊肉跳的大事都渐渐被人们淡忘了，却有一件说大不大、说小不小的事被后人记住了。

什么事呢？是一件丧事。确切说，是在一个男人的葬礼上发生的事。丧事嘛，我们都知道，不仅古代，就是今天，也是一件令人悲哀、痛苦、哭泣、揪心的事。在古代，丧礼有很多讲究，可以说非常严格。因为丧葬礼仪的核心就是为了体现对生命、天地乃至鬼神的敬畏。

但是，我们说的这场葬礼，却发生了一件今天看来特别"出格"的事。因为发生了这件事，反而更令后人难以忘怀；不仅难以忘怀，而且每当人们说起这件事的时候，总是会十分开心地笑起来，而完全忽略了，这件事发生在一个人的葬礼中。

究竟是一件什么事呢？简单说，就是在这次场面很大的葬礼中，发生了大家意想不到的情况——整个庄严肃穆的追悼会现场，竟然成了吊丧者表演口技的舞台。

难道这些吊丧者都是马戏团的演员吗？当然不是。事实上，他们不仅不是在古代身份低贱的演员，恰恰相反，他们都是一些地位显赫的文人士大夫和达官贵人。其中有一个，几乎是一人之下，万人之上！

所以，口技表演不是这些吊丧者的专业，只不过是他们的业余爱好罢了。他们表演的是什么口技呢？说起来有点不雅——驴鸣。也就是学驴叫。

葬礼上学驴叫，你说好笑不好笑？

为什么偏偏要学驴叫呢？答案是：这个将要安葬的死者，生前有个爱好，就是喜欢驴鸣。估计他不仅爱听驴叫，自个儿还擅长学驴叫！

我们可以设想一下当时的场景：死者已经下葬了，本来应该是"泪飞顿作倾盆雨"的时刻，却一下子驴叫声声，响彻云霄。那该是一种多么不和谐，多么滑稽、荒诞、搞笑的场面！

这到底是怎么回事呢？这个死者究竟是谁？为什么竟有人敢在他的丧礼中如此不拘格套的学驴叫？又是谁下了这道命令，竟让一大帮声名显赫的达官贵人如此放下身段，大学驴叫？这种出格行为的背后，反映了魏晋时代的怎样一种风气呢？

名人王粲

先说这个死去的人是谁。他就是汉末著名的"建安七子"中最有才华的王粲①。"建安七子"又都是哪些人呢？排行第一的就是大名鼎鼎的孔融，其余的六个分别是：陈琳、阮瑀、徐干、王粲、应玚、刘桢。我们讲过的很多人，现在看来似乎只是个"人名"，可是大家千万不要小看这些"人名"，因为在他们所处的时代，这些"人名"的主人，没有一个不是"名人"的。

---

① 王粲（177－217）字仲宣，山阳高平（今山东邹城）人。东汉末年著名文学家，初仕刘表，后归曹操。建安二十二年卒，享年41岁。"建安七子"之一，工诗善赋，尤以《初征》《登楼赋》《槐赋》《七哀诗》等为著名。因其文才出众，被刘勰称为"七子之冠冕"。

一般而言，名人一开始总是一个普通的人名，等到他成了名人之后，这原本普通的人名就被赋予了一道光环。有的名人，一夜成名天下知，但那道光环很快就黯淡下来，转瞬即逝，"过气"得很快；有的名人，当时知名，身后也知名，因为他赖以成名的资本很雄厚，经得起时间的检验，所以那道光环也就一直璀璨夺目，永远不会黯淡。

王粲就是这么一个名人。王粲的名气之所以大，我以为有三个原因：

第一，出身名门。王粲的曾祖父名叫王龚，官拜太尉，祖父名叫王畅，后来官拜司空。东汉时以太尉、司徒、司空合称"三公"，所以王粲的曾祖、祖父都是位至三公，乃朝廷重臣。王粲的父亲王谦官阶低些，也曾做过大将军何进的长史（幕僚之长）。这样的一份家谱和出身当然是得天独厚，水涨船高，加上家学渊源，王粲博学多才，是个天生的读书种子，所以年纪轻轻，就已是闻名天下的少年才俊。

第二，名流提携。我们知道，汉末最有学问的大儒蔡邕①，上知天文，下知地理，是当时第一流的文学家、书法家、音乐家和大名士，众望所归的人物。当时蔡邕门前经常是门庭若市，车马辐辏，家里是高朋满座，络绎不绝。但是王粲第一次来拜访他，竟弄得比他年长40多岁的蔡邕"倒屣迎之"——为了迎接王粲，鞋子都穿反了！当时王粲只有十几岁，容貌丑陋，身材短小，宾客们看了都十分惊诧。蔡邕却说："此王公（畅）孙也，有异才，吾不如也。吾家书籍文章，尽当与之。"而且说到做到，当真把自己的藏书都给了王粲。古人欣赏一个晚辈，常有两大礼遇：第一是嫁女，如孔子就把自己的女儿嫁给了学生公冶长，把侄女嫁给了学生南容。第二就是赠书，不是一般的赠一本签名本，而是把自己的藏书全部拱

---

① 蔡邕（133－192），字伯喈，陈留（今河南省开封市陈留镇）圉人，东汉文学家、书法家、音乐家，史书称其"好辞章、数术、天文，妙操音律"，是中国历史上不可多得的全才式人物。汉献帝时曾拜左中郎将，故有"蔡中郎"之称。董卓被诛后，为司徒王允所捕，死于狱中。蔡邕擅著诗、赋、碑、诔、铭等，辞赋以《述行赋》最知名。

手奉送。由此可见，王粲深得蔡邕的赏识。这么一来，王粲的名气就更大了。

第三，王粲还有一些非常富有传奇色彩的故事。《三国志·王粲传》记载，有一次，王粲与人共行，看到路边有一块石碑，上面刻有碑文。两人就一起读碑文。读完之后，同伴就问他："你能熟记碑文吗？"王粲想都没想就说："能啊。"然后就哇里哇啦地背了一通，同伴一边听一边和碑文核对，发现竟然一字不差！还有一次，王粲看别人下围棋，一不小心把棋盘弄乱了，下棋的人很不高兴，王粲就说，别着急，我能为你们复盘，说着三下五除二地把棋局摆好了。下棋的人不信他真有这么神，就用手帕盖住这个棋局，让王粲另外再摆一盘。王粲二话不说，就在旁边重新摆过一盘。摆好后，经过对照，两个棋局一个子儿都不差！王粲的记忆力简直是照相机式的，真叫过目不忘！

有了这三条因素，王粲就是想不出名都难。

但是，王粲这样一个名人仕途也不顺利。他先是依附于荆州的刘表，刘表是他祖父王畅的学生，关系不可谓不近，但刘表见识浅陋，对王粲并不重用。为什么呢？原因有三个：第一，因为王粲"貌寝"，就是长得丑。这也难怪，刘表本人长得高大俊伟，难免有点以貌取人。第二是王粲"体弱"，身体弱小多病。第三个原因是王粲个性"通侻"（亦作"通脱"），也就是旷达洒脱，不拘小节。只要从王粲竟然喜欢学驴叫，就可想而知了。刘表原本打算将王粲招为乘龙快婿，因为这些原因就作罢了。

可以说，才华奇高的王粲在刘表这里，真应了一个成语——明珠暗投。不过，是金子到哪儿都会发光的。建安十三年（208），王粲投奔了曹操，对他个人而言，可以算是"弃暗投明"了。因为时任丞相的曹操对王粲非常器重，先辟他为丞相掾，就是丞相府的属官，属于曹操智囊团和秘书处的核心成员，出谋划策，撰写文书，哪一样都离不开王粲。这还不算，又被赐爵关内侯，"建安七子"中被封侯的只王粲一人。魏国初建，王粲又官拜侍中，官儿做得越来越大。当时的典章制度都是由王粲主持制定的，可见其地位举足轻重。

王粲这么受重用，与他文才很高大有关系。王粲被南朝的文学理论家刘勰誉为"七子之冠冕"（《文心雕龙·才略》），就是说王粲是"建安七子"中文学才华最高的。《三国志·王粲传》说王粲：

善属文，举笔便成，无所改定，时人常以为"宿构"。

王粲写文章根本不假思索，也不打草稿，下笔立就，给人的印象就像是头天晚上就写好了一样。曹操也是文学艺术的"发烧友"，所以他对王粲十分欣赏，无论巡游还是出征，总是把王粲带在身边。建安二十一年（216）五月，曹操被封魏王；十月，曹操发兵南征孙权。不用说，王粲又是随军出征，参与军机大事的谋划。但是这次战争进行得并不顺利，孙权筑城坚守，两军相持不下。到了第二年的三月，仗就打不下去了，曹操于是率军北还。也就是在这次战争中，王粲"道病卒"——病死于行军途中。时间是正月二十四日。一代文星，就此陨落。

王粲死亡之谜

王粲究竟是怎么死的？他到底得了什么病呢？说来也是一大悬案，一大谜团。

晋朝的皇甫谧写过一部《针灸甲乙经》，记载了这样一件事，可以为我们破解王粲死亡之谜提供一个参考。说张仲景遇见20岁的王粲，就立马看出王粲有病在身，不治疗就会死。于是对王粲说："君有病，如不及早治疗，到了40岁，眉毛就会脱落，眉毛脱落后半年，就会死去。"他当即给王粲开了一剂药方，什么药呢？五石汤。这五石汤应该就是尚未被何晏改良过的"五石散"。张仲景说，吃了这五石汤就可以避免病情恶化。一般人总是讳疾忌医的，王粲也是如此。他听了这样的"逆耳忠言"很不高兴，觉得年纪轻轻的自己压根儿没病，张仲景是出言不逊，信口雌黄。所以他虽然接受了汤药，却并没有服用。过了三天，张仲景又见到王粲，问他："吃药没有？"王粲说："已经吃了。"张仲景仔细观察一下他的神色，说："你的神色不像是吃过药的样子，为什么你把自己的生命看得这样轻呢？"王粲还是不信。20年后，王粲刚好40岁，眉毛果然慢慢地脱落，"后一百八十七日而死"，正好是半年后！

这故事听起来挺玄乎，似乎这张仲景不是医生，而是"半仙儿"，连人家哪一天死都算得这么准。我以为这事不可尽信。但是，其中透露的一些信息，比如眉毛脱落，开了五石汤的药方等等，倒可能是真实的。

王粲得的到底是什么病呢？国学大师章太炎先生认为，王粲得的是麻风病，他的根据是，麻风病的症状之一正好是病情严重时，眉毛胡子都会慢慢脱落！（《章太炎全集》第八册《论狐惑及疬》）因为章太炎是个大学问家，所以长期以来，他的这个推断差不多就被大家默认了。

但是，章太炎的这个判断真的可靠吗？我以为不可靠。因为第一，史书和文献只说王粲"道病卒"，没说患有麻风病。这叫文献无征。第二，麻风病虽有一定潜伏期，但不可能长达二十年——于理有悖。第三，麻风病是一种流行性传染病，皮肤和神经都会受到损伤，身上有红斑和疹块，症状很明显，如果王粲患有麻风病，那是需要"隔离"的，曹操怎么会让他随军出征呢？这又于情不合。所以，王粲患麻风病的可能基本可以排除。

那么，王粲到底得的什么病呢？我们只能从张仲景开的药方"五石汤"——其实也就是"五石散"——来推断，当时王粲所患的极有可能是由伤寒症引起的赢弱体虚之病。伤寒也是一种传染病，主要症状有两个：一是发热，一是恶寒。就是高烧不退，还特别怕冷畏寒。这里必须要交代一个背景：东汉时候，瘟疫流行，几乎每隔几年就会发生一次瘟疫。当时就把这种流行瘟疫统称为"伤寒"，远比我们今天所理解的"伤寒"严重，只要染上这种病，死亡率最高可达50%。比如，张仲景的家族本来有二百来口人，可是自汉献帝建安元年（196）以来，在不到10年的时间里，就死了三分之二，其中有十分之七是死于伤寒病。正是由于这个原因，张仲景才发奋钻研，终于写出医学名著《伤寒杂病论》。而在这部书中，张仲景明确提出，"五石散"是能够治疗伤寒的。

所以，我以为，20岁的王粲很可能得过伤寒病，而后虽然恢复，但病根子还在，一旦遇到外部的病源或者疫情的刺激，便会再次发作，最终导致死亡。

这么说有根据吗？当然有。因为无巧不巧，建安二十二年（217）初，也就是曹操攻打孙权的这场战争进入"相持阶段"的时候，恰好爆发了一次特大的瘟疫，曹操的撤军很可能就与这次疫情有关。这一年刚开春，中原地区就被疫情所笼罩，死亡人口急剧增加。曹植在《说疫气》一文中就说：

建安二十二年，疠气流行，家家有僵尸之痛，室室有号泣之哀。或阖门而殪，或覆族而丧。

也就是说，这一年的瘟疫简直是"大规模杀伤性武器"，由于交叉感染的原因，竟然有一家或一族人都被瘟疫杀死的恐怖情况。

这一年，对于中国文学史来说，也是一个非常重要的年份，著名的"建安七子"在这一年，一下子死了五个，分别是王粲、徐干、陈琳、应玚、刘桢。

那还有两个呢？还有两个死得更早：一个是孔融，十年前，也就是208年，就被曹操所杀；另一个是阮瑀，也早在212年便因病去世了。

这一年去世的五个人中，除了王粲，其他四位的死因非常清楚。曹丕《与吴质书》说："昔年疾疫，亲故多离其灾。徐陈应刘，一时俱逝，痛可言邪？"说明徐干、陈琳、应瑒、刘桢四人都是死于这一年的瘟疫。我推测，王粲很可能也是死于这场瘟疫。曹丕之所以没有点王粲的名，第一可能是出于行文的需要，四言比五言更有节奏感；第二，大概王粲死在正月，而紧接着的二月，瘟疫大流行，其他四子全部感染，他们死亡的时间更接近。也就是说，没有提王粲，不等于王粲的死与瘟疫无关。

所以，建安二十二年这一年，是一个历史上著名的"灾年"，"悲凉之雾遍被华林"，许多人被瘟疫夺去了生命，"建安七子"中的五人在这一年死亡，可以说，这一年是"建安七子"终结的一年，是文学史上一个值得纪念和缅怀的年份。

可想而知，这一年的葬礼肯定是接连不断的，王粲的葬礼之所以被记录下来，足以说明王粲其人的重要性。既然王粲在当时是一个十分具有影响力的人物，不仅文学上，甚至政治上、军事上都拥有话语权，那么，他的葬礼当然非同一般。古人本来就重视迎生送死之事，可想而知，王粲的追悼会上，一定是名流云集，群星闪耀。

驴鸣何为？

《世说新语》有个门类叫《伤逝》。伤逝，顾名思义，也就是伤悼逝者之意。这一门记载了许多生者对死者的伤悼故事，我们所说的这个"驴鸣送葬"的故事就是开篇第一条：

王仲宣好驴鸣。既葬，文帝临其丧，顾语同游曰："王好驴鸣，可各作一声以送之。"赴客皆一作驴鸣。（《伤逝》1）

王仲宣也就是王粲，他生前喜欢驴鸣，死后安葬时，曹丕亲自来主持葬礼，祭吊完毕，曹丕扭头对身后一起来的王粲生前好友同僚们说："王粲生前喜欢驴鸣，现在大家可以各学一声驴鸣来为他送行。"于是大家就都学了一声驴叫。

我们来解剖一下这个故事，看看从中能发现什么有趣的东西。

故事一开始就说，王粲喜爱驴鸣。这说明王粲的确是一个十分率性通脱的人，他几乎可以说是魏晋文人士大夫的一个代表。关于他的通脱，没有留下太多记载，但是通过"好驴鸣"，我们就能知道一个大概。你想啊，大自然万千声音他都不爱，偏偏喜欢听驴鸣，听过驴叫的人一定知道，那绝对不是什么好听的声音，你看现在的口技演员，学鸡鸭猫狗的都有，可是没见过学驴叫的。但是关键也就在这里，王粲偏就爱我所爱，好我所好，这一点就与众不同。

说到驴鸣的爱好，王粲也不是第一个。汉末的隐士戴良才是驴鸣之风的开启者。戴良字叔鸾，汝南慎阳（今河南正阳）人，是我的正宗老乡。戴良不仅是个隐士，还是个狂生，他年轻时放纵不羁，不同流俗，曾以大禹和仲尼自况，真是狂得可以。但这个人却是一个大孝子，他母亲有个爱好，就是喜欢听驴鸣。于是"良常学之，以娱乐焉"（《后汉书·戴良传》），留下一个"驴鸣娱亲"的典故。

这个"娱乐"二字很重要，说明人们喜欢听驴鸣最初就是为了娱乐。因为驴子这个动物很有喜剧色彩，它两只耳朵又大又长，俗称大耳朵驴，嘴巴四周有一圈白圈，很卡通，很可爱。不过，驴子最有特色的还是它的叫声，那真是不鸣则已，一鸣惊人。听过驴叫的人都知道，驴叫声虽然不是那么好听，以至于人们形容一种声音很难听，常常会说"像驴叫"；但是，驴的叫声共鸣效果特别好，声音高亢、嘹亮，扯天扯地，抑扬顿挫，很有节奏感和音乐性，可以说是一种"原生态加美声唱法"的效果。别看驴子平时忍辱负重，谨小慎微，但在它伸着脖子仰天长鸣的时候，那真是不管不顾，舍我其谁，自有一种豪迈旷达的韵味。唐代文学家柳宗元的《黔之驴》里，不是还有"驴一鸣，虎大骇"的描写吗？虽然那头驴子最后被老虎吃掉了，留下一个"黔驴技穷"的典故，但我总觉得大家对这个故事的解读太残忍了，它反映的是一种"弱肉强食"的丛林法则。为什么大家都对那可怜的驴子幸灾乐祸呢？难道弱者面对即将而来的暴力，叫几声以示反抗的权利都没有吗？小时候读这个故事，我总是对那只被老虎吃掉的驴子心存同情。我觉得，那头驴子是一个敢于反抗强权和暴力的"钉子户"，完全值得尊敬！

我们还是回到王粲。我想王粲喜欢驴叫首先也是为了娱乐，毕竟学驴叫也算是口技的一种，还可以锻炼肺活量。估计王粲和朋友聚会时，一定经常表演驴鸣，而且肯定是学得惟妙惟肖，弄到后来，喜欢驴鸣几乎成了王粲的招牌式、标志性的个人爱好了。

不过我以为，王粲之所以好驴鸣，恐怕也有其深层的心理需求在里面。王粲长得丑，一度很受压抑，这和驴子其貌不扬被人轻视很相似；但王粲毕竟博学多才，只要给他合适的机会，他就能"不飞则已，一飞冲天"，这和驴子的"不鸣则已，一鸣惊人"也是相通的。再加上魏晋那样一个乱世，兵荒马乱，朝不保夕，每个人的精神压力都很大，特别需要寻找发泄的渠道，王粲本来就通脱不羁，他学驴叫其实也是一种发泄积郁在心的"不平之气"的独特方式。可以说，魏晋文人学驴鸣，和那样一个乱世人们的精神状况是相通的。甚至可以说，驴鸣本身，就是一种充满人文色彩的"不平之鸣"。

古代有句话：人无癖不可以为人。一个人如果没有一点无伤大雅的个人爱好，干脆就不是一个灵魂健全的人。王粲的好驴鸣，正是"他之所以为他"的、"只此一家别无分店"的身份证明。所以王粲死了以后，人们还是对他生前的这个爱好念念不忘。一个人活到这个份上，就算是活出了自我。

驴鸣当哭

但话又说回来，即使你王粲是个了不起的人物，即使驴鸣是你的独特爱好，难道就可以把葬礼当作学驴叫的舞台吗？如果没有一个有影响力的人发号施令，推波助澜，谁敢在这样庄重肃穆的场合表演口技呢？我以为，曹丕在这个"驴鸣送葬"的故事中，所起的作用更大，更关键。

我们知道，曹丕是曹操的第二个儿子，后来做了魏国的皇帝，史称魏文帝。而且，历史上的曹丕形象不好，一会儿和曹操争夺甄氏①，一会儿毒杀自己的弟弟②，弟弟曹植的"七步诗"也是在他的屠刀之下被逼着做出来的③。更有甚者，他还做了他老子都不敢做的事，那就是代汉自立。所以，无论从公德还是私德方面，曹丕都可以说是"反面教员"，让人敬仰不起来。

但有一点必须注意：历史是人写的，历史记载中的价值判断难免会带有记录者先入为主的主观性，以及记录者所处时代的局限性。意大利哲学家克罗齐说："一切历史都是当代史。"鲁迅也说："某朝的年代长一点，其中必定好人多；某朝的年代短一点，其中差不多没有好人。为什么呢？因为年代长了，做史的是本朝人，当然恭维本朝的人物，年代短了，做史的是别朝人，便很自然地贬斥其异朝的人物，所以在秦朝，差不多在史的记载上半个好人也没有。"（《魏晋风度及文章与药及酒之关系》）

---

① 《世说新语·惑溺》1："魏甄后惠而有色，先为袁熙妻，甚获宠。曹公之屠邺也，令疾召甄，左右白：'五官中郎已将去。'公曰：'今年破贼，正为奴。'"

② 《世说新语·尤悔》1："魏文帝忌弟任城王骁壮。因在卞太后阁共围棋，并啖枣，文帝以毒置诸枣蒂中。自选可食者而进，王弗悟，遂杂进之。既中毒，太后索水救之。帝预敕左右毁瓶罐，太后徒跣趋井，无以汲。须臾，遂卒。"

③ "七步诗"典出《世说新语·文学》66："文帝尝令东阿王七步中作诗，不成者行大法。应声便为诗曰：'煮豆持作羹，漉豉以为汁。萁在釜下燃，豆在釜中泣。本自同根生，相煎何太急。'帝深有惭色。"

对曹丕来说，其实也存在着这样的问题。至少就我的观察，曹丕是古代帝王中比较有人情味的一个。仔细阅读曹丕的诗文，你会发现，曹丕是一个情感特别细腻，也特别脆弱的人，他的作品不像他的父亲曹操那么慷慨悲壮，而是有一种特别凄美感伤的情调。特别是对待朋友，曹丕简直有一种与他的身份和年龄不相称的依恋。他和"建安七子"中除了孔融之外的其他六子都有深厚的交情，曾经形影不离，无话不谈。所以，建安二十二年这一年，七子中的五个人先后凋零，对于曹丕的打击是很大的。

俗话说：兔死狐悲。王粲的死，牵动了很多人的神经。曹植和王粲交情也很好，王粲死后，曹植写了一篇催人泪下的悼词——《王仲宣诔》①。我甚至怀疑，这篇悼词很可能也是在葬礼上宣读的。人死了，写篇诔文表示纪念，这是合乎情理的，也是中规中矩的。可是曹丕表达悲哀的方式却显得"不拘格套"，那就是在葬礼上号召大家一起大学驴叫！

问题是，曹丕自己有没有学呢？根据"各作一声"来分析，他应该是学的，那样庄严的场合，领导不率先垂范，谁有这么大的胆子呢？所以，应该是曹丕先学，学完之后，大家每个人都学一声驴叫。一时间，墓地上充满了高亢嘹亮的驴叫声。

当我们了解到整个故事的来龙去脉之后，就会明白，墓地上空的那一声声驴鸣，并不是存心为了娱乐和搞笑。我想，那些王粲生前的好友一定是一边含着眼泪，一边学驴叫的。

这一刻，驴鸣，就不再是简单的驴鸣，而是被放大和变形之后的人的悲痛的歌哭！千年之后，人们提起这个故事，仍然会感到惊心动魄！

---

① 　见于《文选》卷五六的曹植《王仲宣诔》有云："吾与夫子，义贯丹青，好和琴瑟，分过友生。庶几遐年，携手同征，如何奄忽，弃我夙零。感营宴会，志各高厉，於戏夫子，金石难弊。人命靡常，吉凶异制，此欢之人，孰先殒越?何寐夫子，果乃先逝，又论死生，存亡数度。子犹怀疑，求之明据，傥独有灵，游魂泰素。我将假翼，飘飖高举，超登景云，要子天路。丧柩既臻，将反魏京，灵輀回轨，自骥悲鸣。虚廓无见，藏景蔽形，孰云仲宣，不闻其声。延首叹息，雨泣交颈，嗟乎夫子，永安幽冥。人谁不没，达士徇名，生荣死哀，亦孔之荣。呜呼哀哉!"

还有一点不得不提。这个"驴鸣送葬"的事，现在看起来轻松容易，可对于当时的曹丕来讲，简直可以说是千难万难。为什么？因为曹丕当时的职务是五官中郎将、副丞相，地位仅次于曹操，几个月之后就被立为魏王太子，三年之后就做了皇帝。所以，这次葬礼的规格应该是很高的，差不多仅次于"国葬"。作为当朝的副丞相，而且是这次葬礼的主祭人，只要曹丕脑子里稍微有点礼法教条之类的"紧箍咒"，我们也就欣赏不了这出口技表演了。

那么，曹丕作为副丞相，差不多是国家领导人，竟然在葬礼上号召大家学驴叫，以此表达对死者的哀思，这说明什么呢？说明曹丕和王粲一样，也有通脱放达的个性，也是个性情中人。试想，如果这时他让乐队演奏一曲哀乐会是个什么效果？谁都会说，奏哀乐或者《安魂曲》之类是比较靠谱的，起码符合特定的礼仪和场合，但你再往深里想，那是做给活人看的，跟死者王粲又有什么关系呢？

每个人都免不了一死，而死亡恰是对生命过程和意义的终止、抽空甚至否定，所以，丧礼的仪式，一招一式，无不是做给生者看的，其目的就是彰显人的生命的尊严和价值，以安抚生者早已被生活磨蚀得千疮百孔的心。但是，曹丕的驴鸣却是直接面对死者，面对死者生前最具个性价值的一个癖好，而不是一整套观赏价值很高但却把生者与死者弄得"幽明殊途""天人永隔"的丧葬礼仪。我以为，这才是问题的关键。

有时候，合乎礼的东西被强调得过了头，也就不再合情了；反过来，看似不合礼的行为，往往反倒是真情的流露。

所以，不管曹丕在历史上的形象多么不堪，我都要为他这一刻的表现喝彩。在他带领众人"驴鸣送葬"的这一刻，他浑身上下都充满了人格魅力。这一刻，外在的身份和地位都被剥除掉了，只剩下一个有血有肉、有情有性的"真我"！

其来有自

《世说新语》中有一个门类名叫《任诞》，可以说是全书最具看点的一篇。任诞，也就是任达、放诞之意，用现在的话说就是言行"出格"，表现"另类"，就是"不按牌理出牌"，也可以理解为"通脱放达"之意。上一讲所说的饮酒之风其实就是"任诞"风气影响下的产物。事实上，王粲的好驴鸣，以及曹丕的"驴鸣送葬"，体现的正是一种任诞、放达的个性。

也许有人会问：王粲和曹丕的这种通脱放达的个性又是怎样形成的呢？我以为，来自两种人物的影响：一种是政治人物，一种是文化人物。

先说政治人物。曹丕本人就是政治人物。但追溯起来，这种通脱放达风气的开启者，既不是王粲，也不是曹丕，而是比他们更强势的人物——曹操。众所周知，曹操本来就是一个通脱任性、不拘小节的人，年轻的时候飞鹰走狗，无所不为。等到他大权在握，在政治上也是不拘格套的。为了广揽人才，他曾颁布三道"求贤令"，这三道求贤令真是非同小可，其最主要的宗旨是什么呢？就是大家都知道的四个字——"唯才是举"。曹操说，只要有才，就可以选拔出来做官。哪怕是"负污辱之名，见笑之行，或不仁不孝"的人，只要你有"治国用兵之术"，我照样来者不拒。这叫"不拘一格降人才"。所以那个时代，墨守成规的人逐渐被淘汰，而敢于打破陈规陋习、标新立异的人，大都脱颖而出。不拘格套的人越来越多，从而激发了整个时代的创造力。

有道是"上有好者，下必甚焉"。曹操也好，曹丕也好，那些遵命学驴叫的吊丧者也好，都是上流社会的高才名士，他们的这种任情和真率的言行自然会形成一种"榜样的力量"，从而催生出一个时代放达不羁的风气，这，也就是我们所说的"任诞之风"。

曹操的选拔人才是"不拘格套"的，王粲的"好驴鸣"也是"不拘格套"的，曹丕的"驴鸣送葬"更是"不拘格套"！可以说，这就是一个"不拘格套"的时代。

当然，你也可以说，这是一个礼崩乐坏的时代。我们一向有一个偏见，以为礼崩乐坏如何堕落，所谓"人心不古，世风日下"，殊不知，礼崩乐坏也有两个太平盛世没有的好处。哪两个好处呢？

第一是思想自由，个性解放。因为礼崩乐坏，就没有一个统一的主流意识形态，没有所谓"罢黜百家，独尊儒术"，而是"百花齐放，百家争鸣"，这时候，恰恰是社会最有活力、最有创造力的时候。思想和言论一旦被定于一尊，当人们的思想、言行都被一个既定的模式、框框甚至格式所限制，就像被装在一个套子里的时候，正是人类进步和社会发展的动力逐渐缺失的时候。契诃夫笔下的那个"套中人"，多么正统庄严，可是又多么面目可憎，可悲可怜！

第二是人才辈出，群星璀璨。礼崩乐坏的时候，总会出现一些有担当、有信念、有风骨的伟大人物，这些人物站在整个时代的风口浪尖，"为大地立心，为生民请命，为往圣继绝学，为万世开太平"（张载语），著书立说，开宗立派，启迪来者，沾溉后世。礼崩乐坏的春秋战国出现了诸子百家的巨子，礼崩乐坏的魏晋乱世也出现了文学、哲学、音乐、书法、绘画的众多奇才巨匠，礼崩乐坏的晚清民国更是大师云集，盛极一时。清代诗人赵翼有诗云："国家不幸诗家幸，赋到沧桑句便工"（《题遗山诗》），良有以也！

再说文化人物的影响。我以为，任诞之风的文化思想的源头，应该在庄子那里。

关于庄子，有个著名的故事说，庄子的妻子去世以后，他不仅不哭，还"鼓盆而歌"①。庄子认为，人本来是没有生命的，生命是一个从无到有的过程，而死亡呢，恰恰把有的东西复归于无，这和四季轮回一样，是再自然不过的事，何必要哭哭啼啼呢？所以，要说"任诞"之风的祖师爷，应该是庄子。

到了汉代末年，政治黑暗，儒家礼教受到严峻挑战，老庄思想开始兴起，名教和自然的冲突越来越激烈。因为古代最注重规矩和格式的正是丧葬之礼，要彻底地冲破人为的礼法和教条，"居丧无礼"就成了最有效的方式。比如那位"驴鸣娱亲"的戴良，等到他母亲去世，他却食肉饮酒，难过的时候就哭几声，有人就问他："你这样子，合乎礼吗？"戴良说："当然合礼了。礼是制约情感放荡的，如果情感不放荡，还要礼干什么！如果你喝酒吃肉，一点也不觉得香甜有味，吃一点喝一点又有什么不可呢？"②这很有些"酒肉穿肠过，仁孝心中留"的意思。所以，说到"居丧无礼"，戴良也是个关键人物。

曹丕的这种"驴鸣送葬"的举动，也可以理解为一种"居丧无礼"。这对魏晋士风的影响是巨大的。既然身份尊贵的曹丕都在葬礼上大学驴叫，后来魏晋名士如阮籍在居丧期间饮酒食肉、弹琴度曲，也就算不得大逆不道了。

甚至，直接效法曹丕的也不是没有。西晋名士孙楚和王济是一对好朋友，孙楚才高气傲，很少佩服谁，唯独敬重王济。后来王济死了，办丧事的时候，天下名士都来吊丧。孙楚来得很晚，对着王济的尸体放声恸哭，

---

① 《庄子·至乐》："庄子妻死，惠子吊之，庄子则方箕踞鼓盆而歌。惠子曰：'与人居，长子老身，死不哭亦足矣，又鼓盆而歌，不亦甚乎！'庄子曰：'不然。是其始死也，我独何能无概！察其始而本无生，非徒无生也而本无形，非徒无形也而本无气。杂乎芒芴之间，变而有气，气变而有形，形变而有生，今又变而之死，是相与为春秋冬夏四时行也。人且偃然寝于巨室，而我嗷嗷然随而哭之，自以为不通乎命，故止也。'"

② 《后汉书·戴良传》："及母卒，兄伯鸾居庐啜粥，非礼不行，良独食肉饮酒，哀至乃哭，而二人俱有毁容。或问良曰：'子之居丧，礼乎？'良曰：'然。礼所以制情佚也。情苟不佚，何礼之论！夫食旨不甘，故致毁容之实。若味不存口，食之可也。'论者不能夺之。"

众宾客见了也都陪着流泪。孙楚哭完，对着灵床说："你生前常喜欢听我学驴叫，现在我再为你学一声。"说完就学了一声驴鸣，声震屋宇，惟妙惟肖，众宾客都被他逗笑了，追悼会的庄严气氛也一扫而空。没想到孙楚却很生气，抬起头对众人说："使君辈存，令此人死！"（《伤逝》3）意思是：老天真是不公，竟让你们这帮家伙活着，却让这个人死掉了！

同样是"驴鸣送葬"，曹丕和他的朋友们都没有笑出来，王济的朋友却破涕为笑了。这说明，这股风气到了西晋，其深刻的内涵已经不太能够为人所理解，也难怪自视甚高的孙楚要发脾气了。

有人要问了：难道不拘格套的任诞放达的风气只体现在丧礼之中吗？当然不是，这种风气到了东晋，甚至已经渗透进文人的日常生活和灵魂中去了，以至于出现了很多特立独行的人物，比如那位让李白都向往不已的王子猷。

天马行空

　　把魏晋的放达、任诞之风推向极致的不是别人，乃是东晋名士王子猷（名徽之）。

　　这个叫作王子猷的贵族公子哥儿，曾经在一个大雪纷飞的深夜，乘坐一艘小船去拜访一位隐士，可是，让人大跌眼镜的是，他赶了大半夜的水路，终于来到隐士的家门口的时候，突然来个"华丽转身"，打道回府了！

　　用现在的话说，这事儿实在太"雷人"了！甚至连唐代大诗人李白都被他"雷"得晕头转向。在著名的《梦游天姥吟留别》一诗中，李白十分深情地写道："我欲因之梦吴越，一夜飞度镜湖月。湖月照我影，送我至剡溪。"这个剡溪，不是别处，正是王子猷星夜兼程拜访隐士的那条河。

　　李太白很少真正欣赏什么人，但是这个东晋的王子猷，却用他那天马行空般的特立独行征服了我们的"诗仙"！我曾经做过统计，在李白诗集里面，引用王子猷的这个叫作"雪夜访戴"的典故竟然高达二十多次！[①]不是发自内心的欣赏和喜爱，李白怎么会对一个人、一件事这么念念不忘，心驰神往？！

　　每次想起王子猷的故事，我总忍不住要嘟囔一句：做人不能太王子猷了！你玩得这么邪乎，这么空灵，这么飘飘若仙，让我们这些凡夫俗子情

① 　参见拙文《郯溪：李太白和王子猷》，原载《文景》2007年第5期，收入拙著《有刺的书囊》，中国青年出版社2010年版。

何以堪？

　　或问：莫非这个王子猷是个"外星人"不成？他怎么能做出如此不可思议的事儿？是什么样的土壤和气候，催生了像王子猷这样的人物？在他"华丽转身"的一刹那，他到底在想什么，又有什么豪言壮语？对于我们现代人来说，王子猷的价值和意义何在呢？

　　要回答这些问题，就不得不从他的父亲说起……

东床坦腹

　　提起王子猷的父亲，可以说是家喻户晓，妇孺皆知。谁呢？就是东晋著名的大书法家王羲之。与其说王子猷的特立独行是后天形成的，不如说是"胎里带"的，因为他父亲王羲之年轻时，就是一个"不按牌理出牌"的风流名士。《世说新语·雅量》篇所载"东床坦腹"的故事说：

　　郗太傅在京口，遣门生与王丞相书，求女婿。丞相语郗信："君往东厢，任意选之。"门生归，白郗曰："王家诸郎亦皆可嘉，闻来觅婿，咸自矜持，唯有一郎在东床上坦腹卧，如不闻。"郗公云："正此好！"访之，乃是逸少，因嫁女与焉。（《雅量》19）

　　故事说，东晋著名军事家郗鉴镇守在京口（今江苏镇江）的时候，政治地位如日中天，就派门生送信给当朝丞相王导，想在他家挑个乘龙快婿。王导出于政治上的考虑，就答应了郗鉴的求婚，当即告诉郗鉴的信使说："你到东厢房，随意挑选吧。"估计事先王导已经命人把王家的适龄子弟全部都集中到东厢房，并且告诉他们郗家要来挑选女婿。所以，当时王家的东厢房，便被一种特殊而又微妙的氛围所笼罩，可以说，这里几乎成了王家那些翩翩公子们的一个"秀场"和"舞台"了——谁表现得好，谁就有可能成为郗家的乘龙快婿。

郗鉴的信使看到了什么情景呢？作者没有直接说，而是卖了一个关子，写信使回去禀告郗鉴说："王家的那些公子都挺不错，望去真是琳琅满目，令人目不暇接，不过他们听说来挑女婿，就都矜持起来，表情动作都不自然了。"

我们知道，唐代诗人刘禹锡有首《乌衣巷》诗云："朱雀桥边野草花，乌衣巷口夕阳斜。旧时王谢堂前燕，飞入寻常百姓家。"这里的"王谢"指的就是在东晋名位显赫、人才辈出的王导、谢安两大家族。特别是王导家族，可以说是东晋第一豪门，连东晋皇族司马氏都得让他三分，因为东晋的基业可以说是王氏一手缔造的。所以当时流传着"王与马，共天下"的说法，就是山东琅琊的王氏可以和司马氏家族分庭抗礼，共同掌管天下。如此显赫的门第，原本也不会把郗家放在眼里，这些公子怎么会如此没有大家风度呢？

我以为，这些公子们的反应再正常不过了。在生活中我们都有体会：当你处在一个相对宽松、没人注意的环境中的时候，你就容易放松下来，而一旦你知道有人在用另外一种眼光观察你，甚至这种观察会和你的终身大事挂钩的时候，你就很难保持一颗平常心了。比方说有人平时还好，非常从容潇洒，可是一旦面对电视镜头，想到有那么多人在背后看着你，要说不紧张那是假话。

所以，王家的公子们表现出来的矜持是一种很正常的反应。

但是所谓正常、反常往往是相对的。在别人都"正常"的时候，"反常"其实有可能更真实，更自然，更纯粹。当所有王家公子都表现出"应该有"的反应的时候，表现出"不该有"的反应的人，就显得与众不同了。信使紧接着对郗鉴说："只有一位公子在东边床上袒胸露腹地躺着，还在那儿吃东西，好像没有听见一样。"请注意：这个信使的汇报也是很有意思的，他先说其他公子都很矜持，最后说只有一个公子坦腹东床，一副无所谓的样子，这在表达效果上很有点"欲扬先抑"的味道，说明信使被这个有些"另类"的公子吸引了，忍不住想投他一票。

果然郗鉴听到这里，大腿一拍，说："正是这个好！"一查访，原来这个公子不是别人，正是王羲之，于是便把女儿嫁给了他。

这个故事放在《雅量》篇，显然是为了彰显王羲之宠辱不惊的"雅量"的，但是从故事的描写本身来看，我们也可以说，王羲之的表现也可算是率性自然，不拘格套，甚至还有一种对门第不如自己的郗家的"傲慢与偏见"。有道是"有心栽花花不开，无心插柳柳成荫"，最不当回事的王羲之，倒成了郗鉴的"东床快婿"！王羲之用他的行动告诉我们：想要引起别人的注意，最好的办法就是干脆不以为意。有时候，故作姿态还不如不做姿态，或者说，不做姿态反而是一种最好的姿态。王羲之那种旁若无人的样子，其实投射出的正是一种坦荡潇洒的人格之美，风度之美。

《庄子·田子方》里有个故事，和王羲之的东床坦腹很相像：

宋元君将画图，众史皆至，受揖而立；舐笔和墨，在外者半。有一史后至者，儃儃（chán）然不趋，受揖不立，因之舍。公使人视之，则解衣般礴，臝。君曰："可矣，是真画者也。"

故事说，春秋时宋国国君宋元公打算请人画几幅画，消息传出，差不多全国的画师都赶来了。大家领旨之后，便在一旁恭敬地拱手肃立，一边用舌头舐着笔尖，一边用手调着墨，一副小学生等待考试的样子。与此同时，站在门外的还有半数人。有一位画师最后来到，只见他神态安闲，不慌不忙，不卑不亢，接旨后也不恭候站立，马上转身回招待所去了。宋元公注意到了这个画师，就派人跟踪过去观察他，一到招待所，发现这个画师已经解开了衣服，裸露着身子，盘腿坐在那里了。宋元公一听，说："好呀，这才是真正的画师！"

这个宋元公眼光真毒！他愣是看出来那些循规蹈矩、精神拘谨的画师不过是浪得虚名，而那位不拘礼节，举止从容，放达不羁的画师才是真正的艺术家。

郗鉴也是如此。我们从他择婿的标准可以看出，当时人们最欣赏的不是装腔作势、谨小慎微的小人格，而是落拓不羁、我行我素的大风流。王羲之后来之所以能成为一代"书圣"，绝非偶然。

反观我们今天的教育，什么都有一套模式，一套格式，甚至一套公式，要受教育者按部就班，亦步亦趋，违反了这套模式、格式或公式，就被视为"问题学生"，就被主流社会所淘汰。这就损失了相当多的个性色彩、想象力和创造力。真正的教育者应该拥有宋元公和郗鉴那样的眼光和心胸，那就是——发现个性并且欣赏个性，然后因材施教，而不是歧视个性，扼杀个性，把教育过程当作"压缩打包"的格式化生产，搞人才培养的"一刀切"！

怪人奇事

俗话说，有其父必有其子。从王羲之"东床坦腹"的故事，其实已经能够看出王子猷"雪夜访戴"的影子了。顺便说一句，研究中国文化和历史人物，除了充分利用文献和考古材料之外，还有两个因素也应纳入我们的视野：一是家族文化的影响，所谓家学渊源；二是遗传因素，遗传学的影响也不可小觑。其实，中国古代的许多大师巨匠离了这两个因素都很难形成。我们现在没有书香门第、文化世家了，只剩下一个遗传基因在起作用，所以出不了大师一点也不奇怪。

山东琅琊王氏不仅是个政治豪门，还是文化世家，每一代都有杰出人物出现，可以说是代不乏人。但是，正如生物学有"遗传"，也有"变异"，家族文化也是如此。同样是王导家族的后裔，王羲之便和其他同族子迥然不同，所以在其他兄弟捉襟见肘的时候，他偏能演出"东床坦腹"的好戏来。而他的儿子王子猷，更是青出于蓝而胜于蓝，在放达不羁、特立独行的路上走得更远，飞得更高。

史书上说，王羲之家族是"一门三杰"，指的就是王羲之和他的两个儿子王子猷和王献之，父子三人"文章为世人所推崇，俱善书画"。我们知道，王献之名气大是因为书法盖世，与父亲王羲之并称"二王"，那王子猷出名靠的是什么本事呢？

这个问题还真不好问答。古代有"三不朽"之说，就是立德、立功、立言。一个人想要流芳百世，要么像圣贤那样立德，要么像帝王将相那样立功，要么就做文人学者，著书立说，"成一家之言"，藏诸名山，传之后世。总之，你总要有拿得出手的东西才行。但是恕我直言，王子猷在这三个方面可以说都交了白卷——既无绝世之才，也没有丰功伟绩，在品德方面更是乏善可陈，这"三不朽"他一个都沾不上边儿！

如果说，别人都是靠"有所作为"得以不朽的，那么这个王子猷则是通过"无所作为"得以成名的；别人是靠经常说"YES"不断进步的，王子猷则是通过经常说"NO"独树一帜的；别人都是靠"脚踏实地"走向成功的，王子猷则是通过"天马行空"实现逍遥的！

但是，正是这个王子猷，却用他不同凡响的行为方式和生活方式，书写了一个人间神话。我经常开玩笑地说，王子猷就是一个靠特立独行爆得大名的"行为艺术家"。他的"行为"里面，处处都跳动着"艺术"的脉搏，灵感的节奏，审美的旋律。

那么，他都玩了哪些"行为艺术"呢？我们来讲几个他的故事。

第一个故事叫"借斋种竹"：

王子猷尝暂寄人空宅住，便令种竹。或问："暂住，何烦尔？"王啸咏良久，直指竹曰："何可一日无此君？"（《任诞》46）

有一次，王子猷偶然到别人的空宅院里暂住一段时间，人刚到宅子，便下了一道奇怪的命令。什么命令呢？就是令家人赶快在院子里种竹子！有人不解地问："暂住，何烦耳？"——只是暂时住住，何必这么麻烦呢？王子猷吹着口哨歌吟了好久，才指着竹子说："何可一日无此君！"——怎么可以一天没有这位君子呢？

后来的文人大多有种竹的雅好，应该就是受王子猷的影响。比如北宋大史学家司马光有首《种竹斋》诗，前四句说："吾爱王子猷，借斋也种竹。一日不可无，潇洒常在目。"大文豪苏轼也有一首《于潜僧绿筠轩》诗："宁可食无肉，不可居无竹。无肉令人瘦，无竹令人俗。人瘦尚可肥，士俗不可医。"可以说，王子猷堪称是竹子的古今第一"形象代言人"。

第二个故事也很"另类"，也是和竹子有关的，叫作"看竹不问主人"：

王子猷尝行过吴中，见一士大夫家极有好竹，主已知子猷当往，乃洒扫施设，在听事坐相待。王肩舆径造竹下，讽啸良久，主已失望，犹冀还当通。遂直欲出门。主人大不堪，便令左右闭门，不听出。王更以此赏主人，乃留坐，尽欢而去。（《简傲》16）

王子猷有一天出行，经过吴中（今属江苏）一带，看到有一户士大夫人家的庭院中种有上好的竹子，真有"他乡遇故知"之感，便也不打招呼，径自闯了进去，旁若无人地欣赏起来。主人素知王子猷的大名，很想和他结交，于是洒扫厅堂预备款待。不曾想子猷赏竹完毕，竟招呼也不打就要扬长而去。主人也不含糊，当即命家人关好院门，实行"全家戒严"，执意留客。本就落拓不羁的王子猷对主人的这一招很是欣赏，于是"乃留坐，尽欢而去"。

故事看似搞笑，其实大有深意，说明在王子猷眼里，对于自然物如修竹的纯粹的审美，其重要性远在世俗的人际关系之上。由此可见，王子猷爱竹，绝不是附庸风雅，而是爱到近乎痴迷的程度了。

也许有人会说，这个王子猷也太不像话了，他是心中有竹，目中无人啊！但是我要说，当我们这样看王子猷的时候，可能恰恰是我们心中俗念太多、俗气太重的时候，我们很难理解一个真正进入纯粹的审美状态的人，可以把世俗的一切统统抛在脑后！后来，唐代大诗人王维在一首诗中，化用此典说："到门不敢题凡鸟，看竹何须问主人。"（《春日与裴迪过新昌里访吕逸人不遇》）好一个"看竹何须问主人"！这叫"心中有竹，目中无人"！试想，竹子之为物，生于天地之间，本属于自然和造化，如果主人不懂得欣赏，竹子种得再多也形同虚设，反过来，如果路人懂得欣赏，路人岂不就是主人？

第三个故事，叫作"闻笛不语"：

王子猷出都，尚在渚下。旧闻桓子野善吹笛，而不相识。遇桓于岸上过，王在船中，客有识之者云："是桓子野。"王便令人与相闻，云："闻君善吹笛，试为我一奏。"桓时已贵显，素闻王名，即便回下车，踞胡床，为作三调。弄毕，便上车去。客主不交一言。（《任诞》49）

有一次，王子猷应召到都城建康（今江苏南京），所乘的船停泊在青溪码头，恰巧桓伊从岸上过。桓伊是谁呢？桓伊字子野，一字野王，是东晋著名将领，淝水之战的功臣，也是当时第一流的音乐家，尤其擅长吹笛。王子猷与桓伊并不相识，但久仰其名。这时船上一位客人道："此人就是桓野王。"王子猷听说岸上之人竟是桓伊，便命人到岸上对桓说："闻君善吹笛，试为我一奏。"这话是很不礼貌的——凭什么我善吹笛，就要为你演奏啊？要是放在今天，没准儿人家还会想到出场费什么的。但是要知道那是在东晋，要知道说话人和听话人都是不同流俗的大名士，咱们觉得受不了的事人家根本不在考虑范围之内，说穿了，境界压根就不在一个档次上！桓伊素知子猷之名，对如此唐突的邀请也不在意，当即下车登船，坐在胡床（即小马扎）上，拿出笛子就吹，笛声清越，高妙绝伦。据说他吹的曲子就是著名的"梅花三弄"。吹奏完毕，桓伊立即上车走人。整个过程，"客主未交一言"（《任诞》49）。

这两人的做派，简直"酷毙"了！他们不以世俗的繁文缛节为意，整个身心都沉浸在悠扬的笛声之中，这时候，语言早已是次要的，多余的，一说就俗，甚至一说就错。这说明，在王子猷这些名士的日常生活中，经常贯彻一种审美的东西，他们的人生不是功利的人生，而是审美的人生，而这种人生境界，我们一般人很难企及。

王子猷做官的故事就更有趣了。他曾在车骑将军桓冲的幕府中担任骑兵参军一职。这个官主要是管理马匹的喂养、供给之事，有点像孙悟空做过的"弼马温"。但王子猷这个官实在做得潇洒，整天蓬首散带，游手好闲，不问正事：

王子猷作桓车骑骑兵参军。桓问曰："卿何署？"答曰："不知何署，时见牵马来，似是马曹。"桓又问："官有几马？"答曰："'不问马'，何由知其数？"又问："马比死多少？"答曰："'未知生，焉知死'？"（《简傲》11）

有一次，桓冲问他："你在哪个部门任职啊？"王子猷回答："不知在哪个部门。不过，时常看见有人牵马来，大概是马槽吧。"桓冲又问："那官府里有多少匹马呢？"王子猷应声回答："'不问马'，何由知其数？"这个"不问马"是有出处的。《论语·乡党》篇载："厩焚，子退朝曰：'伤人乎？'不问马。"说马厩失火，孔子赶回来问："可有人受伤？"却不问马的死伤情况。这里，王子猷十分机智地引用这个典故，说："不问马，怎么知道马有多少呢？"真是令人绝倒！

桓冲也真不识趣，又问："马近来死了多少？"这一回，王子猷回答得更妙，他说："'未知生，焉知死？'"这话出自《论语·先进》篇。有一次，子路问孔子，什么是"死"，孔子就回答了这六个字。意思是：对生存的意义尚且不知，又怎么知道死亡呢？王子猷这里是活学活用，信手拈来，不过意思发生了改变，变成："活马有多少我尚且不知，又怎么知道死马的数目呢？"言下之意，你这个做领导的，真是"拎不清"！

我不知道，今天还有这样眼里没有领导、心里没有组织纪律的人吗？也许有，但我没看见。今天还有这样对下属的任性简慢虽然不满，但也能听之任之的领导吗？——"盖有之矣，吾未之见也"。

后人往往羡慕晋人的那种风流潇洒，千方百计地模仿，却又不免东施效颦。为什么？因为后来的社会政治文化生态，已经和东晋"大家族，小政府"的门阀政治①体制大不相同，皇权高度集中的结果，是文人士大夫的犬儒化和奴才化，你怎么可能上演像王子猷那样我行我素的好戏呢？王子猷出身东晋著名的"骄傲家族"，因为"有恃"，故能"无恐"。在"官大半级压死人"的体制化社会，是不可能出现王子猷这样的人物的。李白之所以羡慕王子猷，就是因为王子猷常常能"跳出三界外，不在五行中"，而这种境界，正是李白们心向神往却又无法企及的！

雪夜访戴

这就是王子猷，用尸位素餐、玩世不恭、目中无人来形容他，真是再

---

① 关于门阀制度之详情，可参阅田余庆先生的《东晋门阀政治》一书。

合适不过了。尽管如此，王子猷还是做到了黄门侍郎，但他很快就辞官归隐了。"雪夜访戴"的故事就发生在他隐居山阴的时候。山阴，即今天浙江的绍兴。这则故事记载在《世说新语·任诞》篇里，可以说是经典中的经典，非常的简洁，非常的优美，但是又充满了言外之意，弦外之音，我们一段一段来欣赏：

王子猷居山阴，夜大雪，眠觉，开室，命酌酒，四望皎然。

王子猷隐居在山阴的时候，有一晚下了很大的雪，王子猷夜半醒来，再也无法入睡，于是打开房门，来到室外。站在雪地里，四下望去，一派粉装素裹的世界，不由得意荡神摇。魏晋名士兴致一上来，总是会想到酒，于是就朗声说道："拿酒来！"

"拿酒来"这句话，我们在饭店酒家经常听到，可你试试，三更半夜在家里也这么吆喝一嗓子，看看有什么效果？我敢说，不仅酒喝不成，没准儿还会招来一阵痛骂，老婆会说：你以为你谁啊？想喝酒，没门儿！

然而那是东晋，而且是在王子猷的家。我们今天做梦也不敢想的事，王子猷早已安之若素。不一会儿，上好的佳酿——温得恰到好处——已经端上备好的小酒桌，小菜和点心想必也都错落有致地摆放完毕。王子猷就着雪景开始自斟自饮。

因起彷徨，咏左思《招隐诗》。忽忆戴安道。时戴在剡，即便夜乘小舟就之。

喝到兴头上，王子猷不由得站起身来，一边彷徨庭院，一边朗声吟诵起西晋诗人左思的《招隐诗》①来。左思就是我们说过的那位模仿美男潘岳逛街，结果被妇女们吐口水的丑男。但左思长得虽然丑，却是西晋最有才华的文学家，他写过一篇《三都赋》，刚一写完，便被大家争相传抄，闹得"洛阳纸贵"。他的《招隐》诗也很有名，写山水自然之清幽美丽，表达的是一种远离仕途、弃官归隐的情绪。

王子猷吟罢，不胜流连。突然，他想起一个人来。一想起这个人，便再也坐不住了，连忙让人准备船只，他要连夜起程，前往会稽剡县（今浙江绍兴嵊州市）去拜访这个人。此人是谁？就是当时著名的隐士、画家、古琴演奏家戴逵（字安道）②。先是想到《招隐诗》，接着又想到一位隐士，这和王子猷的隐居生活不是正合拍吗？

想念一个著名的隐士或朋友，当然不算奇怪，奇怪的是，在那样一个风雪载途的深夜，而且说走就走，毫不含糊。我们会想，这么一件事，要耗费不少人力、物力、财力，还有精力，"成本"实在太高了。但王子猷才不管这些，他行事一向都是只问兴致，不计成本，更不在乎什么经济效益和社会效益。完全是"我的事情我做主"。他马上命人准备好船只，连夜向戴逵隐居的剡县进发。不一会儿，一艘小船便在大雪弥漫的剡溪上行驶了，在这么一个纯白的世界里，"众人皆睡我独醒"的王子猷，真正做到了"独与大地精神往来"（《庄子·天下》）。这已经够"酷"了吧？然而，更匪夷所思的还在后面——

经宿方至，造门不前而返。

---

① 左思《招隐诗》共两首，其一云："杖策招隐士，荒涂横古今。岩穴无结构，丘中有鸣琴。白云停阴冈，丹葩曜阳林。石泉漱琼瑶，纤鳞或浮沉。非必丝与竹，山水有清音。何事待啸歌？灌木自悲吟。秋菊兼餐粮，幽兰间重襟。踌躇足力烦，聊欲投吾簪。"其二云："经始东山庐，果下自成榛。前有寒泉井，聊可莹心神。峭蒨青葱间，竹柏得其真。弱叶栖霜雪，飞荣流余津。爵服无常玩，好恶有屈伸。结绶生缠牵，弹冠去埃尘。惠连非吾屈，首阳非吾仁。相与观所尚，逍遥撰良辰。"

② 戴逵（326－396）：字安道，谯郡铚县（今安徽濉溪）人，居会稽剡县。东晋著名美术家、音乐家、雕塑家，也是著名的隐士。《世说新语》中载其数条故事。

经过大半夜的长途跋涉，终于来到了戴逵的家门口——那是此行的目的地，也是此行的价值和意义所在。但是王子猷走到门口，却门都没有敲，而是来了个令我们惊诧无比的"华丽转身"，然后就沿着原路返回了！这简直"玩的就是心跳"！他把我们对他的"期望值"提得高高的，却突然来了个釜底抽薪，告诉我们GAME OVER——游戏结束了！

人问其故，王曰："吾本乘兴而行，兴尽而返，何必见戴？"

每次读到这里，我都会愣住，良久无语，仿佛有人按了"静音"键，整个世界一片沉寂，鸦雀无声！

你能想象一个马拉松运动员，在他气喘吁吁地跑到终点，可以赢得比赛的胜利的时候，突然放弃了去撞击那根代表胜利和荣誉的红线，转身走进了休息室的情景吗？

你能想象一个狂热的粉丝，钻进摩肩接踵的人群，好不容易挤到偶像的面前，马上就可以得到梦寐以求的签名的时候，突然觉得签名这样的事很无聊，很伤自尊，于是扭身就走的情景吗？

你能想象一个聚敛无度、日进斗金的富豪，突然之间觉得他的所有的财富都是身外之物，于是把万贯家财全部捐给"希望工程"的情景吗？

如果你能够想象，而不觉得自己脑子进水了，那我要说，你也许就能够理解王子猷。

诚然，当目的就要达到，结果唾手可得，意义很快可以彰显，价值马上就要实现的一刹那，一般人难免会产生一种狂喜，这原本无可厚非。但是，当你试着换一个更广大的角度去看待那目的和结果、意义和价值的时候，说不定你会发现其中的荒诞和可笑！

中国有一个成语，叫作"人为物役"。就是说，人类经常会成为他所创造的身外之物的奴隶——

人类创造了金钱，很快就成为金钱的奴隶！人类发明了高科技产品，很快又可能成为这些产品的奴隶。人类制定了礼法规范，很快就被这些礼法规范所限制！人类常为一件事设置目的和结果，价值和意义，然后就被这目的和结果、价值和意义牢牢束缚！人类甚至会假定或预设一个虚无缥缈的"乌托邦"或"理想国"，为所谓的"最高目的"和"终极价值"劳心劳力，鞠躬尽瘁，死而后已！

有时候，我觉得人类真是非常伟大，因为我们能够——发明创造；但有时候，我又觉得人类其实很渺小，很可笑，甚至很荒诞，因为我们常常——作茧自缚。

当我们做出各种"规定动作"，说出各种"规定语言"，填写各种"规定表格"的时候，当我们千方百计地试图把自己安放在一个体制中的时候，事实上已经脱离了人最自然的天性，最本真的状态，和最纯粹的灵魂。借用马克思的观点，这就叫——"人的异化"！

我觉得，当王子猷"造门不前而返"的那一刻，他也许"灵魂出窍"，突然置身于更广阔的天地，俯瞰自己的一举一动，并且看破了自己日夜兼程拜访一位隐士这种动机和行为的可笑。于是，他选择了放弃，中止，删除，甚至"归零"。

在那一刻，王子猷避免了被自己设置的价值和意义所"异化"。他在自己的"人生遥控器"上，义无反顾地按了一个"取消"键！

而就在王子猷选择"放弃"的那一刹那，他反而获得了更大的自由。他的灵魂因此飞升起来，由"必然王国"飞升到了"自由王国"。

王子猷其实是在挑战一种极限，他挑战的不是生理或体能的极限，而是精神和灵魂的极限。他完成的是一次"精神的蹦极"。

也许有人会说，这不过是"行为艺术家"王子猷表演的一个"真人秀"罢了，他的目的就是标新立异，哗众取宠。但是，我们不要忘了，"行为艺术家"不过是一个比喻的说法，王子猷那个时代，哪有什么"行为艺术"呢？如果要说王子猷有表演的成分，我以为倒是不假，但是，在王子猷"华丽转身"的那一刻，哪有什么"围观群众"呢？如果他心里真有观众的话，那也只有一个——无所不在的上帝！

也许，王子猷对着苍天在那里想：看看吧，这就是我，我的名字叫作——人！

当然，就像李白的天才烂漫、大气磅礴的诗歌不可模仿一样，王子猷的"雪夜访戴"也是不可复制的。事实上，当贵族文化和贵族精神已经成为前尘往事，社会正在向现代公民社会迈进的时候，王子猷更不该是我们效法的榜样。属于他的那个时代已经彻底成为历史。别的不说，当我们现在遇到一种不公正的待遇的时候，当我们想要给自己争得一份正当权利的时候，能按那个消除键吗？不能。有时候我们也需要或者说应该——把一件事进行到底。

那么，对王子猷这个故事，我们该怎么看呢？

我觉得，不妨把"雪夜访戴"当作一首诗，一幅画，一段美妙的音乐，刻录在我们精神的光盘里，时时重温，默默遐想，让我们在原本平凡的生活中，永远保留一份对自我、自然、自由的向往之情。能够做到这一点，也就够了。

第五讲　隐逸之风

大隐若逃

管宁割席

在通行的中学语文课本中，选录过一则朋友绝交的故事，说有个挺有德行的人因为朋友有缺点，竟断然与之绝交。绝交就绝交吧，他还做了一个让人家一辈子耿耿于怀的动作，就是把两人共坐的一张席子齐刷刷、硬生生地割断了，来了个"割席断交"。

这个人是谁呢？他的名字叫——管宁。这个故事就是著名的"管宁割席"。

"管宁割席"出自《世说新语·德行》篇。故事大家很熟悉，但如果我把一些背景交代清楚，你就会发现，这个故事并不仅仅是朋友绝交那么简单，它还关系到我们要讲的盛行于汉末魏晋的一种风气。

这个故事不见于正史的记载，如果真有其事的话，时间应该是在东汉末年汉灵帝在位期间（168—189）。主人公有两个：一个是管宁（158—241），另一个叫作华歆（157—231）。故事发生的时候，两人都很年轻，不过二三十岁。这个管宁，据说是春秋时齐国的贤相管仲之后，可谓出身名门。《三国志·管宁传》载，管宁"长八尺，美须眉"，人长得很潇洒。年轻的时候，管宁和两个人关系很好，一个是华歆，另一个是邴原。今天的人喜欢旅游，古代的人喜欢交游。《礼记·学记》说："独学而无友，则孤陋而寡闻。"管宁就和他的这两个朋友一起四处游学，很有名声。"时号三人为一龙：谓歆为龙头，宁为龙腹，原为龙尾。"（刘注引《魏略》）

很多学者对这个排行颇有意见，以为华歆这个人品行不端，怎么可以做龙头呢？但是大家可能忽略了，这个排行不一定是根据品行，而很可能是按照年龄来的，华歆比管宁大一岁，中国人讲究长幼有序，所以华歆做"龙头老大"正合适。

但是，后来管宁却跟华歆分道扬镳了，起因就是这个很有寓言色彩的故事：

管宁、华歆共园中锄菜，见地有片金，管挥锄与瓦石不异，华捉而掷去之。又尝同席读书，有乘轩冕过门者，宁读如故，歆废书出看。宁割席分坐，曰："子非吾友也！"（《德行》11）

故事说，有一天，管宁和华歆一同在菜园里锄地种菜。锄着锄着，发生了一件事：两人看见地上有一小片金子！至于这片金子为什么会出现在菜园里，成色如何，是24K的还是18K的？我们不得而知。这些信息根本不是故事的关键。关键是什么呢？关键是两人面对金子的不同态度。作者紧接着写到，两人同时看见金子，表现却大不一样：管宁压根儿不理会，"挥锄与瓦石不异"，就是举锄锄去，跟锄掉瓦块石头一个样儿。这里作者强调"与瓦石不异"，是有用意的，它是为了反衬管宁的心胸和境界。我们知道形容人奢侈豪放有个词叫"挥金如土"，而管宁是"视金如土"，这是一般人修养不到的境界。再看华歆，他也来了个"高难动作"——"捉而掷去之"，就是却把金子捡起来，再扔出去。我们可以想象，那片金子划了一道优美的弧线，落在了不远处的草丛里。

故事到这里就中止了，仿佛音乐中出现了一个休止符，流动的画面中出现了一段空白。看到这里，如果我们不往下看了，会觉得莫名其妙。你会想：管宁的"视金如土"固然很有高风亮节，可人家华歆也不错啊，他也没有"见钱眼开"，把金子揣进自己的腰包啊？他把金子捡起来再扔了，也很有"路不拾遗""拾金不昧"的精神嘛！

总之，单看这件事，虽然对比很鲜明，我们还是不太明白作者到底想说什么。那就接着往下看。

紧接着，又转入对另一事件的叙述——又有一次，两人同坐在一张席子上读书，读着读着，又发生了一件事：有一个达官贵人乘坐一辆豪华车辇从门外经过，估计是吹吹打打，十分张扬。对于这起突发事件，两个人的反映又形成了鲜明的对比：管宁是"两耳不闻窗外事，一心只读圣贤书"，对外面发生的事置若罔闻，依旧手不释卷。华歆却坐不住了，"废书出看"，就是放下书本，一溜烟儿地跑出去看热闹了。

说实话，读到这里，我还真不觉得这个华歆有多么讨厌。人家不过是性格外向，顶多有点"多动症"罢了！但是，紧接着的一段话，却把华歆定在了"耻辱柱"上！

宁割席分坐，曰："子非吾友也！"

也就是说，这两件我们今天看来没什么大不了的事，竟然"后果很严重"，它导致了一个富有戏剧性的结果——管宁竟把席子割开了，和华歆分开坐，并且冲着后者说："你不是我的朋友！""子非吾友也"这句话简直重若千钧，力透纸背！它是一个很严峻的道德判断，当我们读到这里的时候，突然回过神来，觉得整个事情不是那么简单了。

这则只有61个字的故事写得太妙了！它全用白描，没有一个多余的字，没有一句多余的话，作者对人物没有任何褒贬评价，简直是惜墨如金的"电报体"叙述，完全符合海明威的"冰山理论"①。但是，看完整个故

① 1932 年，海明威在他的纪实性作品《午后之死》中说："冰山运动之雄伟壮观，是因为它只有八分之一在水面上。"文学作品中，文字和形象不过占"八分之一"，而含而不露的情感和思想却占了"八分之七"。这就是所谓"冰山理论"。

事，你会发现，一切尽在不言中，该说的都说完了。这个短小的故事，真可以说是中国古典小说中的"精品中的精品"。它言近旨远，充满了言外之意，弦外之音；它又以少胜多，寥寥几笔胜过万语千言！

绝交探秘

但故事写得好，不等于就没有问题要问。让人想不通的是，管宁为什么因为两件小事，就和朋友断交？这里面究竟有什么深层的原因呢？

如果我们往深里解读一下就会发现，这个割席断交的故事描写的其实是两个读书人的灵魂的"暗战"，也可以说是一场道德境界的PK。除两个当事人之外，没有人充当场外裁判，但胜负输赢却清清楚楚地大白于天下了。可以说，读了这个故事，每个读者和观众都是裁判。

整个故事只写了两个片段性事件。在第一个片段中，管宁并非没看见金子，也并非不认得金子，只是在他的心里，压根没把金子之类的俗物当回事而已。所以他"挥锄与瓦石不异"。再看华歆。他虽然自作聪明地"捉而掷去之"，可是这一"捉"、一"掷"两个衔接得很好的动作，其实充满了作秀的成分，仿佛在说：我是看不上这玩意儿的！

人的心里常常有一种很矛盾的现象——我们急于证明给别人看的美德，很可能恰恰是我们自己最缺乏的。华歆只是做了一个很小的"小动作"。但有时候，一个下意识甚至无意识的小动作，却往往能暴露出一个人内心的大波动，真想法。华歆的这个下意识的动作，不做出来倒也罢了，一做出来，反而"此地无银三百两"，欲盖弥彰，一不小心暴露了自己并没有将那片金子真正"放下"！

我想起两个和尚背女子过河的故事。有一大一小两个和尚出行，遇到了一条河，河上的桥被大水冲走了，但河水已退，可以涉水而过。这时，一位漂亮的妇人正好走到河边。她有急事必须过河，但又害怕被河水冲走。于是，大和尚立刻背起妇人，涉水过河，把她安全送到对岸。小和尚接着也顺利渡河。两个和尚默不作声地走了好几里路，小和尚突然对大和尚说："我们和尚是不能近女色的，刚才你为何犯戒背那妇人过河呢？"大和尚淡淡地回答："阿弥陀佛！我一过完河就把她放下来了，可是我看你到现在还背着她呢！"

其实，华歆就像那个小和尚一样，虽然他把金子捡起来又扔出去了，姿态动作都很潇洒，可事实上，那个扔出去的金子依然在他的心里，没有真正"放下"。因为心中有金，所以要用那样一个很矫情的动作"撇清自己"，这在精神境界上，就比管宁视而不见差了一大截儿！

还有一个著名的禅宗公案，说六祖慧能来到广州法性寺，正好遇上方丈印宗法师讲《涅槃经》。这时吹来了一阵风，把挂在堂内和门口的佛幡吹得飘舞起来。有两个和尚看见佛幡舞动，就辩论起来，一个说风动，一个说幡动，喋喋不休。慧能看不过去，便插口说："不是风动，不是幡动，仁者心动。"——风也没动，幡也没动，倒是你们两个的心旌摇动了！这话饱含哲理，后来成为禅宗史上著名的偈语。言下之意，你们二人如果专心听讲，用心修行，也就是心不动，哪里会注意什么风动幡动呢？还是把心收回来吧！

从这个角度上说，华歆的"捉而掷去之"，看起来只是手在动，仔细想想，何尝不是因为他先已"心动"了呢？合理的解释是，他是先动了心，接下来才动了手。这个动作，就把他的躁动的内心世界给暴露出来了。

我们知道，儒家把追求"修身、齐家、治国、平天下"的"内圣外王"之道，作为最高理想，其中的"修身"一环可以说是基础。而在具体的"修身"实践中，儒家又讲求"慎独"工夫①，就是说，哪怕你一个人单

---

① 慎独，是指在独处中亦谨慎不苟。《礼记·大学》两处提到"慎独"，曰："所谓诚其意者，毋自欺也。如恶恶臭，如好好色，此之谓自慊。故君子必慎其独也！小人闲居为不善，无所不至，见君子而后厌然，掩其不善，而著其善。人之视己，如见其肺肝然，则何益矣。此谓诚于中，形于外，故君子必慎其独也。"

独相处、没有别人注意时，也要慎言慎行，克制妄念，而不是表里不一，自欺欺人。看了这个故事，我们相信管宁能够做到"慎独"，而华歆的这个"捉而掷去之"的动作，就让人对他的"定力"产生怀疑了。为《三国演义》作评点的毛宗岗就评价华歆的这个动作说："手虽掷下，心上好生舍不得。若非管宁看见，必然袖而藏之矣。"（毛评《三国演义》第六十六回）话虽刁钻刻薄，但用在华歆身上，倒是贴切的。

至于第二个片段，就比较好解释了。如果说金子代表财富，那么乘轩冕则代表权位——这两样东西对于一般人都是有诱惑力的。但是管宁都一律视而不见，充耳不闻，这就需要常人没有的信念、意志和定力。相比之下，华歆见到金子就"心动"了，听到车马仪仗的声音就"心动不如行动"了，说明他心中对荣华富贵、功名利禄有着强烈的欲求。

说到这里，可能会有人为华歆鸣不平了：人非圣贤，孰能无过？难道一个人有名利心就不可以做朋友吗？这个管宁对朋友也太苛刻了吧？有句话不是说吗？你如果想要没有缺点的朋友，那你就永远也没有朋友。因为朋友有缺点就要绝交，还要做拿出刀子割席这样伤人自尊的恐怖动作，这也太不近人情了！

说实话，我当初也产生过这样的疑问。但后来我想通了。我觉得，管宁这么做有他的道理。这首先就牵涉到对"朋友"的理解问题。和古代比起来，"朋友"这个词在今天已经彻底普适化、庸俗化了，不管什么人，只要有交情，甚至有利益关系，都可以称朋友。这在古代是不可思议的。"朋友"一词在古代，要拆开来解释："同门曰朋，同志曰友。"就是同一个师门的同学可以叫作"朋"，而志同道合的人才能被称作"友"。古语还说："利害不同则朋散，志趣相投则友存。"

这里再交代一个背景，就是华歆、管宁和邴原这三个人，都曾跟随汉末大名士陈寔（字仲弓）学习过，可以说算是同门，算是朋辈。在这个背景下，再来看管宁的"子非吾友也"，就不能简单地翻译成"你不是我的朋友"了，其中的潜台词应该是：你我虽然曾经同门为朋，但却不可同志为友，因为你我的志不同、道不合，所谓"道不同，不相为谋"也！千年之后，我们再来品味这句话，会发现，它其实并不全是决绝之意，也饱含着管宁的深深的遗憾在里面！

现在我们清楚了，导致管宁割席断交的深层原因，不是华歆有缺点，有毛病，而是通过这两件小事管宁发现，两人志不同，道不合，根本不是一条道上的人！

那么，到底管宁的"志"在哪里，"道"在何方呢？这就和我们这一讲要说的一种风气联系起来了。什么风气呢？就是汉末魏晋非常盛行的隐逸之风。《世说新语》有一个门类叫作《栖逸》，就是专门记载魏晋"隐逸"之风的。

人间蒸发

我们先把管宁的故事放一放，讲一讲什么是隐逸。只有明白了隐逸文化的精神内涵，我们才能理解管宁的"割席断交"。

"隐逸"这个词可以拆开来解释：隐者，藏也；逸者，逃也。一句话，隐逸就是隐居山野，逃避尘世。一个追求隐逸的人，古代被称作隐士，他们常常是隐姓埋名，躲藏在世俗世界的边缘地带，好像是在和整个世界"躲猫猫""捉迷藏"。这是一种典型的逃避心态和行为，有的人被发现之后马上又"逃离现场"，所以史书上记载一个隐士的下落，常常会用一个词——"不知所终"，不知他到哪里去了，有点像是今天所说的"人间蒸发"。

说到隐逸文化，一般会有两个误区：

第一，是把隐逸当作是一种纯粹的逃避和放弃。事实上，隐逸是一种有目的、有选择、有价值判断和精神追求的行为。古语说：有所为，有所不为。有所不为本身就是一种价值判断，甚至有时候，还是一种价值批判。孔子说得好："危邦不入，乱邦不居。天下有道则见，无道则隐。"（《论语·泰伯》）就是危险的国家不进入，混乱的国家不居住；天下有道就出来从政，天下无道就隐居起来。所以隐逸行为本身，既可以理解为对现实社会的一种间接的批评和质疑，更可以理解为一种对高洁、自由生活的向往和追求。

第二，就是以为隐逸文化的根源于道家思想，和儒家思想相抵触，甚至相对立。而事实上，儒家思想本身也是认可隐逸行为的。比如孔子就说："贤者辟（避）世，其次辟地，其次辟色，其次辟言。"（《论语·宪问》）他把贤人分成四种：第一种是避开乱世而隐居，其次是避开乱邦而隐居，第三是避开恶色而隐居，第四是避开恶言而隐居。这说明孔子是把隐者与"贤者"等量齐观的。窃以为，隐逸其实可以分成三种：儒家之隐、道家之隐和释家之隐。三者既有区别，又有联系，但其精神实质是相通的。

可以说，隐逸文化是中国传统文化中最具传奇性、超越性和浪漫气质的一种文化现象。在传统士大夫的心灵世界中，隐逸，有着远比出仕为官更高的精神品性。所以，像管宁这样的有志之士，愿意终身实践这样一种生活方式和生命存在方式。

那么，到底是什么力量促使管宁这样的贤才放弃世俗的功名，去过那样一种清贫寂寞的隐居生活呢？管宁这样做的时候，有哪些古代的前辈隐士为他提供信念支撑和精神援助呢？我们来讲几个古代隐士的故事大家就知道了。

在中国古代的隐士谱系中，排在第一位的应该是上古的隐士许由。许由是尧舜时代的贤人，相传尧帝和舜帝都曾拜他为师。后来尧做了天子，觉得自己德行比不上许由，不足以君临天下，就想把天下让给许由。这真是"得来全不费工夫"啊。但许由是个非常正直高尚的人，听到这个消息，竟然逃走了，隐居在颍水之阳的箕山脚下。后来尧又派使者来，召许由去做九州牧（相当于现在的国家总理），许由更不愿听，于是就做了一件很决绝的事，他竟然跑到颍水之滨去洗自己的耳朵，以此来表明自己不为名位所动的节操和志向，留下了一个"临池洗耳"的典故。

与许由同时隐居在箕山的还有一位隐士，叫巢父。这个巢父更有意思，他隐居山林，不慕世俗的富贵利达。年老的时候，大概觉得自己隐藏得还不够彻底，竟然"以树为巢而寝其上"，就是爬到树上，搭了个窝棚住在上面，就像鸟儿在树上筑巢一样，所以当时人管他叫"巢父"。传说许由在颍水之滨洗耳时，巢父正好牵着一头小牛犊到这里饮水，问明缘由后，巢父的反应更激烈，为了不让许由洗耳所用之水玷污牛犊的嘴巴，巢父竟牵着牛到上游去饮水了！还有一种说法是，许由把尧帝让天下给他的事告诉巢父时，巢父第一个反应就是跑到水池边去洗耳，也就是说"临池洗耳"是巢父的"发明"。没想到池塘的主人看见了，大喝一声："干吗要污染我池子里的水啊？"你看，远古时候，似乎到处都是这种视名利如粪土的高人异士，读他们的故事，利欲熏心的现代人多多少少会觉得有点不自在，有点脸红。

许由和巢父可以说是中国隐士的鼻祖，两人合称"巢许""巢由"，后来竟成了隐士的代名词。连他们隐居的箕山，也大大的有名，每当人们表达隐居的志向的时候，一般就说是——"箕山之志"。

殷商后期，还有两个著名的隐士，是一对兄弟，名叫伯夷和叔齐。伯夷、叔齐，相传是商朝小诸侯国国君孤竹君的两个儿子，排行分别是老大和老三。孤竹君生前欲立三儿子叔齐为继承人，可他死后，叔齐却要让位给长兄伯夷。伯夷不干，于是就逃走了。没想到叔齐也没把君位放在眼里，照样来个一走了之。国人没办法，只好拥立孤竹君的第二个儿子为国君。伯夷叔齐兄弟听说西伯昌——也就是周文王——那里政通人和，老有所养，就前去投奔。不想刚到那里，西伯就死了，他的儿子武王正要兴兵讨伐商纣王。哥俩儿不顾性命，"叩马而谏"，就是勒住马头进行规劝。他说："父亲死了不埋葬，却要大动干戈，这能叫孝吗？作为人臣却要杀害君主，这能叫作仁吗？"武王身边的卫兵拔刀要杀掉他们，幸有太公吕尚出来打圆场，这才免于一劫。可等到武王灭了商纣，天下都归顺了周朝，所谓"普天之下，莫非王土；率土之滨，莫非王臣"之时，伯夷、叔齐却义不帝周，于是隐居在首阳山（在今甘肃渭源县东南）上，坚决"不食周粟"，就是坚决不吃周王朝的粮食，仅靠采摘野菜充饥，后来竟饿死在首阳山上。

伯夷和叔齐两兄弟的故事历来都有很多争议。今天看来，"不食周粟"好像有点"饿死事小，失节事大"的迂腐气，但是，仔细想想，这两兄弟坚持自己认定的价值信念，不惜牺牲生命以殉道的精神，的确算得上是"舍生取义""杀身成仁"，令人肃然起敬。所以孔子对伯夷、叔齐非常敬仰，说他们是"求仁而得仁，又何怨"？（《论语·述而》）

到了东汉，隐逸之风大兴，隐士辈出，甚至有人专门为隐士立传，把隐士称作高士，隐士传记很多都以《高士传》命名，高士也就是"高让之士"，让什么呢？让的正是芸芸众生趋之若鹜的荣华富贵、高官厚禄。东汉的隐士大都很有个性，动不动就来个"不知所终""查无此人"，大玩"人间蒸发"。其中最著名的就是——严子陵。

严子陵年轻时已有高名，曾与东汉开国皇帝光武帝刘秀一起游学，为同窗好友。后来刘秀即位，严子陵就隐姓埋名，隐身不见，和皇帝捉起了迷藏。刘秀十分思念这位贤良有德的老同学，就下令"物色访之"，就是展开"人肉搜索"。最后终于找到了在山泽间垂钓的严子陵。于是三请四请，总算把严子陵请到京城。一天，刘秀亲自来到招待所看望这位老同学。皇帝礼贤下士，大驾光临，多大的面子啊！可严子陵不仅没有三拜九叩，还躺卧不起，呼呼大睡。刘秀也不介意，走到他跟前抚摸着他的肚子说："子陵啊，难道你不能出山当我的助理，一同治理天下吗？"严子陵假装睡着了，默然不应。过了好一会，才睁开眼睛盯着刘秀，说："你知道巢父洗耳的故事吧，士固有志，何必要苦苦相逼？"刘秀拿他没办法，坐上车子叹息而去。

但刘秀并不死心，又把严子陵请进皇宫，朝夕相对，回首当年。觉得近乎套得差不多了，刘秀就问他："我和当年相比怎么样？"严子陵说："你比以前稍有长进了。"两人这回一直谈到深夜，干脆就同榻而眠。大概因为上次被皇帝摸了肚子，这回严子陵竟大大咧咧地把脚搁在光武帝的肚子上——两人扯平了！这事后来也传为佳话。尽管如此，当刘秀提出要任严子陵为谏议大夫时，还是被严子陵拒绝了。不久，严子陵归隐富春江畔，耕读垂钓，终老于山水之间，享年80岁。

严子陵垂钓的地方成为富春江上最著名的名胜，有"天下第一钓台"之称。北宋政治家、文学家范仲淹十分仰慕严子陵，写过一篇《严先生祠堂记》，结句说："云山苍苍，江水泱泱，先生之风，山高水长。"这里的"先生之风"，也就可以理解为"隐逸之风"。

隐士的精神可以用三句著名的话来表达。一句是《周易》所谓"不事王侯，高尚其事"（《周易·蛊卦·系辞》）。一句是荀子所谓："志意修则骄富贵，道义重则轻王公。"（《荀子·修身》）就是志向修正之后，可以傲视富贵利禄，道义崇重之后，可以轻慢王公。还有一句是庄子说的："天子不得臣，诸侯不得友。"（《庄子·让王》）意为真正有高尚节操的仁人志士，天子不得以之为臣下，诸侯也不得与其为友，独来独往，我行我素，这才是天地之间一个大写的"人"！

隐居求志

关于隐居，孔子说过一句话："隐居以求其志，行义以达其道。"（《论语·季氏》）此言对于理解隐士的精神很关键。也就是说，隐士所追求的不是功业，不是事业，更不是职业，而是"志业"。有时候，"志业"的坚持远比功业的建立更伟大，当"城头变幻大王旗""是非成败转头空"的时候，那些无功业、无作为、无表现的隐士，却锻造出了一座座人格的丰碑，屹立在历史的高处，不仅丰富了我们的文化品位，提升了我们的精神境界，还安慰着我们日渐枯萎的心灵。正如钱穆先生所说："今天我们只看重得志成功和有表现的人，却忽略了那些不得志失败和无表现的人。……但历史的大命脉正在此等人身上。中国历史之伟大，正在其由大批若和历史不相干的人来负荷此历史。"又说："当知各人的成败，全视其'志''业'。但业是外在的，在我之身外，我们自难有把握要业必成。志则是内在的，只在我心，用我自己的心力便可掌握住。故对每一人，且莫问其事业，当先看其意志。"（《中国历史研究法》第六讲《如何研究历史人物》）

回到管宁割席的故事。我以为，管宁的志向不是别的，就是隐逸避世，洁身自好，安贫乐道地度过一生。当时天下大乱，大汉王朝正是一个风雨飘摇的"危邦"和"乱邦"，那些英雄、枭雄和奸雄们选择的是改天换地的功业，而那些志士、高士和隐士选择的是"天不变，道亦不变""以不变应万变"的志业——你们都去打打杀杀，追逐功名利禄吧，让我躲进小楼成一统，修养身心，与山水为友，与田园为伴，安贫乐道，追求自我的完善和生命的圆满。管宁就是这样的一位志士、高士和隐士。他原以为华歆也有此志，没想到，华歆并未真正摆脱名利之心，那两件小事就是试金石，一下子就暴露了华歆躁动不安的内心世界。孔子说："道不同，不相为谋。"（《论语·卫灵公》）如果大家追求的道不一样，那就不必在一起谋划共事了。所以，志不同，道不合，才是管宁和华歆"割席绝交"的真正原因。

后来的事实证明，管宁对华歆还真没有看错。历史上的华歆，先仕汉，又事孙权，后来又投靠曹魏，历经曹操、曹丕、曹叡祖孙三代，是个看风使舵、首鼠两端的人物。《三国演义》第六十六回《关云长单刀赴会，伏皇后为国捐生》写到，汉献帝与大臣谋划诛杀曹操，事情泄露，曹操就派华歆去捉拿献帝和伏皇后。当时伏皇后躲在墙壁里，华歆气势汹汹地带兵赶来，命人打破墙壁，居然身先士卒，上去一把揪住伏皇后的发髻，愣把这个"第一夫人"生生揪了出来！这一大逆不道的行为给后人留下恶劣的印象。有诗云：

华歆当日逞凶谋，破壁生将母后收。助虐一朝添虎翼，骂名千载笑龙头！

说来也很奇怪，管宁虽然早就与华歆割席绝交了，可华歆却一直把他当朋友对待。《三国志·华歆传》记载，魏文帝曹丕黄初年间（220—226），政府下达诏令，让公卿举荐"独行君子"，华歆就举荐了管宁。到明帝曹叡即位时，华歆官拜太尉，后来年事渐高，称病请求退休时，又要把自己的位置让给管宁。但是管宁却毫不领情，一概不受，愣是要"将隐居进行到底"。

从这个角度看，华歆真的不配做管宁的朋友。两人对人生或者成功的理解，真的不在一个层面和档次上。当华歆"将富贵进行到底"的时候，哪里知道，"将隐居进行到底"的管宁，笑到了最后。《三国演义》写道："后来管宁避居辽东，常戴白帽，坐卧一楼，足不履地，终身不肯仕魏。"这"足不履地"，多像是巢父的筑巢而居啊！所以又有诗赞美管宁说：

辽东传有管宁楼，人去楼空名独留。笑杀子鱼贪富贵，岂如白帽自风流。

历史固然是由当权者书写的，但当权者无法左右世人的口碑和后人的判断。现代人之所以不能理解管宁，是因为我们今天有的价值判断标准太过于单一和功利了，好像只有那些有权有势、腰缠万贯的人才叫"成功人士"，而唯独忘了，除了功业、事业和职业，还有一种"不成功便成仁"的"志业"同样值得追求，值得敬仰。因为"天下熙熙皆为利来，天下攘攘皆为利往"，整个社会反而会陷入精神的焦虑，这就是为什么在GDP不断增长的同时，人们的"幸福指数"却不升反降的深层原因。

那么，除了像管宁这样"隐居以求其志"，魏晋隐逸之风还有哪些表现形式呢？为什么在偏安江南的东晋一朝，隐逸之风会成为上流社会追逐的时尚呢？

何为隐士？

上一讲我们讲了"管宁割席"的故事，并分析了割席断交的原因，顺便也说到了隐逸文化的精神实质。突出了隐居的一个非常重要的动机，那就是"隐居以求其志"。这个"志"非常吃紧。"志"者，士之心也。士而无志，等于人而无心。像许由、巢父、伯夷、叔齐、严子陵，还有管宁这些人，都是"有志之士"，他们不求富贵利达，甚至也不求美名，却在青史上流芳千古，成了著名的隐士。

问题是，隐逸而能著名，岂不是和当初的追求自相矛盾了吗？既然是"隐士"，就应该远离尘嚣，洁身自好，甚至隐姓埋名，怎么还搞得天下皆知呢？鲁迅有篇杂文，就专门讽刺自古以来的"著名隐士"，他说：

隐士，历来算是一个美名，但有时也当作一个笑柄。……真的"隐君子"，是没法看到的。古今著作，足以汗牛而充栋，但我们可能找出樵夫渔父的著作来？他们的著作是砍柴和打鱼。（《且介亭杂文二集·隐士》）

鲁迅认为，真正的隐士，应该是那些砍柴打渔的劳动人民，而这些劳动人民哪里会有闲情逸致写诗作文、沽名钓誉呢？所以，那些著名的隐士原则上根本不是真隐士。

不知道鲁迅先生的观点大家同意不同意？反正我是不同意。鲁迅先生固然伟大，但他有时候为了批评或讽刺一件事，而不顾逻辑的周延的情况，也是存在的。如果说真正的隐士就是那些砍柴打渔、插秧种田的劳动人民，那古往今来的隐士岂不是太多了？鲁迅的说法虽然极易引起共鸣，但从逻辑上和情理上却是说不通的。

我以为，要解释清楚"隐士"一词，首先就要把"士"这个词的内涵和外延搞清楚。

中国古代是等级社会，自上而下有一套十分明晰甚至森严的等级序列。这个序列类似于"金字塔"的结构。就统治阶级而言，最高一等是"天子"，高居金字塔的塔尖；次一等是诸侯，就是各诸侯国的国君；再次一等是公卿，所谓三公、九卿；再次一等是大夫，如御史大夫、光禄大夫等；最后一等就是士。通常所说的"士"，在古代统治阶级中次于卿大夫的一个阶层，后来就和大夫放在一起被称作"士大夫"，成了读书人和行政官员的代名词。再往后，"士"几乎就成了贵族阶层的代称，与平民相对，比如"士庶"这个词，指的就是贵族和平民。

还有一种说法叫作"四民"。"四民"指的是"士农工商"，在这个说法中，"士"的地位似乎又被降低了，成为"民"的一部分，指的是农工商以外学道艺、习武勇之人，有时被称作"士民"，以区别于从事农工商之类的"庶民"。但无论如何，"士"在中国古代，是有着特定内涵和身份的，一般就是指士大夫阶层和普通读书人。总之，"士"阶层和"民"有着清晰的界限，不能混为一谈。

所以，鲁迅把渔夫樵夫当作真隐士虽然"团结了大多数"，但也把"隐士"的独特价值和精神内涵稀释了，甚至取消了。

那么，隐士究竟该怎么理解呢？我以为要满足三个条件：

第一，隐士首先是士，士就是"志于道"的读书人，他可能会做一些体力活儿，自食其力，但与农工商以及渔夫樵父有着本质的区别。隐士隐居追求的是"志业"，农工商则是谋生的"职业"或"生计"。

第二，隐士是"可仕而不仕"的士人，就是他有做官的能力和资格，但他选择放弃。那些做过官，遇到打击再辞官归隐的士大夫，原则上也不能叫作隐士。

第三，真正的隐士是"屡征不仕"的士人。像管宁那样多次拒绝朝廷征召，能"将隐居进行到底"的人才配称隐士，如果"给你点阳光你就灿烂"，朝廷一征召你就屁颠屁颠儿去做官了，那是政治投机商，而不是隐士。

按照西方存在主义哲学的说法：存在即选择，选择即自由。和渔夫樵夫农民工匠相比，隐士是拥有"选择自由"的读书人。只要愿意，他们完全可以做官。但他们还是选择了隐居避世。这种选择本身，体现的是一种自由的意志。无视隐士所拥有的选择自由，当然就无法理解隐士真正的精神品位和价值追求。

隐而不得

然而，这种选择的自由也有被剥夺的时候。到了曹魏末年司马氏统治时期，"天下多故，名士少有全者"（《晋书·阮籍传》），隐逸就成为不得已而为之的全身远祸之道了。这时的隐士往往和道士合流，变得岩居穴处，就是出没在山崖间、岩洞里，有点神出鬼没，不食人间烟火。你去拜访他吧，他三缄其口，装聋作哑，来个"沉默是金"。司马氏的高压统治使许多士人无法施展才能，只好"隐居以避其祸"，"竹林七贤"中的阮籍、嵇康等人便是代表。但在当时，一个有些影响的读书人，甚至连"隐居"都不得自由，做官成了一种政治上的"表态"和"投票"。阮籍没办法，只好做官，算是投了赞成票；而嵇康性格刚烈，拒不做官，而且言论反动，成了司马氏政权的"反对派"，最后竟招来杀身之祸！

既然这样，那我投弃权票，从此"人间蒸发"行不行呢？也不行。在暴政者眼里，弃权票其实就等于反对票。所以，像大独裁者萨达姆的满意率居然高达百分百。司马氏当时的政治状况差不多也是如此。这样的时候，读书人甚至连隐居的自由都没有了。《世说新语·言语》篇就记载了一个令人伤心的故事：

> 嵇中散既被诛，向子期举郡计。入洛，文王引进，问曰："闻君有箕山之志，何以在此？"对曰："巢、许狷介之士，不足多慕。"王大咨嗟。（《言语》18）

263年秋天，"竹林七贤"的领袖嵇康被司马昭杀害，杀红了眼的司马昭这时是磨刀霍霍，随时准备来个"顺我者昌，逆我者亡"。暴政机器一旦开动，就成了一台让人恐怖的绞肉机。迫于司马昭的淫威，整个知识界只好"明哲保身""沉默是金"，那真是"万马齐暗究可哀"。嵇康的好朋友、"竹林七贤"之一的向秀，本来就是一介书生，为保住身家性命，万般无奈之下，只好委曲求全，接受举荐出来做官了。这年岁末，他跟随所在郡的上计吏来到京城洛阳。上计吏，也就是每到年终负责到京城向朝廷报告本地财务收支情况的官吏，是个管财务工作的小公务员。按照当时制度，被举荐的士人到年底，就跟随上计吏一同前往京师，接受朝廷的任命。向秀到洛阳后，晋文王司马昭接见他，问他说："闻君有箕山之志，何以在此？"听听这话，多么得意，又多么无耻！

大概向秀审时度势，对自己的选择早已想通了，就应声回答说："巢、许狷介之士，不足多慕。"意思是：巢父、许由都是狂傲固执之人，不值得仰慕和效法。司马昭听了，对向秀的回答十分赞叹欣赏。后来向秀就踏上仕途，官至黄门侍郎、散骑常侍。向秀虽然嘲笑了古代的隐士，但他的内心是十分痛苦的，后来他经过山阳嵇康的故居的时候，回首往事，悲从中来，写下了一篇感人至深的《思旧赋》①。但是鲁迅先生说，这篇赋"刚开头却又煞了尾"（《南腔北调集·为了忘却的记念》）。为什么呢？当然是因为——恐惧！

1941年1月6日，美国总统富兰克林·罗斯福在致国会的咨文中，宣布了四项"人类的基本自由"：一是言论的自由，二是信仰的自由，三是免于匮乏的自由，四是免于恐惧的自由。按照20世纪英国杰出思想家以赛亚·柏林的说法，——他把自由分成"消极自由"和"积极自由"两种——罗斯福总统所宣布的这四项基本自由，大多数属于"消极自由"。"消极自由"就是人在做一件不伤害他人的事情的时候，可以免于被政府所干涉和强制。隐居的自由本质上也是一种"消极自由"。但是，在司马氏的暴政统治之下，"免于恐惧的自由"尚且无法实现，隐居岂不成了与虎谋皮？

我们知道，汉代的隐士虽然生活贫寒，但一般情况下，不仅不会被当局打压，反而受到官方甚至皇帝的礼遇。三国时再乱，像管宁那样的有志之士还享有"隐居以求其志"的"消极自由"，至少可以"免于恐惧"，而在司马昭的统治下，连这种"隐居以避其祸"的"消极自由"都给剥夺了。

从这个角度上说，一个欲隐居而不得的时代，一定是一个白色恐怖的时代。

---

① 《思旧赋并序》云："余与嵇康、吕安居止接近，其人并有不羁之才。然嵇志远而疏，吕心旷而放，其后各以事见法。嵇博综技艺，于丝竹特妙。临当就命，顾视日影，索琴而弹之。余逝将西迈，经其旧庐。于时日薄虞渊，寒冰凄然。邻人有吹笛者，发音寥亮。追思曩昔游宴之好，感音而叹，故作赋云：将命适于远京兮，遂旋反而北徂。济黄河以泛舟兮，经山阳之旧居。瞻旷野之萧条兮，息余驾乎城隅。践二子之遗迹兮，历穷巷之空庐。叹黍离之愍周兮，悲麦秀于殷墟。惟古昔以怀今兮，心徘徊以踌躇。栋宇存而弗毁兮，形神逝其焉如。昔李斯之受罪兮，叹黄犬而长吟。悼嵇生之永辞兮，顾日影而弹琴。托运遇于领会兮，寄余命于寸阴。听鸣笛之慷慨兮，妙声绝而复寻。停驾言其将迈兮，遂援翰而写心。"

乐在隐中

这种肃杀的局面到了东晋才有所缓解。魏晋隐逸之风到了东晋，才算是得天独厚，正逢其时！为什么说得天独厚呢？有三个原因：

一是政治原因。东晋时期是门阀政治，世家大族轮流把持朝政，皇权与士权分庭抗礼，政治上不再推行严刑峻法，而更崇尚清静无为之治。士人的政治地位、经济地位、文化地位都比较高，自由度也更大，基本获得了"免于恐惧"的自由，做官也好，隐居也好，可以从容选择。

二是文化原因。在东晋一朝，玄学思潮进一步发展，清谈之风大行于世，老庄思想深入人心，即使一个做官的人，也崇尚道家的自然逍遥之道。很多官员和名士简直是亦官亦隐，仕隐双修。

三是地理原因。东晋一朝偏安于江南，江浙一带山清水秀，风景独绝，历来都是隐居的好地方，也是老庄自然追求的最佳实践基地。对老庄无为之道的向往，对自然山水的热爱，成为东晋士大夫隐居的最佳理由。宗白华先生说："晋人向外发现了自然，向内发现了自己的深情。"（《世说新语与晋人的美》）这里的晋人，恐怕更多的是指东晋士人。

有了这三个原因，东晋的隐逸之风便和以往大不相同。就好比一股山水旅游的风气，当时的隐士与其说是"隐居以求其志"，不如说是"隐居以求其乐"。这个乐，当然就是庄子的濠濮之乐、山水之乐。在山水中体验大自然的博大，领略老庄思想的智慧，真是与道逍遥，乐在其中！

比如东晋有个名士叫孙统，即西晋名士孙楚的孙子。孙楚就是那位在好友王济的葬礼上，模仿曹丕大学驴鸣表达哀悼之情的名士。孙楚可以说也是任诞放达之风的代表。这种风气是有"遗传"的，他的孙子孙统就继承了他的放达。史书上说，孙统"诞任不羁""性好山水"，家住会稽，周围所有的名山大川无不游览。可以说是个狂热的旅游爱好者，今天应该叫作"驴友"。而且，孙统这人很奇怪，他每到一处好山好水的地方，常常是"赏玩累日"，一玩就是好多天，好不容易离开了，"半路却返"①——走到半路上想想不对，常常又会返回来，来个"故地重游"。孙统对山水的爱，真是如痴如狂！

不过原则上讲，孙统后来做了官，还不能算是真正的隐士。要说比较能够代表东晋隐逸风气的，还是当时的大名士许询。许询字玄度，是东晋著名玄言诗人。玄言诗就是阐发老庄玄理的诗歌，在东晋很流行。许询的五言诗写得尤其好，连皇帝简文帝司马昱都称赞说："玄度五言诗，可谓妙绝时人。"（《文学》85）许询也是北方南渡士族的后裔，他不仅受老庄自然哲学的影响，还精研佛理，静心寡欲，不慕世利，更不想参与政治。朝廷一再请他出来做官，他都婉言谢绝。为避免得罪王室，他就跑到钱塘江边的永兴（今萧山）隐居。在山林间修建精舍，晤对山水，怡然自乐。现在浙江萧山的许姓很多，大部分是许询的后裔。但是许询这样的名士，朝廷总想拉拢他出来做官，皇帝不断下诏征召他，许询一不做二不休，干脆把家产都捐给了寺庙，迁居到四明山区的剡县。这样一来，皇帝也知道他去意坚决，也就随他去了。

比起前辈隐士来，许询的隐士做得实在潇洒，到处游山玩水，不亦乐乎。有过旅游经验的人都知道，游览名山大川不仅需要好心情，好眼力，更需要一副好身体，否则真是"花钱买罪受"。但许询根本不存在这个问题，他身强体健，登山临水，如履平地，简直是位登山健儿，攀岩高手。当时的人很羡慕他，说他"非徒有胜情，实有济胜之具"（《栖逸》16）。这里的"胜情"就是指纵情山水的情趣，"济胜之具"则是指他那副敏捷矫健的好身体。

还有一个关于许询的故事说：

---

① 《世说新语·任诞》36："刘尹云：'孙承公（孙统）狂士，每至一处，赏玩累日，或回至半路却返。'"

许玄度隐在永兴南幽穴中，每致四方诸侯之遗。或谓许曰："尝闻箕山人似不尔耳。"许曰："筐篚芭苴，故当轻于天下之宝耳！"（《栖逸》13）

许询隐居在永兴县南部的深山洞穴中时，经常有各地的官员赠送物品给他。因为许询虽然是隐士，但他和许多名人都有交往，像谢安、王羲之都是他的好朋友。许询接受了官员的馈赠，就有人讽刺他说："听说在箕山隐居的许由好像不这样。"意思是，哪有这么没有操守的隐士呢？可许询却云淡风轻地说："我只是接受点装在竹筐草篮里的东西，实在比天子之位轻多了！"把许询这句话和向秀的"巢由狷介之士，不足多慕"一比较，便可知道，东晋名士似乎已达到"跳出三界外，不在五行中"的逍遥境界，以往士人们执着的价值在他们看来，根本就是自讨苦吃。这说明在东晋，仕与隐的对立不再像管宁和嵇康之时那么强烈了。有的人干脆就是半官半隐，亦官亦隐。由于家底雄厚，就算隐居山林，日子过得也很滋润，像王子猷那样来个"雪夜访戴"也就不足为奇了。

可以说，东晋隐逸之风，已经成了一种"乐在其中"的时尚，因而也就把以往隐士鄙薄名利、安贫乐道的精神追求彻底颠覆了。

买山而隐

不仅名士好隐居，名僧道人亦然。古语说：天下名山僧占多。为什么呢？因为佛教是出世的宗教，把寺院建在名山大川之上，远离世俗的喧闹，更有利于参禅悟道。这还不够，东晋有些僧人还要过一把隐居的瘾。东晋僧人竺法济写有一部专门记载隐逸高僧的传记，名为《高逸沙门传》。"高逸"就是高隐，"沙门"即和尚，说明在"出家"的僧人中，隐居山林的大有人在。

比如东晋名僧支遁，号道林。你看他的名字，就和隐逸之风大有关系。遁者，逃也。隐逸，又叫隐遁，或者嘉遁。他自号道林，大概也有"道在山林"的意思。支道林在东晋大名鼎鼎，不仅是得道高僧，而且还是一位杰出的清谈家，和许多上层贵族名士都有交游。和以往的隐士不同的是，东晋的隐士大都比较富有，连僧人也不例外。像支道林甚至还养了好几匹马。一个出家人竟然养马，哪有"六根清净""四大皆空"的样子？有人就提醒他说："道人养马，说起来可不够雅致。"道人，就是僧人。言下之意，你一个出家人，居然养这么多马，你到底是显摆什么呢？没想到支道林应声答道："贫道重其神骏！"（《言语》63）——贫道看重的，正是马的神情骏逸，不同凡俗！一听这话就知道，支道林口才很好，转瞬之间就把这个问题的实质给变换了，人家是说僧人养马很俗，他反过来却说，我看重的正是马的神骏脱俗之处，倒是你这个问题问得太俗气了！

支道林还喜欢鹤。他隐居在剡东峁山的时候，有人送给他两只鹤，过了不久，翅膀长好了，就要飞去，支道林舍不得它们，就折断了鹤的翅膀。鹤要飞却飞不了了，就扭头看着自己的翅膀，伤心地低下了头，看起来非常沮丧。支道林很有感触地说道："既有陵霄之姿，何肯为人作耳目近玩！"①既然鹤有飞上云霄的才能，怎么会愿意做供人观赏把玩的玩物呢？于是细心调养，让鹤的翅膀长好后，就放它们飞走了。说明支道林的确是个不同凡俗的人。

你看，又是养马，又是好鹤，支道林的隐居生活还真是逍遥自在，其乐融融。更让人吃惊的是，这个自称"贫道"的和尚，居然要"买山而隐"！有一次，他向另外一个叫竺法深的名僧提出，想出钱把属于竺法深的一座山买下来。问他干什么，他说我要在这里隐居。竺法深一听，就讽

---

① 《世说新语·言语》76："支公好鹤，住剡东峁山。有人遗其双鹤，少时，翅长欲飞，支意惜之，乃铩其翮。鹤轩翥不复能飞，乃反顾翅，垂头视之，如有懊丧意。林曰：'既有陵霄之姿，何肯为人作耳目近玩！'养令翮成，置使飞去。"

刺他说："未闻巢、由买山而隐。"（《排调》28）意思是，我没听说过巢父、许由那样的隐士是买山而隐的！言下之意，你这是隐居还是摆阔啊？支道林到底有没有买下那座山，我们不得而知，但他的这种"买山而隐"的气度确实让人叹为观止。

隐士经纪人

更让人匪夷所思的是，东晋不仅隐士如云，而且还有人充当隐士的经济后盾。出现了一种人，他自己做着高官，没法隐居，但他特别向往隐居生活，怎么办？他就专门鼓励别人隐居，甚至花巨资资助别人去隐居，简直是十足的"隐士发烧友""慈善家"兼"经纪人"。

有个名士叫郗超①，就是王羲之的岳父郗鉴的孙子。郗超才华很高，旷达不羁，很有名士风度，后来做了大司马桓温的参军，是东晋政坛很有影响力的人物。史书记载，郗超家资殷富，出手豪阔，而且，"好闻人栖遁，有能辞荣拂衣者，超为之起屋宇，作器服，畜仆竖，费百金而不吝"（《晋书·郗超传》）。就是说，郗超喜欢听说有人隐居，只要一听说有谁辞去荣华富贵去做隐士了（"拂衣"就是隐居），就一定会为他斥资建造房舍，打造家具器物，置办服饰，还为你花钱养仆人跟班，花再多的钱也毫不吝啬。

郗超最仰慕的隐士就是王子猷雪夜拜访的隐士戴安道。戴安道可以说是东晋最著名的隐士，他还保留着古代隐士安贫乐道、不事王侯的精神和风骨。戴安道是东晋著名的书画艺术家，又善弹琴，懂得雕塑，年轻时就有美名。《晋书·戴逵传》载有"戴逵碎琴"的故事，说武陵王司马晞听

① 郗超（336—378）：字景兴，一字嘉宾，高平金乡（今属山东）人，郗鉴孙，郗愔子，东晋大臣，曾为桓温幕府参军。自幼"卓荦不羁，有旷世之度，交游士林，每存胜拔，善谈论，义理精微"，为人多智谋，善权变，又不拘小节，颇有名士风度。

说戴逵擅鼓琴，便派使者去请他到王府来演奏，戴安道本来就鄙视司马晞的为人，十分生气，就当着使者的面，把自己的琴摔碎了，说："戴安道坚决不做王门伶人！"后来戴安道就迁居到会稽的剡县隐居起来。"剡"这个字很有意思，有个说法是"两火一刀，可以逃"，所以剡县历来都是隐居避世的绝佳之地。许询在这里隐居，戴逵在这里隐居，晚年的王羲之也在这里隐居。戴逵是个真隐士，朝廷多次征召他出来做官，都被拒绝。郗超仰慕戴逵，大概正是觉得他是个真隐士。

仰慕倒也罢了，找个机会也来个"雪夜访戴"不就行了吗？可郗超不。他愣是在戴安道隐居的剡县为他造了一座豪华别墅以资鼓励。戴安道也就恭敬不如从命，接受了郗超的馈赠。住进去以后感觉如何呢？戴安道在给亲近的朋友所写的心中透露了自己的隐衷，说近来到剡县，住进新居了，感觉简直就像一座官衙！言下之意，这哪像隐士居住的地方呢？

郗超不仅为戴逵花巨资造别墅，其他人也可以享受同等待遇。有一位名叫傅约的名士扬言要隐居，郗超二话不说，也为他准备了百万巨资，但傅约隐居是"雷声大雨点小"，最后还是打退堂鼓了，不了了之。郗超何等聪明，他是"不见兔子不撒鹰"，一看傅约不是真心要隐居，当机立断，立马就把"赞助费"给"冻结"了！

由此可见，东晋隐逸之风是多么盛行了。而且值得注意的是，东晋的隐逸之风已经基本上和现实政治没有太大的关系，甚至和安贫乐道无关，和全身保命无缘，几乎成了一种让人趋之若鹜的时尚。你可以说，这种隐逸的风气中含有一种消极的、不作为的甚至是有些贵族阶层追求享乐的成分，但是，当我们读到这些隐士的故事时，还是能感受到一种人应当具有的那种自在、自然与自由。

当我们在滚滚红尘中，感到身心疲惫的时候，想想我们的国度，曾经有这么一种隐逸文化，这么一种超凡脱俗的隐士精神，以及这么一群可敬、可亲、可爱的人，也许能得到片刻的镇静和安慰吧。古代的官员退休的时候，常会说一句话，告老还乡，辞官归隐，可是，在农民为了生计大量涌入城市，自然山水正在成为旅游业的聚宝盆，隐逸文化已经渺然不可寻觅的今天，我们的精神家园、诗意地栖居之地究竟在哪里呢？这恐怕是值得我们每一个人思考的切实问题。

第六讲　品鉴之风

先见之明

老子有句名言："知人者智，自知者明。"（《道德经》第三十三章）意思是，能够洞察他人的品行与才能者，可以称作智慧；能够觉悟到自己的优点和缺点、长处和短处者，可以算作高明。此即所谓"知人之智，自知之明"。

一个人拥有"知人之智"不容易，拥有"自知之明"更难。但是，"知人之智"也好，"自知之明"也好，虽然都不容易，却还可通过长期的观察和后天的修养不断接近，都不算是最难的，最难的是什么呢？就是通常所说的"先见之明"。

这一讲，我们就说说那些能够"未卜先知"、拥有"先见之明"的传奇人物，以及和他们有关的一种识鉴品第的风气。因为这个话题比较复杂，我们先从一个比较熟悉的人物——曹操说起。

曹操求名

且说《三国演义》第一回，曹操第一次出场时，就有下面一番交代。先说曹操的长相："身长七尺，细眼长髯"。按照汉尺折算，曹操的身高大概相当于今天的一米六六，按照三国的尺寸折算，则相当于今天的一米六九，个头不算高，加上眼睛细小，总之不符合长身玉立、双目炯炯的魏晋帅哥的标准。

接着又写到曹操的出身："其父曹嵩，本姓夏侯氏，因为中常侍曹腾之养子，故冒姓曹。曹嵩生操，小字阿瞒，一名吉利。"也就是说，曹操本来属于夏侯氏，因为他父亲曹嵩做了宦官曹腾的养子，就改姓为曹。古语有云："行不改名，坐不改姓。"在古代，一个人改换姓氏，常有不得已的苦衷，至少不是很光彩的事，作者说他"冒姓曹"，真是一言刺到骨子里。曹操小名叫阿瞒，一个"冒"，一个"瞒"，可见曹操的出身和为人都很让人瞧不起。

曹操的性格也很另类。史载其年少时，"好游猎，喜歌舞，有权谋，多机变"。曹操有个叔父，对曹操游荡无度很生气，经常到他父亲曹嵩那里告状。曹嵩当然就要责骂曹操。有一次，曹操见叔父过来了，忽然心生一计，就假装中风，倒在地上，浑身抽搐，又翻白眼，又吐白沫的，很是吓人。他叔父一看，大吃一惊，赶忙去告诉曹嵩，曹嵩立刻跑来查看，发现曹操安然无恙。曹嵩很纳闷，就问："你叔说你中风，现在已经痊愈了吗？"曹操说："孩儿从来就没犯过这种病，大概因为叔父不喜欢我，他才这么欺骗您、挤对我吧？"曹嵩信以为真。从此以后，叔父再说曹操的不是，曹嵩一概不听。这样一来，曹操就更加放荡无度了。

这些记载大部分来自裴松之的《三国志注》。我们知道，《三国志》是陈寿所写，陈寿是晋朝人，晋的政权是从曹魏夺过来的，陈寿写三国历史，自然以曹魏为正统。所以《三国志》中的曹操基本上算是"正面形象"。即使写到其不良记录，一般也懂得"为尊者讳"。比如曹操的父亲曹嵩的出身，陈寿就用一句话带过："莫能审其生出本末。"就是搞不清他的出身的来龙去脉。真的搞不清吗？恐怕未必，大概是搞清了也不敢说。相比之下，裴松之的《三国志注》就不同了，裴松之是南朝刘宋时人，没那么多顾虑，他就是要把当时的所有史料都钩沉出来，弥补正史之不足，力求还原曹操的本来面目。诸如对曹操形象不利的《曹瞒传》《魏晋世语》等史料他也一并放在注释中，一直流传到今天。这些材料非常珍贵，对于我们了解曹操其人，有很大的帮助。罗贯中写《三国演义》时，这些材料更是"得来全不费工夫"了。当然，《三国演义》是"尊刘贬曹"的，所以，只要是对曹操不利的材料，差不多都被采用了。这些材料中，当然也离不开《世说新语》。

通过这些描写，我们会得出一个印象——曹操是个彻头彻尾的"问题少年"。一般情况下，像曹操这样的出身和为人，要想出人头地真可以说是千难万难。因为汉代选拔官吏的制度有两个渠道：一是公府征辟，一是地方察举。

征辟，就是指征召布衣出仕。朝廷召你出来做官称作"征"，三公九卿以下的官府召你出来做他的幕僚属官就叫作"辟"。"征辟"这个渠道可以说是自上而下的。还有一个渠道是自下而上的，就是察举。察举就是考察推举的意思。察举这种制度始于汉武帝时，就是把选拔官吏的权力下放，由丞相、列侯、刺史、守相等推举当地德才兼备的人才，经过考核合格后便可以任以官职，主要的科目有：孝廉、贤良文学、秀才等，东汉时又增加了方正、敦朴、贤能、直言、独行、高节、质直、清白、敦厚、有道等科目；而"秀才"一科为了避光武帝刘秀的名讳，改成了"茂才"。察举可以说是汉代最重要的选官制度，是读书人踏上仕途的主要途径。察举可以渗透到社会最底层的州郡乡里，所以又叫作"乡举里选"。也就是从乡、里这种最基层的地方考察人物，推荐人才。

察举主要的依据是什么？说穿了，就一个字——名。"名"这个词在中国传统文化中可是了不得的。当年孔子的弟子子路曾问孔子："如果让您从政治理国家，您最先做的是什么？"孔子说："必也正名乎！"那我一定先正名分。为什么呢？因为："名不正则言不顺；言不顺则事不成；事不成则礼乐不兴；礼乐不兴则刑罚不中；刑罚不中则民无所措手足。"（《论语·子路》）就是讲究名正言顺，如果名不正言不顺，那礼乐制度和刑罚都会混乱，老百姓也就不知道该怎么办才好。就治国而言是如此，对人也同样。一个人的名声、名节、名望、名德、名位，将直接决定你的前途。可以说，中国儒家的礼教，本质上就是一套正名分、别等级、明尊卑、分贵贱的"名教"。而汉代是"罢黜百家，独尊儒术"的，所以尤其注重从儒家的伦理道德角度看待一个人的德行、声望和名声。上述那些选拔人才的科目，大部分都是和人的德行有关的。

既然选拔官吏、推荐人才都看重名德，自然就形成了一种读书人重名、求名的风气。汉代以后名士层出不穷，其实都跟这种风气有关。

那么，一个人的名声靠什么来实现呢？当然是靠口碑，靠舆论，特别是靠一些擅长品评人物、鉴别人才、预测未来的人物品评大师的品评和赞扬。汉末魏晋有许多人物品鉴的大师，一般都号称"长于知人""有知人之鉴""有人伦鉴识"等等。经过这些人物一品评，一个人很容易一夜成名，一步登天。反过来，如果被他们批评或指责，一个人也会声名狼藉，一蹶不振。汤用彤先生说："溯自汉代取士大别为地方察举，公府征辟。人物品鉴遂极重要。有名者入青云，无闻者委沟壑。朝廷以名治，士风亦竞以名相高。声名出于乡里之臧否，故民间清议乃隐操士人进退之权。于是月旦人物，流为俗尚，讲目成名，具有定格，乃成社会中不成文之法度。"（《魏晋玄学论稿》）

这种品评人物、鉴别人才、预测发展的风气，就是我们这一讲要说的"品鉴之风"。

曹操要想出头，必须也要经过这一步，就是求名。按照汉代人物品评重德行的时代风气，曹操这样一个"问题少年"就面临着一个人生发展的"瓶颈"。因为自己虽有才华，但出身、人品、名声都很差，怎么办呢？要说曹操的运气还真是不错，他赶上的是一个乱世，而乱世往往不仅政治基础动摇，名不正言不顺的事情也会多起来，名教的次序常常是颠倒的，混乱的。所以才会"乱世出英雄"。

当时就有一个人堪称是曹操的伯乐。谁呢？就是汉末名臣，后来官至太尉的桥玄。桥玄"长于知人"，就是擅长鉴别人才。据《世说新语·识鉴》篇记载，曹操年轻时慕名去拜见桥玄，桥玄一见曹操便觉得此人不同凡响，能成大事，就对他说："我这一辈子见到的人多了，没有像你这样的。现在天下将乱，群雄狼争虎斗，能够拨乱反正的命世之才，大概就是你吧？你实在是乱世之英雄，治世之奸贼。遗憾的是我老了，不能看到你富贵的那一天，应当把子孙后代托付给你。"（《识鉴》1）说明桥玄在当时就是一位人物识鉴的高手。他在曹操年少时就发现了其过人之处，并将后代托付给他，这是很有先见之明的。

不过，有的文献却说，真正为曹操做品评的并不是桥玄。桥玄的确赏识曹操，也说过将来安天下者非曹操莫属的话，但那关键的十个字的评语却不是桥玄说的。

月旦评

谁说的呢？是一位比桥玄名气更响、影响更大的人物品鉴大师——许劭。

许劭（150—195）字子将，汝南平舆（今河南平舆）人。他是东汉末年著名的人物评论家。他和他的堂兄许靖都有高名，二人在家乡汝南，创办了一个影响很大的"文化沙龙"，相当于今天的"高峰论坛"，论坛的性质就是品评乡党人物，时间是固定的，就在每月初一这一天。一年的第一天叫"元旦"，那每月的第一天就叫"月旦"，所以这个高峰论坛后来就有了一个雅号，叫作"月旦评"。"月旦"本来是指每月第一天，但是由于这个"月旦评"在历史上太有名气了，后来人们干脆就把品评人物叫作"月旦人物"。

许劭可以说是"汝南月旦评"的发起者和主持人。他们每月就召集名士开会，对不同的人物进行品评和鉴别，有褒有贬，有毁有誉，无论是谁，一获好评，立刻身价百倍，一获差评，马上灰头土脸。许氏兄弟利用"月旦评"举荐了不少人才，对当时政府选官取士有着很大影响。

后来许劭担任汝南郡的功曹一职，除掌管人事外，还可以参与一郡的政务，郡内大小官吏都很忌惮，"莫不改操饰行"，没有一个不自我检点，改善言行的。连同郡的大贵族、号称"四世三公"的袁绍，对许劭也敬畏三分。《后汉书·许劭传》记载，袁绍从濮阳令离任时，衣锦还乡，"车徒甚盛"，随行车辆和随从很多，前呼后拥，不可一世。快到汝南郡地界时，袁绍一想不对，这要是让许劭知道如何是好？于是就把送行宾客随从遣散，自己轻车简从地回到家乡。许劭在当时的影响就有这么厉害，可以说是"一言九鼎"。

所以，曹操要想求名，没有比许劭更好的人选了。《魏晋世语》记载，曹操年轻时，先去拜见桥玄，桥玄评价了一番后，就给他支了一招，对他说："君未有名，可交许子将。"说明桥玄虽然也有"长于知人"的名气，但他觉得，要论影响力，自己远不如许劭。可见，这个桥玄也很有自知之明。

曹操听了，马上就去汝南拜访许劭。这时曹操不满20岁，许劭比他大5岁，也就20多岁，可能正是"月旦评"最负盛名的时候。许劭的态度怎样呢？《魏晋世语》的记载很简单，"子将纳焉，由是知名"。就是许劭接纳了曹操的请求，很快为他做了"人事鉴定"和"操行评语"，曹操因此知名天下。但孙盛的《异同杂语》却说，曹操先问许劭："我何如人？"许劭不答。曹操"固问"。"固问"就是坚决要问，不说我就不走，有点胡搅蛮缠的意思。许劭没办法，就说：你是"治世之能臣，乱世之奸雄"。曹操一听，哈哈大笑。

《三国演义》基本上采用了孙盛的说法，把"曹操大笑"改成"操闻言大喜"（《三国演义》第一回）。而范晔的《后汉书·许劭传》，却添加了三个更生动的细节。

第一个细节，是说曹操去拜访许劭时，"卑辞厚礼，求为己目"，就是说着谦卑的好话，送上丰厚的礼物，求许劭为他做品鉴。这里的"目"作动词用，就是品评、识鉴的意思。

第二个细节，是"劭鄙其人而不肯对"，说许劭鄙视曹操的出身和为人，不想开金口为他品评，以免被他利用。这和我们说曹操是个"问题少年"，遇到发展"瓶颈"是一致的。但是既然是"问题少年"，就一定善于"解决问题"。

于是第三个细节写道："操乃伺隙胁劭。"说曹操一不做二不休，找了个机会威胁许劭。怎么威胁的呢？史书没说，估计是说点狠话，诸如"白刀子进去红刀子出来"之类。总之，许劭是"秀才遇见兵，有理说不清"。迫不得已，只好给了他一个评语：君乃"清平之奸贼，乱世之英雄"。曹操一听，"大悦而去"。

关于曹操的品鉴评语，我们讲了三个版本：一是"乱世之英雄，治世之奸贼"；二是"治世之能臣，乱世之奸雄"；三是"清平之奸贼，乱世之英雄"。这在文献学上有个说法，叫作"传闻异辞"。就是说一件事，在传播的过程中，出现了不同的说法。这三个说法综合起来，无非就是说曹操是一个大大的"奸雄"——"奸贼"加"英雄"不就是奸雄嘛！

但曹操为什么还会那么高兴呢？我想有两个原因：第一，因为"奸贼"也好，"英雄"也好，"奸雄"也好，都说到曹操心坎里去了。曹操本来就是一个想要干一番大事业，实现生命价值最大化的英雄人物，听到这样的评价不仅不生气，反而十分高兴，这正是所谓"奸雄本色"！第二个原因可能是更重要的，因为这是最有话语权的人物品鉴大师许劭给他的评价，只此一家，别无分店，如假包换，就算不怎么好听，含金量也很高！

果不其然，得到许劭的这个评语之后，曹操很快就爆得大名。20岁就被察举为孝廉——孝廉是举荐那些在家孝敬父母、友爱兄弟，在外清正廉洁的人士的一个科目。举孝廉之后做了郎官，随后又担任洛阳北部尉，从此一步步走向人生的高峰。应该说，许劭对曹操的评价和预见都是十分精准的，可以说是"一语定终身"。

这就是曹操求名的故事。讲这个故事是为了说明，在汉末，由于选官制度的影响，在社会上形成了一种对"名"的狂热需求，这种需求带动了人物识鉴、品第风气的形成，以至于像许劭这样具有"先见之明"的人物竟成为大家崇拜的偶像。

一言九鼎

说到"先见之明"，还有一个人不得不提，就是汉末和许劭齐名的人物品鉴大师——郭泰。郭泰字林宗，太原界休（今属山西）人。他是汉末太学生的领袖，也是一位偶像级的人物。《后汉书·郭泰传》记载，郭泰"博通坟籍"，学识渊博，"善谈论，美音制"，就是善于谈论，声音抑扬顿挫，优美动听。不仅如此，郭泰人长得也很帅，"身长八尺，容貌魁伟，褒衣博带，周游郡国"。所到之处，无不受到当地名士的热烈欢迎。

人们对郭泰的崇拜几乎到了痴迷的地步。有一次，他在路上遇雨，无从躲避，所戴的方巾一角被雨淋湿而下坠，郭泰就顺手将头巾折叠一角，这本是不得已而为之的权宜之计，说不定还有点狼狈相，可没想到这个"独特头型"竟引起天下效尤，他的那些追星族也把头巾折上一角，且美其名曰——"林宗巾"！

郭泰的名气大绝不仅仅因为他长得潇洒，而是与他的人物品鉴水准极高大有关系。郭泰不仅善于知人、识人，而且喜欢提携后进。史载"其奖拔人士，皆如所鉴"（《后汉书·郭泰传》）。经他鉴定过的人，后来的发展往往和他的预言不谋而合。很有点"说你行你就行，不行也行；说你不行你就不行，行也不行"的味道。事实上，郭泰对人的观察和鉴别绝不是空穴来风，故弄玄虚，而是来自长期的学习、观察以及生活的实践。

比如巨鹿有个叫孟敏的人，客居太原。太原是郭泰的家乡。有一次，孟敏扛着一只大甑赶路。甑（zèng）是古代一种瓦制的炊器，底部有许多透蒸气的孔格，可以放在三足的鬲（lì）上蒸煮食物，就像今天的蒸锅。结果孟敏一不小心把甑摔落在地。那么大的瓦罐摔在地上肯定是响声很大的，孟敏不可能听不见，但他头也不回，继续赶路。这就是著名的"堕甑不顾"的典故。这个事碰巧被郭泰看见了，他大感惊诧，就上前问他：你东西掉了，怎么不管不顾啊？孟敏轻描淡写地说："既然瓦甑已破，再看它又有什么用呢？"大有"过去的就让它过去吧"的气概。郭泰对孟敏这种达观的态度很欣赏，觉得此人很有潜力，于是就劝他求学。在郭泰的鼓励提携之下，孟敏奋发向学，十年之后，果然天下知名，官府多次召他做官，却一概不就，成了一位著名的贤者。

郭泰不仅能发现无名者的特异之处，还能预测有些成名者的吉凶祸福或发展方向。《后汉书·郭泰传》载，当时汝南的谢甄与陈留的边让并善谈论，都有盛名。两人慕名来见郭泰，经常连日达夜地谈论。经过观察，郭泰做出了自己的预判，他对自己的门人说："这两人英才有余，但并不入道，实在可惜啊！"后来谢甄果然因为不拘小节，被舆论所诋毁，而边让则因为轻侮曹操，被曹操所杀。——郭泰的眼光真是要多"毒"有多毒！

还有个"叔度汪汪"的故事说：

郭林宗至汝南，造袁奉高，车不停轨，鸾不辍轭；诣黄叔度，乃弥日信宿。人问其故，林宗曰："叔度汪汪如万顷之陂，澄之不清，扰之不浊，其器深广，难测量也。"（《德行》3）

郭林宗年轻时，喜欢结交天下贤才俊士，他到汝南慎阳（今河南正阳）的时候，先去拜访一个叫袁奉高（袁阆）的名士。"车不停轨，鸾不辍轭"，用现在的话说，就是车子都没熄火，一副急吼吼、随时准备走人的样子。而去拜访一个叫黄叔度的隐士，却是连日整宿，流连忘返。别人问他为什么这么厚此薄彼，郭泰说："黄叔度好比万顷的湖泊那样宽阔深邃，澄之不可能使其更清，搅之也不可能使其更浊，他的器量渊深广大，很难测量啊！"郭泰的确没看错。黄叔度可以说是汉末的一个"道德偶像"，有"当世颜回"之誉。颜回是孔子最喜欢的弟子，敏而好学，安贫乐道。黄叔度被誉为当世颜回，足以说明他在当时读书人心目中的崇高地位。郭泰的这段话真是非常优美的人才鉴定书，比我们现在的"操行评语""人事鉴定"的空话套话真是精彩多了，从中既可以想见黄叔度博大深广的人格魅力，也可以看出郭泰观察、鉴别人物的远见卓识。

因为名气很大，威望很高，所以郭泰享受的"话语权"实不亚于当朝政要，甚至到了"声名成毁，决于片言"（鲁迅语）的地步。哪怕是名望很高的贤士，只要被郭泰一批评，也会声名扫地。陈元方丧父的故事便是很好的一例：

陈元方遭父丧，哭泣哀恸，躯体骨立。其母愍之，窃以锦被蒙上。郭林宗吊而见之，谓曰："卿海内之俊才，四方是则，如何当丧，锦被蒙上？孔子曰：'衣夫锦也，食夫稻也，于汝安乎？'吾不取也！"奋衣而去。自后宾客绝百所日。（《规箴》3）

陈元方是汉末大名士陈寔的儿子。陈寔字仲弓，就是管宁、华歆非常佩服的老师，曾经做过太丘令，故又称陈太丘。陈太丘家教很好，教子有方，几个儿子都很优秀，尤以长子陈元方和幼子陈季方最为著名。可是，陈元方这么一个鼎鼎大名的人物，被郭泰一番指责后竟至声名扫地。故事说，陈元方父亲去世，非常哀恸，茶饭不思，形销骨立。他母亲看见了很心疼，就趁他不注意的时候给他盖了一床被子，这本来也是出于母亲对儿子的疼爱，无可厚非，但是千不该万不该，不该给他盖上面料和色彩图案都很鲜艳的锦被。碰巧郭泰前来吊孝，看见了这个跟丧礼很不协调的画面，很生气，就对陈元方说："你是海内的俊才，天下士人的榜样，为何在父亲的丧期身披锦被？没听过孔子说：服丧期间却穿锦衣、食稻米，你难道能心安吗？你的这种行为，我是不敢苟同的！"说完拂袖而去。郭泰这么一番斥责，后果很严重，竟然导致陈元方家里一百多天"门前冷落鞍马稀"。

据史料记载，郭泰"题品海内之士，或在幼童，或在里肆，后皆成英彦，六十余人"，可以说是一个少有的伯乐。郭泰不仅有实践，还有理论，曾"自著书一卷，论取士之本，未行，遭乱亡失"（《政事》篇刘注引《郭泰别传》）。奇怪的是，虽然才华盖世，一言九鼎，郭泰却无意仕进。有人劝他做官，他说："我夜观天象，昼察人事，天之所废，不可支也。"（《后汉书·郭泰传》）言下之意，大汉王朝气数已尽，已经进入"倒计时"了，做官又有何用？

这也是郭泰的先见之明。所以后来许多清议名士和大臣都被宦官集团杀害，但作为太学生领袖的郭泰反而得以善终。

"识"从何来？

在汉末的人物品鉴之风中，还有许多有趣的故事。

比如有个叫裴潜的，也很有鉴别人才的能力。他先在荆州依附刘表，但经过一段时间的接触，他马上做出了判断。当时"建安七子"之一的王粲也在刘表手下。裴潜就对王粲说："刘表非霸王之才，却要割据称雄，其败无日。"要不了多久就要完蛋了！后来曹操平定荆州，让裴潜做自己的军事参谋，就问他："你过去和刘备同在荆州，你觉得刘备才能如何？"裴潜说："使居中国，能乱人，不能为治；若乘边守险，足为一方之主。"（《识鉴》2）意思是，以刘备的才能，如果让他占据中原，只会把局势搞乱，而不能使人民安居乐业；如果让他驻守边境，固守险要之地，则足以成为一方霸主。应该说，裴潜的预测后来也都应验了。

在《世说新语·识鉴》篇中，还有一些故事，比如说有人能够在一次战争开始之前，根据主将的性格特点，预测这次战役一定能打赢，结果果然赢了。还比如说，有人从来没有见过一个名士，却能在一次宴会上，从众人中找出这个名士来。再比如说，有人第一次见到一个小孩子，就立马判断说："此儿当致高名"，或者"乱天下者，必此子也"，后来果然应验。甚至有个老太太为女儿选女婿，竟然一眼就判断出那位女婿候选人不合适，因为肯定短命，结果不久那小伙子就一命呜呼……类似的例子不胜枚举。你说奇不奇？

也许有人要问：难道这些人都有所谓的"预知未来"的特异功能吗？或者说，他们压根就是能掐会算、会看相的算命先生？其实并非如此。

实际上，汉末魏晋的这股人物识鉴的风气是有着深厚的文化背景的。首先，它吸收了原始预测相面之术的合理成分。比如说，观察一个人的眼睛、形骨、气色、声音等外部体貌特征，从而判断这个人的性格、才性甚至将来的命运，看似有点唯心主义、神秘主义的成分，但也不能说全无道理。精神跟物质是有联系的，人就是精神和物质、心理和生理的双重存在，从人的生理特点推测其心理状况、性格特点及其命运走向，也是有科学性的。而一个人的先天的性格的确能够决定后天的命运走向。西谚所谓"性格决定命运"，正此意也。

其次，鉴别、预测人物看似一蹴而就，其实不然，它也是一个量变到质变、熟能生巧的过程，甚至还是一个从实践到理论，从经验到判断，从演绎到归纳的逻辑过程。不断地学习和观察，归纳和总结，是这些人物识鉴专家拥有"先见之明"的法宝。

总之，在这种人物识鉴风气的推动之下，中国的人才学到魏晋时期终于进入了集大成的理论总结阶段。三国时的思想家刘邵，就在前人实践经验的基础上，写了一部中国古代最早的人才学著作——《人物志》。刘邵把人的九种外部特征作为判断人的根据，叫作"九征"，分别是指：神、精、筋、骨、气、色、仪、容、言。神即神态，精即目光，筋乃筋腱，骨为骨骼，气是气息，色是脸色，仪则指仪态，容即表情，言即声音。刘邵认为，通过这九种特征，可以判断一个人的才干和性情，从而为鉴别人才、选拔人才服务。应该说，比起美容之风、服药之风、饮酒之风、任诞之风来说，汉末兴起的人物品鉴之风，总算结出了理论的硕果，这倒是值得欣慰的。

雅量比拼

讲魏晋时期的品鉴之风，识鉴人物，拥有先见之明是一个侧面；还有另一个侧面，则是品第人物，所谓第其高下。一个重在鉴，一个重在第。品第，就是品评人物、确定等第的意思。说穿了，也就是把一个人和另一个人进行对比，从而确定其优劣、雅俗、高下。比的方面有很多，风度、容貌、学识、口才、情趣等等，皆是题中应有之义。当然，还有一种最有特色的标准，那就是——雅量。

《世说新语》有个门类，叫作《雅量》，里面记载许多魏晋名士的雅量故事。所谓雅量，就是指宽宏的气度和优雅的器量。有时候，也可以理解为超人的胆量。特别是在生死存亡的危急关头，一个人如能做到临危不乱，处变不惊，保持着平常追求的风度和举止，维持着自己的"人格稳定性"，这就是有雅量。

雅量，可以说是魏晋名士追求的一种十分难得的理想人格。

但是，问题也就跟着来了：其他的东西都很容易在短时间内决定胜负优劣，只有雅量的高低，不易辨别，需要长期的观察，甚至要在特殊情况下，才能做最后的判定。所以许多本来齐名的名士，不到关键时刻，简直分不清谁高谁低，孰优孰劣。

比如，王子猷和他的弟弟王献之是齐名的，两兄弟都有高名，而且性情放诞高傲，一开始人们很难评定二人优劣。直到发生了一次火灾，才决出胜负：

> 王子猷、子敬曾俱坐一室，上忽发火，子猷遽走避，不惶取屐；子敬神色恬然，徐唤左右，扶凭而出，不异平常。世以此定二王神宇。（《雅量》36）

有一天，王子猷、王子敬两兄弟同在一个房间里坐着，突然发生"火警"——房顶着火了！王子猷赶快逃命，情急之下，竟忘了穿上自己的木屐。王子敬则不慌不忙，慢慢叫着自己的随从，在他们的搀扶保护下从容走出房子，神色和平常没有什么两样。就是这么一起突发事件，两兄弟截然不同的表现，总算给世人提供了一个判别二人器量高下的重要依据。我们讲"雪夜访戴"的时候，觉得王子猷真是够潇洒的了，可是面对这次火警，他还是露出了胆怯慌张的一面，按照放达任诞的标准打分，他可以得高分；而按照雅量的标准，他就不如他的弟弟王子敬了。

无独有偶。《世说新语》同篇还记载：

> 祖士少好财，阮遥集好屐，并恒自经营。同是一累，而未判其得失。人有诣祖，见料视财物。客至，屏当未尽，余两小簏，著背后，倾身障之，意未能平。或有诣阮，见自吹火蜡屐，因叹曰："未知一生当着几量屐！"神色闲畅。于是胜负始分。（《雅量》15）

有一对名士，一个叫祖约，即东晋名将祖逖的弟弟；一个叫阮孚，是"竹林七贤"中阮咸的儿子。两人都有个说出去不那么"雅"的嗜好——祖约好财，喜欢钱财，是个守财奴；阮孚呢，竟然喜欢木屐。两个人都不是一般的喜欢，而是相当痴迷，经常专心收集，亲自打理。当时的人认为这两个爱好，都是一种人生的牵累，看不出哪个高雅，哪个低俗，总之两人是半斤八两，打了个平手。

有一次，有人去拜访祖约，正好撞见他在家里整理财物，也就是正在那儿"盘点"家资。客人进来时，祖约还没收拾好，还剩下两只小竹箱财物，来不及藏起来了，他就连忙把小竹箱藏在背后，还倾着身子挡住那竹箱，神色很不平静。好像生怕别人知道自己有这么一个不雅的嗜好，又好像唯恐别人来分享他的那些"收藏"，显然很小家子气，不够坦然。同样，也有人去拜访阮孚，正好撞上他在家里"蜡屐"，就是吹着火给木屐上蜡。蜡屐大概是给木屐"做护理"，可见他对木屐有多么喜爱了。有意思的是，阮孚看见客人来了，撞上了自己在那给木屐上蜡这样私密的事儿，却居然面不改色心不跳，表现得很自然，而且一边干着活儿，一边对客人感叹地说："不知道这一辈子能穿几双木屐啊？"言下之意，就是人生苦短，实在穿不了几双鞋子啊！整个过程，阮孚神色悠闲自得，没有一点局促猥琐之态。"于是胜负始分"。

顺便说一句，这个故事中的"累"，其实涉及人和物的关系问题。庄子有句话说得非常好："物物而不物于物，则胡可得而累邪？"（《庄子·山木》）就是人若能支配利用外物，而不被外物支配和支配，又怎么会被外物所牵累呢？换言之，人一旦被身外之物所牵绊和奴役，绝无可能实现真正的自由。祖约、阮孚两人的爱好本身，无所谓高低优劣之分，但两人对待自己所爱之物的态度，却能体现出人格器量的不同。祖约爱财，但又怕人知道自己爱财，好比作茧自缚，难以自拔，品格上便等而下之了。而阮孚蜡屐时，从容洒落，并且发出了人一生能穿几双木屐的人生喟叹，这就把形而下的物质爱好升华到了一种形而上的层面，这是对人的"有限性"的一种超越，所以，阮孚给人的印象是对执着之物能"拿得起放得下"，很超脱，很自然，也很潇洒！

不过，王子猷、王子敬兄弟也好，祖约、阮孚也好，他们的雅量比拼还不算惊心动魄，比起下面的这个故事来，简直是小巫见大巫。

新"鸿门宴"

我们都知道"鸿门宴"的故事。那是秦朝末年，发生在项羽与刘邦之间的一段极富戏剧性的历史传奇。不过，不太为人所知的是，东晋咸安二年（372）的夏天，在东晋的都城建康，也有一场生死攸关的"鸿门宴"。而且，这场"鸿门宴"远比项羽摆的那场"鸿门宴"更恐怖，更凶险，更有戏剧性，最终的结果也更加出人意料，更具观赏价值——它给人留下的既有跌宕起伏的故事情节，还有令人回味无穷的诗情画意和名士风流。这场"鸿门宴"结束之后，两位PK多年的大名士终于分出了优劣和胜负。

那么，究竟是谁摆下了这场"鸿门宴"？此人不是别个，就是在东晋显赫一时，功高盖主，他打个喷嚏连皇帝都会感冒发烧的大司马——桓温。

说起桓温，通常的说法认为，他是东晋著名的政治家、军事家。带点感情色彩的说法有两种：一种是褒扬的，说他是东晋首屈一指的一代枭雄，风流名士；一种是贬低的，说他是继东晋叛臣王敦①之后的又一个觊觎皇帝宝座的野心家、阴谋家，是一个贰臣。但不管怎样，有一点却不得不承认，就是桓温和曹操一样，也是一个拥有文韬武略，建立了赫赫战功，并且充满了生命激情和人格魅力的一位英雄人物。

桓温一生最大的功业有四次，一次西征巴蜀，胜利了；还有就是三次北伐，每次都能挺进中原腹地，甚至一度收复西都洛阳。最后一次北伐还

---

① 王敦（266－324）：字处仲，琅琊临沂（今山东临沂北）人，王导从兄，娶晋武帝司马炎女襄城公主为妻。东晋大将军。永昌元年（322）和太宁二年（324），王敦两次起兵，威胁东晋朝廷，后兵败，病死于军中。

留下了一个脍炙人口的典故：

桓公北征，经金城，见前为琅邪时种柳，皆已十围，慨然曰："木犹如此，人何以堪！"攀枝执条，泫然流泪。（《言语》55）

那是太和四年（369），桓温亲自率领五万大军北伐前燕，一路势如破竹。经过金城（今江苏句容县北）时，桓温看到自己当年做琅琊内史时种下的几棵柳树，近三十年过去，树干都已有十围（一围指两只手的拇指和食指围的长度）粗了，而且斑驳苍劲，已显老态。桓温见此情景，不由得悲从中来，大为感慨地说："木犹如此，人何以堪？"树都这么老态龙钟，血肉之躯的人又怎么耐得住岁月的流逝呢！这个世界上有很多我们自己设立的敌人，但是，说实话，我们最大的敌人不是别人，也不是自己，而是时间。每个人都不能逃脱时间最后的裁判，不管你是帝王将相还是小民百姓，在这最后的裁判到来之时，接到的那张裁判书是一样的，那就是——"杀无赦"！谁也不能豁免！

这是一个进入暮年的英雄，面对他不能主宰的时光和命运，发出的生命喟叹。这一刻，这个不可一世的人物，竟然攀住柳枝，潸然泪下。这转瞬即逝的一刻，就这样被"定格"在了历史的镜头之下，成为打动后世无数读者的"永恒瞬间"。鲁迅先生说："无情未必真豪杰，怜子如何不丈夫。"在我看来，桓温就是一位多情的豪杰，他既是枭雄，也堪称名士，是一个比较有人格魅力，甚至很可爱的人物。

桓温晚年，看到东晋皇室一蟹不如一蟹，便有了取代之心。他说过两句冒天下之大不韪的豪言壮语：

桓公卧语曰："作此寂寂，将为文、景所笑！"既而屈起坐曰："既不能流芳后世，亦不足复遗臭万载邪？"（《尤悔》13）

一句是他躺着说的：“像这样死气沉沉、默默无闻的怂样儿，一定会让文帝、景帝嘲笑吧！”文、景，是指司马昭、司马师兄弟，这两兄弟都干过别人不敢干也干不了的大事——司马师废掉曹芳，立高贵乡公曹髦为帝；司马昭做得更绝，他是杀了皇帝曹髦，立曹奂为帝，最终为取代曹魏扫除了障碍！桓温言下之意，目前的司马氏皇室远比当时的曹魏更脆弱，我代晋自立的条件更成熟，再这么干耗着，岂不要被九泉之下那如狼似虎的两兄弟所耻笑？想到这里，桓温坐不住了，突然坐起来，说了一句更有震撼力的话：“既然不能流芳后世，难道也不值得遗臭万年吗？”你可以说这话里充满了狼子野心，但你不能否认，这番话也充满了一个强大生命的无穷热力和蓬勃激情！

其实，历史上的那些豪杰们，大都说过豪言壮语，比如陈胜说过：“王侯将相，宁有种乎？”项羽看到秦始皇，也跟他的叔父项梁说过一句话：“彼可取而代也！”刘邦看到秦始皇的仪仗，非常羡慕地说：“大丈夫当如此也！”曹操晚年也说：“设使国家无有孤，不知当几人称帝，几人称王。”从这个角度来说，桓温的这句话也不能完全否定，它其实也表达了一个非常有雄心的人，面对时间的侵袭，痛感时不我待，迫切想要建功立业，以抵挡时间寒流对他的杀伤。只不过桓温问了一个天问：到底是流芳还是遗臭，这是一个问题。反过来想想，如果说桓温最后真的成功了，真的做了皇帝了，到底是流芳还是遗臭就很难说了，因为历史往往是当权者书写的。而我们看待历史，往往也有一个偏见——“成者为王，败者为寇”。试想历史上哪一个朝代的开国皇帝，不是事实上的逆子贰臣呢？但是他做了皇帝以后，臭的就变成香的了，所以，作为文字的历史有时候真是经不起推敲的。

问题是，桓温为什么要摆这场“鸿门宴”？是谁得罪了他，竟让他必欲诛之而后快呢？这也说来话长。桓温不是野心勃勃地代晋自立吗？憋到371年农历十一月，桓温果然干了一件废立皇帝的大事，就是废掉了当朝皇帝司马奕，拥立会稽王司马昱为帝，改年号为"咸安"，史称简文帝。司马昱继位后，桓温大权独揽，皇帝等于是傀儡。八个月之后，也就是我们开头提到的372年农历七月，司马昱病危。于是政局变得非常紧张而微妙。

当时的情况，司马昱对待桓温有三种处理方式：第一种是禅让。仿照汉献帝刘协禅位给曹丕的做法。这是桓温日思夜想的。第二种是摄政。就是仿照当年周公代成王摄政的先例。这对桓温也比较有利。第三种是辅佐。就像诸葛亮辅佐刘阿斗那样，不可逾越人臣之礼，这是桓温最不愿看到的。当时桓温镇守在姑孰（今安徽当涂），他满以为司马昱会把皇位禅让给他，没想到，事到临头，发生了变故——司马昱还是把皇位传给了自己年仅10岁的儿子司马曜！

是谁导致了这个变故呢？这个人，就是桓温要杀的人，也是"鸿门宴"的重要客人之一，当时朝廷的重臣、大名士——王坦之。

政敌如刀

王坦之字文度，太原晋阳（今太原）人，王蓝田之子。在东晋有两个王氏家族最负盛名，一个是山东琅琊王氏，一个是山西太原王氏。王坦之可以说是太原王氏最负盛名的人物，有"江东独步王文度"（《晋书·王坦之传》）之誉。本来桓温和王坦之的关系曾经还是不错的，第一，王坦之曾担任大司马桓温的长史，两人是上下级关系。第二，桓温的女儿嫁给了王坦之的儿子[①]，也就是说，两人还是儿女亲家。

但是，随着桓温权力的日益膨胀，他的篡位之心也就昭然若揭。王坦

---

① 《世说新语·方正》58："王文度为桓公长史时，桓为儿求王女，王许咨蓝田。既还，蓝田爱念文度，虽长大，犹抱著膝上。文度因言桓求己女婚。蓝田大怒，排文度下膝，曰：'恶见，文度已复痴，畏桓温面，兵，那可嫁女与之！'文度还报云：'下官家中先得婚处。'桓公曰：'吾知矣，此尊府君不肯耳。'后桓女遂嫁文度儿。"

之为了保护皇室的利益，便走到了桓温的对立面，成了桓温的一个政敌。政治上的敌人比时间这个敌人更可怕，可怕就可怕在他比时间更着急，甚至想行使时间早晚要行使的那个权力——时间对于一个人来讲是"杀无赦"，但政敌他是要"斩立决"！特别是，当王坦之做了下面一件事后，桓温的刀磨得更快了。

且说简文帝司马昱病危之时，他先是宣布立儿子司马曜为太子，并在一天一夜之内，连发四道诏书，请大司马桓温入京辅政。桓温一看这诏书，知道自己的如意算盘全部落空，气都不打一处来，当然也就不理不睬。迫于桓温的压力，司马昱投鼠忌器，只好做了妥协，他又写下遗诏，授权桓温在自己驾崩之后，可以依照周公辅佐成王的故例摄政。甚至还说，如果太子不值得辅助，可以取而代之，自行称帝。这等于是把皇室命脉交给了桓温。如果这道遗诏发出去，桓温将来抢班夺权也就顺理成章了。

但是，遗诏并没有如期发出，而是被王坦之中途拦截了。王坦之看到这诏书，忧心如焚，他马上进宫，当着司马昱的面将诏书撕成碎片。由此可以看出，王坦之的确有过人之处，有胆有识，算得上是朝廷重臣，社稷柱石。司马昱这时心如死灰，说："天下本是偶然得来之物，你何必如此当真呢？"王坦之反驳说："天下是当年宣帝、元帝得来的天下，陛下怎能专有并私自授予他人！"司马昱沉吟良久，觉得他说的也有道理，就命令王坦之重新起草遗诏，改成太子登基后，家国大事都要一一禀告大司马桓温，太子要像当年蜀国皇帝刘阿斗对待诸葛亮一样，敬重桓温。遗诏发出不久，司马昱也就撒手西去。

桓温接到遗诏，勃然大怒，就以祭奠司马昱的名义，立刻带兵进京，在新亭驻扎下来。然后他一面大摆筵席，邀请文武百官前来赴宴，另一面又暗中埋伏武装兵士，准备来个刀剑出鞘，杀鸡骇猴！当时文武百官都已陆续赶到，大家拜伏在路旁，诚惶诚恐，战战兢兢，等着"替罪羊"早点出现。有人传出话来，说这是一场"鸿门宴"。

既然是"鸿门宴"，当然要杀人，除了要杀改写遗诏的王坦之，还要杀另一个人，就是有"风流宰相"之称的大名士——谢安。

风流宰相

如上所说，桓温摆下的这场"鸿门宴"，主要的客人有两个：一个是王坦之，一个是谢安。故事到了这里就好看了。前面我们已经交代过，魏晋有一种品评人物、第其高下的品第之风，出现了人与人之间的攀比和竞赛。王坦之和谢安，就是当时齐名的大名士，而且PK了好多年，至今未分胜负。这场鸿门宴，也就成了两个人一决高下的舞台。

说起谢安，知名度要比王坦之更高。他是东晋杰出的政治家、军事家、清谈家，是一个极具影响力的人物。古代有句话："唯大英雄能本色，是真名士自风流。"这话用在谢安身上再合适不过了。谢安可以说是魏晋风度中雅量人格的最佳代表。许多号称有雅量的风流名士都被他比下去了。

比如说"东床坦腹"的王羲之，也是雅量人格的佼佼者。可是，王羲之和谢安比起来，还差得远。谢安本来立志做一名隐士，前半生隐居在会稽上虞的东山，朝廷多次征召都被他拒绝了，留下个典故叫"高卧东山"。《世说新语·雅量》篇的另一条故事说：

谢太傅盘桓东山时，与孙兴公诸人泛海戏。风起浪涌，孙、王诸人色并遽，便唱使还。太傅神情方王，吟啸不言。舟人以公貌闲意说，犹去不止。既风转急，浪猛，诸人皆喧动不坐。公徐云："如此，将无归。"众人即承响而回。于是审其量，足以镇安朝野。（《雅量》28）

谢安隐居东山的时候，有一次，和几个名士一起乘船出海游玩，其中就有孙绰和王羲之。游船在海上行驶，突然风起浪涌，船身剧烈地颠簸起来。王羲之等人都吓得变了脸色，叫着赶快回去。只有谢安又是吟咏诗文，又是仰天长啸，兴致正高。船夫看见谢安气定神闲，也就没有返航，而是继续向前行驶。过了一会儿，风势越来越急，浪头越来越猛，许多人坐都坐不住了，嚷着要回去。这时谢安才慢慢地、仿佛有些遗憾地说："既然这样，大概就只能回去了吧？"大家一听如释重负。当时的人从这件事上得出结论，谢安拥有足以安定朝野的超人雅量。通过这次坐船出行，他把王羲之给比下去了。

谢安后来为了家族利益，终于出山做了桓温的司马。桓温虽然豪强，却是一个礼贤下士的人，他的幕府中集中了许多当时第一流的人物。桓温对谢安尤其欣赏，与其说两人是上下级关系，还不如说是朋友关系。当时王坦之和谢安是齐名的，而且两人都曾在桓温幕府中任职。魏晋时齐名的人很多，齐名的都是家世、地位、才华、名望处于同一个层次的名士，这叫"物以类聚，人以群分"。但是，因为属于一类人，就还有一个高低、上下、雅俗、优劣的问题。所以大家都很关心这些齐名的名士孰优孰劣，谁高谁低。经常问的一句话就是：某与某某孰愈？于是就有人问桓温了——谢安和王坦之相比，到底孰优孰劣？

王坦之和谢安当时齐名，但是未分优劣，对这一问题的回答就分外敏感。桓温一向是个豪爽的人，他本来想脱口而出，突然又捂住嘴巴了，十分可爱地对那人说："卿喜传人语，不能复语卿。"（《品藻》52）——你喜欢做小广播，我可不能告诉你。这说明两点：第一，桓温心里对王谢优劣早有自己的判断，但是碍于面子，他不能随便发言，毕竟他是上级啊。第二，说明谢安和王坦之在当时都享有很高的威望，大家对于这两人孰优孰劣很难判断。

既然不分上下，难分伯仲，当然就成为舆论关注的焦点。所以，在这场生死攸关的"鸿门宴"中，几乎所有的人都在暗暗地掂量：这两个当朝头号大名士，到底哪一个更优秀，更风流？

王谢优劣

且说桓温先埋伏好士兵，又大摆宴席，把当朝名臣都请来，想借此机会除掉谢安、王坦之。因为这两个人都是站在维护皇室的立场上，用各种方法阻止桓温，可以说是桓温夺权路上的绊脚石。杀掉王谢二人，其他人都构不成威胁，桓温便可高枕无忧。所以当桓温召王、谢二人就要出现在宴会上的时候，气氛分外紧张恐怖，可以说是死生俄顷，危在旦夕。《世说新语·雅量》篇载：

> 桓公伏甲设馔，广延朝士，因此欲诛谢安、王坦之。王甚遽，问谢曰："当作何计？"谢神意不变，谓文度曰："晋阼存亡，在此一行。"相与俱前。王之恐状，转见于色。谢之宽容，愈表于貌。望阶趋席，方作洛生咏，讽"浩浩洪流"。桓惮其旷远，乃趣解兵。王、谢旧齐名，于此始判优劣。（《雅量》29）

在这关键时刻，平时一向大义凛然的王坦之终于招架不住了，赴宴之前，他就非常惊慌，先问谢安说："当作何计？"再看谢安，竟然"神意不变"，神情意态没有丝毫改变。他十分镇定地对王坦之说："晋阼存亡，在此一行。"晋朝基业的生死存亡，关键就在我们此行了！由此就可看出谢安的超人之处。俗话说："宰相肚里能撑船。"而谢安就是一个肚里能撑船的宰相。这是第一回合，王坦之落于下风。

接下来，两人一同赴宴，一路上两人的表现又有了落差："王之恐状，转见于色。谢之宽容，愈表于貌。"这两句写得真好，既是对比，也是对仗。随着时间的推移，王坦之的惊恐之色，越来越清晰地显现在他那张原本俊朗的脸上；而与此同时，谢安的镇定宽和之态，也在他脸上表现得越来越明朗了。根据其他文献的记载，这时王坦之"倒执手版，汗流沾衣"（刘注引宋明帝《文章志》），上朝用的记事备忘的手版都拿倒了，冷汗直冒，衣服尽湿。这是内在人格的较量，没有语言，只有表情，但此时无声胜有声。不用说，这第二个回合，王坦之又输了一招。

第三个回合几乎是谢安一个人的"独角戏"，只见他大大方方地迈步走上台阶，器宇轩昂地来到自己的席位上，嘴里还在念念有词。"讽"，就是吟咏。而且不是一般的吟咏，是做一种当时很受追捧的"洛生咏"。"洛生咏"就是洛阳一带的书生吟咏诗文的腔调。西晋的都城是洛阳，洛阳可以说是首善之区，其方言腔调就成为全国流传的一种"官话"。而洛阳一带语音重浊，朗诵吟咏诗文时大概是一种浑厚、阳刚、有力的男中音，很有磁性。所以，"洛阳书生咏"在东晋时就成为当时江南名士比较羡慕、争相效仿的一种吟诵诗文的腔调。

说起来，"洛生咏"可是谢安的绝活儿。谢安虽然生在江南，但祖籍是陈郡阳夏（今河南周口市太康县），离洛阳不远，口音相差无几，父辈都应该操家乡话，谢安耳濡目染，当然会说家乡方言。这是其一。其二，谢安患有严重的鼻疾，我估计可能是"鼻窦炎"，他的一个招牌式的动作是"捻鼻"或"捉鼻"，就是经常用手捏一下鼻子，这样一个小动作，竟然引起天下粉丝的狂热模仿，很多人也动不动就捏鼻子。因为"洛生咏"的特点就是语音重浊，鼻音很重，谢安的鼻窦炎反而成就了他"洛生咏"的水平。

那么，谢安吟咏的是谁的诗文呢？原来是"竹林七贤"的领袖嵇康的一首四言诗，题目叫作"浩浩洪流"。我以为，吟诵这首诗是谢安经过精心选择和策划的。第一，这首诗的主旨是表达兄弟情谊的，这时候吟诵，十分委婉地表达了谢安对桓温的一种感念之情。就是说，我们曾经有过很好的友谊，至今都让人怀念不已。当谢安用他那天下闻名的"洛生咏"吟诵这首诗的时候，应该是很煽情的，桓温听了不可能不有所触动。第二，这首诗的作者嵇康非常特殊，他是被司马昭杀害的，但是在东晋却成为士人的精神偶像，可以说是千古流芳的人物。在这样一个杀气腾腾的鸿门宴上，谢安偏要朗诵嵇康的诗歌，意思很明确：头可断，血可流，但公道自在人心，历史终将会对非正义的杀戮进行最后的审判。得势者可以得意一时，但得道者终将流芳后世！

作为鸿门宴的东道主，本来就很欣赏谢安的桓温，看到在生死存亡、命悬一线的危急关头，谢安还能如此从容、镇定、潇洒地谈笑风生，又一次被他那旷达高迈的气度震慑了，征服了，于是连忙撤走了伏兵。一场鸿门宴就此被谢安化于无形。桓温本来就爱谢安之才，这一刻对谢安更是佩服得五体投地。这样旷古少有的风流人物，你怎么舍得杀呢？在能够杀的时候，选择不杀，这是一种智慧和文明的表现，也是一种人道和良知的表现。在那一刻，桓温放弃了功利的打算，而进入了审美的人生，他完成了对自己的超越！

但是作者没忘了补上一句："王谢旧齐名，于此始判优劣。""王谢优劣"这个悬而未决的问题从此有了答案。回想一下项羽、刘邦的那场"鸿门宴"，就会觉得大不相同。刘邦虽然也躲过一劫，但他是在众多人物的帮助下才得以逃生的，其中有谋士张良谋划，有卧底项伯保护，又有保镖樊哙威慑，最后刘邦是狼狈逃窜，背影实在很难看！而谢安，则是凭借一人之力，一人之智，一人之美，征服了要杀自己的人，这种"四两拨千斤"的雅量，简直可以惊天地、泣鬼神！什么是风流？这才是风流！

"比"从何来？

为什么在魏晋时代，会形成这么一种人物品第的风气呢？

我以为，这跟曹丕时代开始采用的一种选官制度有关。什么制度呢？

就是"九品中正制"。九品中正制度是对东汉选官制度加以改革的结果。就是在州郡设立一个官职，叫"中正"，专门负责评议人物，定其高下，作为各级官吏的参考。中正根据家世、才德的评论，对人物做出高下的品定，称为"品"。品级共分为九等，即上上、上中、上下、中上、中中、中下、下上、下中、下下。有了这个制度之后，士人们不仅要求名，还要争品。

这种选官制度影响到文化领域，就出现了人物品第的激烈竞争。很多人因为不能跻身第一流人物而倍感焦虑：

世论温太真是过江第二流之高者。时名辈共说人物，第一将尽之间，温常失色。（《品藻》25）

温太真就是东晋大名士温峤。当时的舆论认为他是东晋过江名士中第二流的佼佼者，所以每当那些名流们列举当世名士，第一流人物快要说完的时候，温峤的脸上常常紧张得改变了颜色。为什么？因为他在乎啊！

再比如桓温，年轻的时候和另一位大名士殷浩齐名，两个人常有竞争之心。有一次，志得意满的桓温问殷浩："卿何如我？"你和我比怎样啊？当时殷浩在政治上正处于失意阶段，但他依然不卑不亢地说了一句千古名言："我与我周旋久，宁作我。"（《品藻》35）言下之意，我和我打交道久了，自我感觉良好，我还是宁愿做我自己！

这种对自我的充分肯定和张扬，正是魏晋风度中最动人的地方。

俗话说：人比人，气死人。别说魏晋人好比，今天的人又何尝不是如此？只不过，魏晋人品评人物，看重的是风度、才情、趣味、智慧和雅量这些"身内之物"，不乏形而上的追求，而今天的人，却大多比的是房子、车子和票子这些"身外之物"，多少有点形而下的味道了。抚今追昔，可发一叹！

第七讲 清议之风

铁
骨
铮
铮

小时了了

东汉延熹六年（163）的一天，在当时的都城洛阳，发生了一件很轰动的事：一个10岁的小男孩，十分出人意料地成了上流社会一位士大夫的座上宾，并且用他的机智和口才，令在座的宾客刮目相看；更有意思的是，他还让一位试图嘲笑他的官员颜面扫地，尴尬不已。

这个小男孩不是别人，就是"建安七子"中排行第一的孔融。

孔融字文举，鲁国（今山东曲阜）人，孔子的第二十代孙。像孔融这样的人，天生就是为中国文化做贡献的。他4岁的时候，就留下了一个家喻户晓的典故——"孔融让梨"。孔融兄弟七人，他排行第六，在他4岁的时候，有一次和兄长们一起吃梨子，他先拿了最小的一个。问他为什么，他说："我年纪最小，理当吃小的嘛！"因此家里人都觉得这孩子不同凡响。这个典故在《三字经》里浓缩为四句话："融四岁，能让梨，弟（悌）于长，宜先知。"

在"孔融让梨"六年之后，就发生了我们说的这件事。这件事在《世说新语》和《后汉书·孔融传》里都有记载。故事说，孔融10岁的时候，跟随父亲来到京城洛阳。估计是父亲出趟公差，顺便带儿子去见见世面。没想到，爷儿俩到了洛阳之后，小孔融居然撇开父亲单独行动了。他做了一件现在的10岁儿童绝对做不出来的事。什么事呢？他要单独去拜访一位名人。这个名人叫李膺，字元礼，是东汉著名的政治家，清议运动的领袖之一。李膺这年已经54岁，担任的职务是司隶校尉。司隶校尉差不多相当于北京市公安局局长。不用说，李膺在当时地位很高，名声很大，差不多是士林的偶像。《世说新语·德行》篇有一条"登龙门"的典故：

李元礼风格秀整，高自标持，欲以天下名教是非为己任。后进之士，有升其堂者，皆以为"登龙门"。（《德行》4）

说李膺这个人风采出众，品格端正，而且志向高远，把弘扬名教、树立儒家的纲常礼教作为自己的责任和使命。很多年轻人都把他当作自己的偶像，如果有机会登堂入室，成为他的座上宾，都会感到特别荣幸，以为自己是登上了"龙门"！这说明，李膺的名望和地位在当时是如日中天，可以说是士林众望所归的一座精神灯塔。

10岁的孔融慕名而来拜访德高望重的李膺，当时的心情恐怕很像是朝圣或者是"追星"。不过，既然是李膺的府邸好比"龙门"，门槛当然很高，想要跳过去并不容易。要想被李膺接纳，甚至升堂入室，必须满足两个条件之一：一是当世的名流才俊，一是李家的中表亲戚。中表亲戚，也就是父系和母系的近亲。也就是说，要进李膺的家，必须拥有一张无形的门票：一张门票上写着"名流才俊"，另一张门票上写着"中表亲戚"，否则门卫根本不会通报。

小孔融了解到这个情况，很快做出了决定：名流牌是打不得了，就打亲戚牌。于是就对掌门官说："我是李府君的亲戚，请赶快给我通报吧。"门卫也搞不清真假，只好通报。李膺虽然纳闷，但好奇心也被吊起来了，于是就请孔融进去了。小孔融大摇大摆地走进客厅，只见里面是高朋满座，气氛很不一般。孔融年纪虽小，胆子挺大，通报姓名之后，也就大大方方地落了座。李膺知道他是孔子的二十代孙，也不敢怠慢，就问他："请问您和我有什么亲戚关系啊？"没想到，小孔融脆生生地说："从前我的祖先仲尼与您的祖先伯阳（即老子），有师友的关系，如此这般，我和您当然是世代通家之好了。"这种套近乎的话出自一个10岁孩子之口，是很有喜剧效果的。要知道，孔融是孔子第二十代孙史有明文，但李膺是否老子的后代却查无实据。孔融这么一说，等于无形中抬高了李膺的血统地位。李膺和宾客们一听，无不赞赏小孔融聪明过人。

不过好戏还在后头。过了一会，又来了一位客人——太中大夫陈韪。陈韪这个人名不见经传，但因为这个故事他在青史上留了名。陈韪进来后发现今天的气氛不同寻常，特别是宾客中多了一位陌生的小朋友，很奇怪。有人就把刚才孔融和李膺的一番对话告诉他。陈韪一听，有些不以为然地说："小时了了，大未必佳。"——小时候聪明伶俐，长大了未必就能出类拔萃。没想到，孔融一听，马上应声说："想君小时，必当了了。"——想来您小时候，一定很聪明吧！言下之意，您现在可是不咋地！把个陈韪闹了个大红脸，尴尬不已。从此，孔融一夜成名天下知，成了真正的"名流才俊"。

何谓清议？

为什么要讲这么一个故事呢？因为它跟我们要讲的一种汉末魏晋的风气有关。那就是清议之风。李膺和孔融，正是汉末清议之风的两个重要人物，而且他们的命运很相似，最终都因为管不住自己的嘴巴而死在了当权者的屠刀之下。

到底什么是清议呢？清议，从字面上看，也就是清正的议论。具体说也就是以激浊扬清、弘扬正道为目的，以批评现实政治和当朝人物为主要内容的一种清正的议论。清议的发起者是以儒家道统自居、具有正义感的士大夫和广大忧国忧民的太学生。清议的形式是公开或半公开的，其中最流行的形式就是民谣和谚语，当然也包括上书、奏议和口头的议论。清议的性质则是批评性的，无论议论朝政还是臧否人物，往往是言辞激烈，不留情面。

刚才说的李膺就是当时清议运动的主要领袖之一。所以他家经常是高朋满座，所谓"谈笑有鸿儒，往来无白丁"。

为什么这股清议之风，不早不晚，偏偏产生在汉末呢？因为东汉末年，外戚和宦官轮流专权，朝政混乱，到处都在兼并土地，买官卖官，国家经济每况愈下，贫富悬殊日益加剧，腐败盛行，民不聊生。当时流传着两首民谣。一首说："直如弦，死道边。曲如钩，反封侯。"（《后汉书·五行志》）意思是：品行正直得就像弓弦一样的人，最后死在道边无人理睬；品行邪曲得就像钩子一样的小人，反而获得富贵，拜将封侯。

还有一则说："举秀才，不知书；举孝廉，父别居。寒素清白浊如泥，高第良将怯如鸡。"（葛洪《抱朴子·审举》）是说察举上来的秀才毫无学问，推荐上来的孝廉既不孝，也不廉，甚至连起码的赡养父母都做不到；那些标榜为寒门清白子弟的，品行污浊犹如淤泥；而那些所谓的上等良将，实际上都是一些胆怯如鸡之辈。

了解一个时代的历史真相，最可信的往往不是官方的宣传，也不是史书的记载，更不是文人墨客的鼓吹，而是这些口耳相传的民谣。民谣，虽然土得掉渣儿，俗不可耐，但它常常能够直接而深刻地反映现实，表达民意。一句话，民谣，骨子里就是清议。

这两则民谣，就极其真实地反映了汉末的社会现实，说明宦官专权的政治毒瘤已经给世道人心带来了灾难性的危害，整个社会的价值体系已经到了崩溃的边缘。大汉王朝此时已经风雨飘摇，奄奄一息。

所以，一大批正直的士大夫出于维护儒家道统和王朝命脉的需要，联合三万太学生，发起了对宦官集团的口诛笔伐。这就是清议之风产生的背景。《后汉书·党锢列传》说：

逮桓、灵之间，主荒政缪，国命委于阉寺，士子羞与为伍，故匹夫抗愤，处士横议，遂乃激扬名声，互相题拂，品核公卿，裁量执政，婞直之风，于斯行矣。（《后汉书·党锢列传》）

大意是，汉末桓帝、灵帝统治时期，皇帝荒淫，朝政混乱，朝廷的大权全部被宦官集团所把持，正直的士大夫耻于和宦官同流合污，于是群情激愤，纷纷起来奔走相告，发表言论，他们互相标榜，树立名声，品评议论当朝的公卿政要的得失，考量甚至批评腐败的政治体制，一种刚直不阿、仗义执言的风气，就此在社会上风行起来。——这就是清议之风。参与清议运动的名士往往被称作"清流"。清和浊是两个对立的概念，清流指的就是不与宦官同流合污的清正高洁之士。

李膺就是汉末"清流"的代表人物，是当之无愧的士林领袖。

当时对抗宦官集团包括三种势力：一种是外戚，如大将军窦武。一种是太学生，当时太学生有三万人，都不满宦官集团的腐败统治，其中的领袖就是人物品鉴大师郭泰。第三种就是一批铁肩担道义的正直的士大夫，主要有三个人：陈蕃、李膺、王畅。当时在太学中流传着一首民谣："天下模楷李元礼（李膺），不畏强御陈仲举（陈蕃），天下俊秀王叔茂（王畅）。"（《后汉书·党锢列传》）也就是说，当时的太学生把李膺、陈蕃、王畅这三个人当作自己的榜样。其中李膺被誉为"天下楷模"，可见其名望和影响之大，也可见后进之士把升其堂、入其室当作"登龙门"，绝对不是夸张。

当时，这些朝廷重臣和太学生联合在一起，参政议政，鞭挞腐败，怒斥宦官，以澄清天下为己任，就形成了一种清议的风气。他们常常发表批评现实政治的言论，再有势力的豪强人物也不回避隐讳，所以当朝的大小官吏，没有一个不害怕被他们贬议批评的，都纷纷到他们门前拜谒，表示友好。用现在的话说，这些清议名士，就是当时的"意见领袖"和"舆论风向标"。他们的言论，就是口碑，代表了公理和良知，决定着人心向背，起到了激浊扬清、惩恶扬善、砥砺士气的作用。

两个案子

问题是：李膺毕竟是成人世界的领袖，怎么会让孔融这样的10岁的儿童也对他如此崇拜和仰慕呢？

我估计跟李膺办过的两个案子有关。第一个案子是在李膺任河南尹（河南郡的太守）的时候。当时有个叫张成的方士，善于占卜预测，不少事都被他未卜先知了，所以有些名气。但他没把这个本事用在正道上。这一年，他预测出不久天子就要大赦天下，按说这不是个坏事，可是张成是个心术不正的小人，而小人有个特点，就是他总是利用一切好的时机干坏事。张成干了什么事呢？他竟然怂恿他的儿子杀人！估计杀的是仇人。他以为这时候杀人没关系，反正将来可以被赦免。但他有一个环节没算准，就是他忘记了当时的太守不是别人，而是李膺。而李膺是个眼里揉不进沙子的人，撞到他的枪口上岂不是自讨苦吃？事发之后，李膺立马将他儿子抓捕归案。过了不久，天子竟然下诏大赦天下，按照诏令，就是杀人犯也得赦免。这时张成心里估计是"没事偷着乐"，等着看李膺的笑话呢。可是让张成想不到的是，李膺是个大义面前，连皇帝的账都不买的执法如山的清官，他绝不愿姑息养奸，于是不顾皇帝的赦令，坚持将张成的儿子处死。张成偷鸡不成蚀把米，对李膺是恨之入骨。这说明像李膺这样的清议名士有个特点，就是疾恶如仇、雷厉风行。因为他们都坚信：治乱世要用重刑。

还有一件事发生在李膺任司隶校尉时。当时野王县的县令名叫张朔，是当朝皇帝汉桓帝所宠信的宦官、"十常侍"之首张让的弟弟。张朔仗着他哥哥的权势，贪暴残忍，无恶不作。有一次，他竟然无缘无故杀了一位孕妇，以此取乐。那些把别人不当人的人，其实自己早已是非人。东汉时期，皇族也好，外戚也好，宦官也好，贪官污吏也好，他们中间到处都是这种披着人皮却不干人事的"非人"。事发后，张朔畏罪潜逃，逃到了京城他哥哥张让的家里，藏在合柱之中（由几根木料围成的空心之柱）。李膺这时刚刚走马上任，担任司隶校尉不过十天，得到消息后，他毫不犹豫，亲自带兵径自闯入张宅，打破合柱，将张朔缉捕归案。经过审讯，证据确凿，李膺立即下令，处死张朔。在当时的情况下，李膺的当机立断，先斩后奏，体现的既有大勇，也有大智。后来张让告到汉桓帝那里，皇帝兴师问罪，李膺一番慷慨陈词，终于化险为夷。由此可见，李膺对待丧尽天良的宦官集团，有一个很鲜明的态度，就是以暴制暴，除恶务尽！

从此以后，李膺简直成了那些奸邪宦官的天敌和克星。在他的辖区之内，大小宦官不得不夹起尾巴，走路都不敢伸直腰板，说话也不敢粗声大气，连假日里也不敢出宫门玩耍了。汉桓帝感到奇怪，宦官们就叩头如捣蒜地向他哭诉说："畏李校尉。"——我们都被李校尉搞怕了！

我猜想，10岁的小孔融之所以对李膺那么崇拜，可能就是因为他听说过李膺的一些事迹，特别是这两件大快人心的案子。要知道，十来岁的小男孩最崇拜的就是英雄，在孔融眼里，李膺就是这样一个除暴安良、胜残去杀的英雄。

还有一层可能不太为人所注意。联系到当时的时代背景和政治形势，可以说，10岁的孔融和50多岁的李膺的这次会见，实在具有划时代的意义，无形之中完成了清议名士的一次新老交替——汉末清议之风的领袖李膺，把清议运动的接力棒，传到了后生可畏的孔融手里。

为什么这么说？因为这次会面的六年之后，李膺就被宦官集团杀害了。与此同时，年仅16岁的孔融却干了一件惊天动地的事，奠定了日后他在政坛、学界和士林中的地位。

党锢之祸

先说李膺是怎么死的。事实上，李膺一直都活在屠刀边缘。因为他的对手宦官集团是一群穷凶极恶的变态杀人狂，当这帮变态杀人狂和国家暴力机器一起开动的时候，手无寸铁的读书人面临的当然是舍生取义，杀身成仁。平心而论，这些清议名士都是大汉朝廷的忠臣，他们只是不能容忍宦官专权这只国家躯体上的毒瘤越长越大，他们想干的不过就是给汉王朝做一次"根除性手术"，将宦官这只毒瘤连根切除，仅此而已。如果把大汉王朝看作一个晚期癌症患者的话，那么，宦官集团就是日益肆虐的毒瘤，这些忧国忧民的清议名士就是手术刀，或者就是抵抗癌细胞的白细胞。

我们知道，如果人体的白细胞过低，人的免疫功能就会下降，病毒就容易入侵。对于一个国家来说，敢于鞭挞腐败、批评政治、疗救社会的知识分子，正是国家肌体中不可或缺的白细胞。没有他们的仗义执言，没有他们的查漏补缺，没有他们不停地说"不"，整个社会的免疫系统就会受到侵蚀，甚至陷入瘫痪。他们看似"拆台"，事实上是在为大汉王朝"补台"。他们的所作所为，不过是在"抢救"这个奄奄一息的王朝，延迟它的死亡。

以李膺为代表的清议名士，正是这样一些有责任感、正义感、使命感的读书人。这种读书人，历来都是国家和民族的"脊梁"。

但是，脊梁常常是被暴力摧残的对象。李膺既然旗帜鲜明、不遗余力地要铲除宦官，当然就成为宦官集团的眼中钉、肉中刺。于是，就在孔融拜见李膺的第四年，即延熹十年（166），宦官集团开始反扑，以李膺为首的一大批清议名士，因为"莫须有"的罪名，被关进监狱。

这件事的导火索正是那个术士张成。张成因为儿子被李膺正法而怀恨在心，就和宦官勾结起来，阴谋陷害李膺。他们上书告发李膺，说李膺"养太学游士，交结诸郡生徒，更相驱驰，共为部党，诽讪朝廷，疑乱风俗"（《后汉书·党锢列传》）。历来的统治者最怕读书人"扎堆儿"，一"扎堆儿"肯定要出乱子，这个状当然是一告就准。于是皇帝下令逮捕李膺、范滂等二百多人。这些人就被贬称为"党人"，意为结党营私、图谋不轨之人。第二年，在外戚窦武等人的援救下，桓帝才将李膺等人赦免，但遣送还乡，"禁锢终身"。这就是历史上著名的第一次党锢之祸。党锢，就是党人被禁锢、不得参政的意思，用现在的话说，就是"剥夺政治权利终身"。对于李膺这样的政治家来说，剥夺政治权利可以说是仅次于杀头的处罚了。

由此可知，清议之风的后果是很严重的，它直接导致了中国历史上仅次于秦始皇"焚书坑儒"的又一次对读书人的清剿和镇压。

被"禁锢终身"的李膺是不是就此在政坛消失了呢？也不是。汉灵帝建宁元年（168），发生了一件事，清议运动的另外两个领袖，大将军窦武和太傅陈蕃联合密谋诛杀大宦官曹节、王甫，于是又起用李膺出来做官，可以说，这是李膺的一次东山再起的机会。但是，窦武和陈蕃的计划被泄露，窦武兵败自杀，陈蕃下狱被害。靠山一倒，李膺再次被免官。

紧接着，又发生了第二次党锢之祸。宦官进一步逮捕"党人"，李膺和另一位清议名士杜密等百余人被捕入狱处死，迁徙、禁锢的多达"六七百人"。《汉书·李膺传》记载说，当时官府前来捉拿同党，同乡人劝李膺赶快逃跑，李膺说："临事不辞难，有罪不逃刑，这是大臣应有的节操。我年已六十，死生有命，能够逃到哪里呢？"于是投案自首，被严刑拷打，最后惨死在狱中。一千八百多年后，戊戌变法的领袖谭嗣同，临难不辞，慷慨赴义，从某种程度上说，正是李膺等清议名士的隔代传人。

李膺等人一死，风起云涌的清议运动群龙无首，犹如一首惊心动魄的进行曲，基本上到了尾声。李膺的死，宣告了清议运动的失败，对于大汉王朝来说，封建统治阶层内部的自我调节机制和自救努力也被宣布无效。国家到了这样的时候，没有不乱的。于是，第二次党锢之祸之后不多久，184年，便爆发了席卷全国、摧枯拉朽的黄巾大起义。

孔融争死

一个问题来了：第二次党锢之祸和孔融有关系吗？当然有。在这次株连众多的党锢之祸中，60岁的李膺死了，16岁的孔融也差一点死！孔融当然没有死。但他和李膺一样，也是大义凛然地争着要死。这是怎么回事呢？这就要从说到第二次党锢之祸的导火索——张俭事件。

张俭是清议运动中的另一位代表人物。当时有个宦官叫侯览，深受皇帝汉灵帝的宠信，狗仗人势，无恶不作。张俭对侯览恨之入骨，就上书弹劾侯览，请求皇帝诛杀他。侯览也是中常侍之一，他扣压了奏章，勾结张俭的同乡朱并，诬陷张俭结党谋反，来了个"恶人先告状"。汉灵帝昏庸无能，一直被宦官们玩于股掌之中，也就信以为真，立即发出通缉令追捕张俭。张俭得到消息，被迫亡命天涯。因为这件事，朝廷再次捕杀党人。当时的百姓，都敬佩张俭的为人。张俭在逃亡途中，"望门投止"，看见人家就前往投宿，从不会吃"闭门羹"，大家都冒着灭门的危险收留他。后来朝廷追查此事，因为收留他而被官府追究杀害的，竟有数十家之多。其中就包括孔融一家。

且说"头号通缉犯"张俭在逃亡途中，走投无路，来到孔融家里，找他哥哥孔褒。那天孔褒碰巧不在家，家里只有16岁的孔融。张俭看他太小，就没告诉真相，想要立马走人。孔融见张俭神色忧惧，就说："我哥哥虽然不在家，难道我就不能做主吗？"就把张俭留宿在家里，暂时躲过了一劫。后来这件事被官府查知，孔褒、孔融兄弟就被抓捕归案。接下来的情节十分感人：两兄弟竟然都争着承担责任。孔融说，留宿张俭的是我，理当我来顶罪。孔褒说，他来找的是我，与你无关，该我受死。前来抓捕的官吏没办法，就问他们的母亲，没想到母亲说得更绝："家事应由长辈负责，应该被抓的是我！"郡县官吏不能决断，只好呈报朝廷，请求定案，后来皇帝亲自下诏，给孔褒定了罪。

——吃梨可让，赴死可争，这种"一门争死"的义举，真可谓惊天地、泣鬼神！什么是"国士"？这就是"国士"！

虽然不能说，孔融求代兄死的义举和他10岁时得到李膺的接见和赏识有多大关系，但有一点不能否认，就是孔融后来的确继承了李膺的铮铮铁骨，在关系到国家利益的重大问题上，他一直是最高当权者曹操的"反对派"，曹操遂以不孝之罪杀害了孔融。

像孔融这样的读书人，在中国历史上虽不算多，但也不算少。有人经常奚落这些如飞蛾扑火般与专制暴政对抗的读书人，说他们不够聪明，"不懂政治"。殊不知，中国文化人坏就坏在太聪明，太懂政治！人一聪明，便容易失掉良知；人太懂政治，便容易失掉正直。聪明不聪明不要紧，有没有良知很重要；懂不懂政治没关系，正直不正直很关键。

孔融被杀的那一年是208年，距离李膺被杀正好40个年头。又过了54年，263年，三国时最有清议名士风骨的嵇康被司马昭杀害，清议之风就此风流云散。嵇康临刑前，写了一篇《家诫》，其中提到了孔融："若孔文举求代兄死，此忠臣烈士之节。"说孔融求代兄死的义举，体现的正是忠臣烈士的节操。

从李膺到孔融，从孔融到嵇康，中间贯穿着的是一条读书人反抗强权和暴政的主线，这是死亡的高压线，也是生命的地平线。这些铁骨铮铮的读书人，给中国历史的天空抹上了一道"血染的风采"。中国历史上固然有不少摇尾乞怜的犬儒，但也从来不乏真正的烈士！

清代思想家王夫之说："孔融死而士气灰，嵇康死而清议绝。"（《读通鉴论》卷十二）孔融死后，知识分子的士气就低落了；嵇康死后，知识分子铁肩担道义的清议就断绝了。是啊，专制统治者的每一次杀戮，对于知识分子的元气都是一次重大的摧残。嵇康死后，历史进入了"后清议时代"，也就是读书人不谈政治、只谈玄理的清谈时代。于是，最能代表魏晋时代精神的一种风气诞生了。

第八讲　清谈之风

坐而论道

清谈祖师

三国曹魏正始六年（245）的一天，吏部尚书何晏的府邸里，高朋满座，谈笑风生，十分热闹。不过，值得注意的是，这次聚会的客人很特别，《世说新语》称呼他们用了一个以前很少见的词——"谈客"。也就是说，这次聚会不是为了国家大事，也不是为了吃吃喝喝，而是为了——清谈。不是两三个"谈客"坐在那里闲扯，而是"谈客盈坐"，满屋子都是席地而坐、坐而论道的"谈客"。这真是"来的都是客，全凭嘴一张"。这样的场面，让我想起现在每年一度的"国际大专辩论会"。不用说，这次聚会的东道主，即辩论会主席当然非何晏莫属。

何晏这个人，我前面介绍过，他是曹操的养子，三国时著名的美男，差不多是魏晋男性美容之风的开启者。我们还知道，何晏好色，喜欢服食一种叫作"五石散"的生猛剧毒之药，并且为之大做广告，弄得天下名士也都争相服用，开启了魏晋服药之风，所以被鲁迅先生称为"吃药的祖师"。但是，美容也好，服药也好，都还不算什么，关键是，何晏还是一位著名的玄学家，是大家公认的"清谈祖师"——这就有点让人肃然起敬了。

说到玄学家，就不得不解释一下什么是玄学。所谓玄学，就是三国、两晋时期兴起的、以调和道家和儒家思想学说为旨归的一种哲学思潮，代表了魏晋一代之学术，通常也称之为"魏晋玄学"。我们知道，西汉武帝时期，"罢黜百家，独尊儒术"，儒学被定于一尊，于是两汉三四百年间，最主要的学术思潮就是"经学"。所谓经学，也就是对儒家经典的注疏、阐释之学。两汉经学应该说是很有成就的，大师辈出，成果丰硕。但是，汉代的经学到后来越来越僵化，越来越腐朽，经学家们注释经典，常常旁征博引，漫无边际，主要目的似乎已经不是为了解决问题，而是为了显示自己的渊博。《颜氏家训》记载了一个很好玩的谚语说："博士买驴，书券三纸，未有驴字。"（《颜氏家训·勉学》）说一个经学博士去买驴，写了一张买卖文书，写得还挺长，但是前三页都看完了，还没有出现一个"驴"字！你说好笑不好笑？这样"下笔千言离题万里"的学术肯定是要被淘汰的。所以，到了汉末魏晋时期，试图调和儒家和道家的玄学思潮应运而生，开始取代两汉经学，成为魏晋时代学术思想的主流了。

何谓清谈？

为什么何晏会成为当时清谈的一代宗师呢？主要原因有三个：第一，何晏长得好。第二，何晏地位高。第三，何晏擅清谈。这三个原因中，最关键的还是能清谈。

到底什么是清谈呢？台湾学者唐翼明认为，所谓魏晋清谈，"指的是魏晋时代的贵族和知识分子，以探讨人生、社会、宇宙的哲理为主要内容，以讲究修辞技巧的谈说论辩为基本方式而进行的一种学术社交活动"（唐翼明《魏晋清谈》）。应该说，这个定义还是比较符合实际情况的。清谈就好比是一道智慧和语言的盛宴，令天下名士倾情投入，乐此不疲。

说到清谈，往往有一种误解，就是把清谈和清议混为一谈。其实，清议与清谈，虽然一字之差，却是两个概念。二者既有联系，又有本质的区别。清议是一种士大夫参政议政的政治活动。其内容主要有两个：一是批评政治，鞭挞腐败；二是臧否人物，砥砺士气。归根到底，清议是一种以道德评价为主的政治活动。清谈则是一种贵族阶层喜爱的探讨抽象哲理、具有很强思辨性和哲学品位的一种学术讨论。清谈的内容往往都是学术课题，虽然跟政治有着千丝万缕的联系，但这种联系是间接的、隐蔽的。归根结底，清谈是一种探讨学理的学术活动。为什么会出现清谈之风呢？原因很简单。因为汉末的清议之风被两次"党锢之祸"所打压，士大夫不敢再议论政治，于是就开始了谈玄说理、坐而论道的清谈。

何晏这个人，不仅擅长清谈，而且热爱清谈，他把发展玄学、推动清谈当作自己的一项事业。他经常在他的府邸主持和召集清谈沙龙活动。我们所讲的这次清谈聚会就是其中最值得注意的一次。因为在这次聚会中，出现了一位清谈的后起之秀，天才少年！《世说新语·文学》篇记载了这次清谈的盛况：

何晏为吏部尚书，有位望，时谈客盈坐。王弼未弱冠，往见之。晏闻弼名，因条向者胜理语弼曰："此理仆以为极，可得复难不？"弼便作难，一坐人便以为屈。于是弼自为客主数番，皆一坐所不及。（《文学》6）

我们逐层解读一番。"何晏为吏部尚书，有位望，时谈客盈坐。"这是一个大致的背景交代。何晏任吏部尚书的时候，既有权位又有名望，当时他的家里经常是谈客满座。"王弼未弱冠，往见之。""未弱冠"就是还不到20岁，就慕名前来拜见何晏。王弼是三国时首屈一指的玄学家，和比他大30多岁的何晏齐名，史称"何王"。为什么说他是一位天才少年呢？因为王弼太短命，只活了24岁，却在中国思想史、哲学史上占据了重要的地位。王弼的家世十分显赫。他的曾外祖父，是汉末割据一方的荆州牧刘表。他的祖父，就是"建安七子"中最有才华的王粲。但王粲只是他名义上的祖父。前面说过，王粲因为长得丑，刘表没有把女儿嫁给他，而是嫁给了王粲的族兄王凯。王凯长得仪表堂堂，很有风貌。王凯有个儿子叫王业，就是王弼的父亲。王业后来过继给了晚年无后的王粲为继子，这样一来，王弼也就成了王粲的继孙了。

因为家学渊源，王弼自幼饱读经书，十来岁就能谈《老子》《周易》，是个不折不扣的天才少年。为什么我们现在的教育培养不出大师了？我以为原因有三：首先，就是传统的私学和家学消亡了。孔子办的就是私学，广收门徒，有教无类，培养很多一流人才。除了私学，还有家学——家族兴办的学校，古代许多学问大师都是家学渊源，"童子功"了得，学成之后自然能将个性化的思想和学术发扬光大。其次，就是经典教育断裂了。经典教育最大的好处起点高，教材过硬，蒙学读物也好，"四书五经"也好，都是文化含量很高且自成系统的经典，这和东拼西凑编成的教材简直有天壤之别。这些经典都是古代青少年滚瓜烂熟的东西，而今天的大学生研究生都还需要补课，这无形之中造成了最佳教育时机的滞后和教育成本的浪费。第三，就是学校教育的格式化、单一化，考试制度的标准化、功利化，大大败坏了学生的求学热情，限制了那些极有天赋的学生的发展，使他们没有可能像王弼那样，进行自己感兴趣的学术实践，最后他们当然是"泯然众人矣"。这是年轻的玄学大师王弼的成才之路带给我们的思考。

正始之音

不到20岁的天才少年王弼来到了清谈宗主何晏的府邸，他会有怎样的表现呢？我们往下看：

晏闻弼名，因条向者胜理，语弼曰："此理，仆以为理极，可得复难不？"

何晏早就听说王弼的大名，有心要试探他一下。就把平时自己谈的最精彩的几个论点，分条陈述给王弼听。说完以后，他胸有成竹地对王弼说："这些道理，我以为已经达到了真理的极致了，不知你能不能加以驳难啊？"

何晏的话里有两点值得注意。第一，就是清谈的内容，关键在于一个"理"字，所以清谈也有另一个说法，叫作"理中之谈"。就是所谈论的内容一定要"合理""在理"，最精彩的、在清谈中获胜的道理被称作"胜理"。何晏和王弼第一次见面，就把自己刚才的"胜理"拿出来陈述一番，这等于把看家本领都拿出来了，体现了他对这个年轻人的重视。

第二，就是那个"难"字。这里的"难"，是清谈常用的术语，意思是"驳难""辩难"。如果说阐述道理的一方的阐述叫作"论"的话，那么反驳的一方就叫作"难"。整个清谈过程，无论有多少人参加，一定都包含着两个内容：一是"论"，一是"难"。所以，辩论在古代也叫作"论难"。我们用踢足球打个比方的话，现在，何晏把球"盘带"了一会儿，踢给了天才少年王弼。王弼怎么接招呢？再往下看：

弼便作难，一坐人便以为屈。

王弼便开始对何晏的观点逐一驳难，我估计他一定是不卑不亢，侃侃而谈，口若悬河，语惊四座！等他驳难完毕，"一坐人便以为屈"。这个"屈"字，也是一个清谈术语。"屈"和"胜"是相对的，"胜理"是获胜之理，"屈理"当然就是屈服之理、落败之理。当何晏和王弼在论难时，满座的谈客都成了观众，忙着聆听、欣赏和理解，当他们的论难结束时，满座的观众便又有了新的角色——他们成了打分的裁判。"一坐人便以为屈"，以为谁"屈"了呢？根据上下文的意思，可以推断，大家都认为不是王弼，而是何晏理屈词穷了！

这就是清谈的场面。在清谈的论辩过程中，大家的地位是平等的，没有尊卑、高低、贵贱之分。这叫"真理面前人人平等"。清谈之风之所以让人流连忘返，就因为在清谈活动中，每个人都专注于真理之"理"，而可以忽略礼法之"礼"。无论论难的双方，还是观战的看客，大家心里都有一个准绳，这个准绳不是礼法教条，不是人际关系，而是让人心悦诚服的"理"。所以，裁判们打分，就绝不会打"关系分""人情分""印象分"，而只会打"道理分""语言分""表现分"。清谈还有一个别称叫"雅谈"，正是因为在清谈过程中，大家都抛弃了俗念，进入了一种高雅脱俗的境界！

更令人大跌眼镜的还在后面——"于是弼自为客主数番，皆一坐所不及"。

这里又要介绍两个清谈的术语。一个是"客主"。客主也就是清谈的双方，首先阐发观点的一方是"主"，驳论的一方是"客"，好比辩论赛上的"正方"和"反方"。在这次清谈中，何晏是"主"，王弼是"客"。经过一番论难之后，大家得出结论：王弼胜，何晏屈。按说第一轮辩论已经结束，但是王弼少年气盛，还没过够瘾，于是又发动第二轮的攻势。只不过这次形式有些特别——"自为客主数番"，就是自己做客主双方，自问自答。"番"就是一个往返，一个回合；"数番"就是就不同问题自问自答了好几个回合。也是把看家的绝活儿都拿出来了。"皆一坐所不及"。就是说，王弼阐发的道理，研究的问题，无论广度深度，还是语言技巧，都是满座的那些谈客们无法企及的。可见王弼不仅玄学造诣高，清谈的水平也是"超一流"的，简直是辩才无碍，所向无敌。

这是何晏和王弼这两位玄学大师的第一次会面，也是他们的第一次交锋，结果是，在名士圈中公认的清谈宗师何晏败在了不满20岁的天才少年王弼手下。但是，何晏对这位后起之秀，不仅没有打击报复，反而心服口服，对王弼赞美不已。有一次，何晏和王弼谈完《道德经》后，十分感叹地说："仲尼称后生可畏，若斯人者，可与言天人之际乎！"（何劭《王弼传》）意思是：当年孔子他老人家曾说过"后生可畏"①这句话，真是不错！只有像王弼这样才智超群的人，才可以和他探讨天道和人事、自然与人类之关系这样深奥的道理啊！

要知道，论年龄威望，论社会地位，两人相差实在太远，何晏是学界泰斗，王弼不过是个毛头小子，但何晏对年少才高的王弼不仅没有嫉贤妒能，反而不吝赞美，提携呵护，不遗余力。这说明，清谈活动的确有十分高雅脱俗的一面，因为清谈，人与人之间的关系变得自由了，平等了，融洽了。何晏和王弼的学术交往成了中国哲学史上的一段佳话。因为他们的学术交往大多发生在正始年间，所以后人提起两人共同开启的玄学思潮和清谈盛况时，总要美其名曰——"正始之音"。

清谈话题

那么，清谈到底谈些什么啊？简单说，有三部书是必谈的，就是《老子》《庄子》《周易》，总称"三玄"②。这三部经典既有儒家的，也有道家的，但有一个共同点，即都涉及了抽象哲学的命题，思辨性很强，很深奥。除了"三玄"，清谈还有哪些有趣的话题呢？我们结合西晋时候的清谈状况来讲一讲。

比如西晋有个名士叫阮修（字宣子），他是竹林七贤的领袖阮籍的侄子，是著名的清谈家，喜好《周易》《老子》，善于清谈。也就是说，清谈的"三玄"，他精通至少两玄。除此之外，阮修还有个清谈的强项，就是著名的"无鬼论"：

---

① 《论语·子罕》："子曰：'后生可畏，焉知来者之不如今也？四十、五十而无闻焉，斯亦不足畏也已。'"

② 此说出自北齐颜之推《颜氏家训·勉学》："泊于梁世，兹风复阐。《庄》《老》《周易》，总谓三玄。"

阮宣子论鬼神有无者。或以人死有鬼，宣子独以为无，曰："今见鬼者，云著生时衣服，若人死有鬼，衣服复有鬼邪？"（《方正》22）

有无鬼神的问题，最早在王充的《论衡》中已有涉及[①]，后来也成为魏晋清谈中的一个常见的话题，其中也包含了人类对于生命自何处来、又往何处去的深层思考。有一次，阮修同一些人讨论是否有鬼神的问题。有人认为人死之后便会有鬼，唯独阮修认为没有。人家问他理由何在。他说："现在那些自称见过鬼的人，都说鬼穿的是活着时的衣服，如果人死之后真有鬼，难道衣服也会有鬼吗？"阮修的这个质疑是很有说服力的，因为我们一般人联想到鬼的时候，没有一个鬼是不穿衣服的。

还有一次，西晋的清谈大师王衍来找阮修清谈，先谈了一通《周易》，谈得非常默契。然后话题一转，王衍问了一个很有争议的问题："老庄与圣教同异？"这里的"圣教"就是"名教"，其实也就是儒家的以名位为中心的礼教；"老庄"呢，就是老子和庄子的自然无为之道。这也是魏晋清谈一个非常重大的命题，一般称之为"名教与自然之辨"。对于这个问题的回答，关系到名士立身处世的选择问题。一般而言，崇尚名教的往往不排斥仕途经济，崇尚自然的则向往归隐山林，远离功名利禄。但是当时偏有一些人是在朝中做官，而又崇尚老庄之道的，他们该怎么自圆其说呢？比如何晏、王弼是从政的，他们就主张"名教出于自然"，认为万物都"以无为本"，自然是"无"，名教是"有"，无中生有，有从无来。这种观点正是为了调和当时儒家和道家或者说仕与隐的紧张关系。而嵇康和阮籍鄙薄富贵荣利，则把老庄自然之道和儒家名教对立起来，比

---

① 《论衡·福虚篇》说："世谓人死为鬼，非也。人死不为鬼，无知，不能害人。如审鬼者死人精神，人见之宜从裸袒之形，无为见衣带被服也。何则？衣无精神也。由此言之，见衣服象人，则形体亦象人。象人，知非死人之精神也。凡天地之间有鬼，非人死之精神也。"

如嵇康就提出"越名教而任自然"的主张，崇尚自然菲薄名教，因为就当时的情况看，名教不过是司马氏的遮羞布，实在太过虚伪，而且已经有名无实了。

阮修又是怎么回答的呢？他只说了三个字："将无同。"意思是，名教与自然这两个东西，大概相同吧？这种思想恰恰与魏晋玄学调和儒道关系的大方向是一致的，比何晏王弼更进一层，即认为"名教同于自然"。王衍当时正是朝廷高官，位至三公，但他在其位不谋其政，每天谈玄论道，祖尚浮虚，思想与行为自相矛盾，严重脱节，估计也正苦于无法自圆其说，一听阮修如此言简意赅地把这个复杂的问题解决了，真是喜出望外。于是立马征召阮修到自己的幕府中做属官。属官一般又叫作"掾"，所以当时的人都称阮修为"三语掾"（《文学》18），意思是阮修仅凭三个字就做了官。

当时还有一个清谈大师，名叫乐广，很擅长清谈，清谈风格也很特别，叫"言约而旨达"，即善于用简洁的语言表达出深刻的意思。有一次，王衍和乐广清谈，过后王衍感叹道："我和别人清谈，自觉语言已经很简明扼要了，可等到我和乐广清谈之后，便觉得我的语言还是很啰唆！"（《赏誉》25）

乐广的清谈到底有多简约呢？我们来看《世说新语·文学》篇的一个故事，姑且谓之"梦的解析"：

卫玠总角时，问乐令梦，乐云："是想。"卫曰："形神所不接而梦，岂是想邪？"乐云："因也。未尝梦乘车入鼠穴，捣齑啖铁杵，皆无想无因故也。"卫思因经日不得，遂成病。乐闻，故命驾为剖析之，卫即小差。乐叹曰："此儿胸中当必无膏肓之疾！"（《文学》14）

西晋著名的美男、清谈家卫玠小时候，曾问乐广一个问题："人为什么会做梦？"这是个很抽象的问题，涉及人的深层心理的问题。我们知道，1899年，奥地利精神病医生弗洛伊德出版了其巨著《梦的解析》，由此开创了一个学派，叫"精神分析学派"。而在弗洛伊德之前一千六百多年，一个中国小孩子便开始思考这个问题了。仔细想想，这个卫玠实在很了不起。面对这个很深奥甚至很神秘的问题，乐广怎么回答的呢？他只说了两个字："是想。"意思是，因为心有所想。和我们俗话所说的"日有所思，夜有所梦"差不多。但这话也有漏洞。比方说你从来没有被追杀过，却可能会梦到被追杀的场面，而且很逼真，这又怎么解释呢？卫玠何等聪明，他马上发现了其中的破绽，反驳说："形神所不接而梦，岂是想邪？"——身体和精神都没有接触过的事物也能梦见，难道也是心有所想吗？针对这个反驳，乐广又回答两个字："因也。"意思是：梦都是有因由的，至少与你经历过或看到过的事有关。他看小卫玠似懂非懂，就又举例解释说："人们总不会梦见自己坐车钻进老鼠洞，或者捣碎姜蒜去喂一根铁棒吧？这都是没有因由经历的缘故。"卫玠是个很有抽象思维天赋的人，但他有个毛病，就是太执着，于是他整天思考"梦"与"因"的关系，百思不得其解，竟然积劳成疾。乐广听说后，特意命人驾车前去给他分析这个问题，大概这次乐广说得比较详尽透彻，卫玠豁然开朗，病情也就好转了。乐广感慨地说："此儿胸中当必无膏肓之疾！"这孩子有了问题非要弄清楚不可，心里藏不住事，想来一定不会患上什么不治之症吧！因为实在太喜欢这个孩子，乐广后来就把女儿嫁给了他。但是乐广这句话却没说准，卫玠因为体弱多病，又爱好清谈，27岁就被"看杀"了。而另一种说法认为，卫玠不是被看死的，而是清谈了一个通宵后一命呜呼的！可想而知，清谈这种高雅的辩论活动，是多么紧张激烈了。

唇枪舌剑

那么，清谈到底有多激烈呢？我们先来打个比方。清谈活动很像体育运动中的乒乓球运动：论辩双方就是参赛选手，发起人就是裁判，其他人则做观众或啦啦队员，有发球权的一方是"主"，接发球反击的一方是"客"，攻守随时发生转换。阐述一个道理，就是"论"或者"道"，好比是乒乓球的发球；"问"或者"难"呢，就是接发球或者"回球"。一个回合叫作一"番"或一"交"，多个回合叫作"往返"或"数番"。发了一个好球或进攻得分叫"名通"或"名论"，回了一个好球或防守得分叫"名对"。打得不好叫作"乱"，或者"受困"，打得好就叫"可通"，打输了就叫"屈"。打得好，取得了清谈的胜利，你所持的观点就叫作"胜理"。这时候，观众群情激昂，手舞足蹈，气氛达到了高潮。

这样一比方，您就会明白，清谈论辩就像是一场关乎荣誉的战斗，主客双方要调动极大的智力和体能才能应战，对于旁观者而言，只要你进入情境，并带有一定的倾向性，就像球迷拥有自己支持的球队一样，一定是狂热无比的。

因为很激烈，所以在清谈的记载中，经常会看到一些军事术语。比如东晋著名的清谈家殷浩①，他有一个绝活儿，就是"才性四本论"。"才性四本论"是魏晋玄学的一大命题，就是探讨人的才干与性格之间的复杂关系的一门学问，这个学问是三国时的玄学家最擅长的，当时谈才性关系有四大流派，分别主张才性同、才性异、才性合、才性离，这就是所谓"才性四本"。到了东晋，谈才性四本的人少了，殷浩就成了首屈一指的"四本论"专家。只要一谈及这个论题，殷浩便好像一座"汤池铁城"（《文学》34），

---

① 殷浩（303—356）：字渊源，陈郡长平（今河南西华）人。殷浩识度清远，弱冠有美名。尤善玄言，与叔父融俱好老、易。为风流谈论者所宗。永和十年，殷浩率军北伐，大败而归。桓温尽收殷浩兵权，殷浩被贬为庶人归乡。寓居东阳信安。卒于永和十二年。

固若金汤，坚不可摧。这个"汤池铁城"就是一个军事术语。

殷浩在清谈中有个特点，就是十分"好斗"，绝不给对手留下任何机会：

> 刘真长与殷渊源谈，刘理如小屈，殷曰："恶卿不欲作将善云梯仰攻？"（《文学》26）

有一次，他和另一位叫刘恢的名士清谈，谈到尾声的时候，刘恢的道理有些站不住脚了，这时殷浩有些得理不饶人地说："你为什么不去弄一只好的云梯来仰攻啊？"意思是，你这个道理已经不堪一击了，再去好好休整一下再来进攻我吧？"仰攻"，也是一个军事术语。

其实，刘恢也是东晋一流的清谈大师，这次失利很可能是"客场作战"所致。过了不久，殷浩到刘恢家里来清谈，二人你一言我一语辩论了好久，殷浩渐渐处于下风，就东一句西一句说一些不着边际的话，刘恢胜券在握，对他那些毫无质量的言辞也就不屑理睬了。殷浩走后，刘恢就对其他观战的客人说："田舍儿，强学人作尔馨语！"（《文学》33）意思是：这个乡巴佬儿，非要勉强学人家说这些看似高深的话！刘恢利用"主场优势"取得胜利，也趁机把殷浩奚落一番。当时清谈的激烈程度以及对人心情的影响，于此可见一斑。

不过，殷浩和刘恢的两场清谈还不算激烈，历史上最激烈的一场清谈大战，是在殷浩与另一位清谈家之间进行的。这位清谈家叫孙盛。孙盛（约302—374）是西晋名士孙楚的孙子，文才学问都很好，名气很大，在当时能和殷浩对抗的只有孙盛一人。二人的一次惊心动魄的"清谈大战"记录在《世说新语·文学》篇中：

> 孙安国（孙盛）往殷中军（殷浩）许共论，往反精苦，客主无间。左

右进食，冷而复暖者数四。彼我奋掷麈尾，悉脱落，满餐饭中。宾主遂至暮忘食。殷乃语孙曰："卿莫作强口马，我当穿卿鼻！"孙曰："卿不见决牛鼻，人当穿卿颊！"（《文学》31）

有一天，孙盛到殷浩府上与他共同讨论，按理殷浩是"主场"，孙盛是"客场"，但孙盛当仁不让，你来我往，唇枪舌剑，辩论得非常激烈。弄到后来，早已分不清谁是主，谁是客，谁在攻，谁在守，彼此呈现一种"胶着"状态，完全忘记了吃饭，饭菜冷了被人拿去热好再端上来，如此反复多次。双方谈到兴头上，完全不顾礼节了，竟然把清谈的风流道具麈尾当作"助攻"的武器，而且不是潇洒地挥舞，而是"彼我奋掷"，就是彼此用力地挥动麈尾，弄得麈尾的毛都纷纷脱落在杯盘之中。这次清谈时间也挺长，直到天黑了大家也没顾上吃饭。这幅画面，多像是乒乓比赛中的"对攻"战，高雅的清谈论辩本来是"君子动口不动手"的，现在却已进入到了短兵相接、赤膊上阵的"白热化"程度。更好笑的是，两个人一边挥舞麈尾，一边嘴巴也没闲着。殷浩说："你不要做强口马，小心我穿你的鼻子！"孙盛回答得更妙："穿鼻子算什么？难道你没见过挣脱鼻环逃跑的牛吗？对你这号人，要穿就穿你的脸颊，让你挣都挣不脱！"到了这里，清谈已经升级成为口水仗，搞起"人身攻击"了。

西方有个谚语："人类一思考，上帝就发笑。"但是，当人类开始思考一些只有上帝才能解答的问题，并且为此争得面红耳赤、不可开交的时候，人类又是多么可爱啊！

清谈作为一种学术活动，推动了中国思辨哲学的进步，为中国思想和文化注入了新的精神。我以为，清谈的精神包括了科学的精神、自由的精神、平等的精神和艺术的精神，在这几种精神的共同作用和影响之下，才形成了尽态极妍、精彩纷呈的"魏晋风度"。

关于清谈，历史上有一种否定性的评价，就是著名的"清谈误国"

论。我以为，这种观点凝结着历史的沉痛教训，值得重视，特别是西晋的败亡，像王衍这样位高权重却又"在其位不谋其政"的清谈家的确应负主要责任。但是，事物都不是绝对的，西晋败亡的主要原因在于王族自相残杀、用人不当，以及统治阶层的奢侈和腐败，根子不在清谈[1]。

那么，西晋的奢侈之风究竟如何？为什么说西晋亡国与奢侈腐败之风大有关系呢？

---

[1] 关于"清谈误国"的争论，可参拙文《从"清谈误国"到文化研究——魏晋清谈的历史回顾》，《学术月刊》2005 年第 10 期。亦见拙著《世说学引论》，上海古籍出版社 2012 年版。

第九讲　豪奢之风

争豪斗富

上梁不正下梁歪

在魏晋时期，特别是西晋一朝，有一种风气在上层贵族中间很盛行，这就是奢侈之风。《世说新语》有一个门类名叫《汰侈》，汰侈，就是"过分奢侈"的意思，里面记载了不少"暴发户"和"败家子"。

其实，这股奢侈的风气从魏明帝曹叡就开始了。曹操虽然是一代枭雄，但在生活用度上还比较注意，至少不是那么铺张浪费。他的儿子曹丕做了七年皇帝，但主要是采用黄老之术治理天下，无为而治，休养生息，提倡节俭、薄葬，所以也不是个奢侈的皇帝。但是，到了魏明帝曹叡，情况就大不一样。曹叡登基没几年，就大兴土木，先后搞了不少国家级的大工程，这些工程动用了大量的人力物力财力，让老百姓疲于奔命，怨声载道。许多大臣上表劝谏，曹叡一概不听。曹叡死后，年幼的齐王曹芳即位，大将军曹爽和司马懿共同辅政。曹爽其人政治才干不怎么样，搞奢侈腐化却是一把好手，他结党营私，聚敛无度，最后落得个身败名裂，不得好死。

这是曹魏皇室的情况，西晋皇室又怎样呢？一句话，有过之而无不及。西晋的开国皇帝晋武帝司马炎刚登上皇位的时候，还比较注意励精图治，因为当时东吴未灭，国家尚未完全统一。所以司马炎一度抑制浮华，发展经济，国力空前强盛，终于在280年平了东吴，统一了天下。但是好景不长，司马炎很快便开始作威作福，奢侈腐化了。

在历史上的皇帝中，司马炎的好色是出了名的。有一年，为了挑选美女，他竟然下了一个荒唐的命令，就是禁止全国公卿以下家庭的女子结婚，等他在全国"海选"之后，认为不合格的，才准嫁人。平吴之后，又将孙皓后宫的五千名宫女照单全收，使他的后宫人数达到万人的规模。因为后宫人数太多，司马炎每天都为到哪里去就寝感到头疼，于是他想了个办法，每天乘坐一辆羊车在后宫内溜达，漫无目的，任其所之，羊车停在哪个嫔妃门前，他便前往临幸。宫女们为求得到皇帝临幸，便在住处门前洒上盐巴、插满竹叶，引诱羊车过来。留下一个"后宫羊车"的典故。

英国历史学家、政治理论家阿克顿有一句名言："权力使人腐败，绝对的权力导致绝对的腐败。"（《自由与权力》）曹叡也好，司马炎也好，当他们登上最高权力的宝座，君临天下，拥有"绝对权力"的时候，上上下下都没有监督和制衡的力量，就必然会导致"绝对权力的滥用"，带来"绝对的腐败"。西晋一朝的奢侈之风就是在这样的土壤和气候中滋生的。

有道是"上梁不正下梁歪"。皇帝尚且如此荒淫，朝中大臣就更不用说了。

西晋的开国功臣何曾，是个以礼法自居的"道德先生"。在宴会上请求司马昭流放阮籍的就是他。但是，这个"道德先生"却是个彻头彻尾的腐败分子。《晋书·何曾传》上说他："性奢豪，务在华侈。帷帐车服，穷极绮丽，厨膳滋味，过于王者。每燕见，不食太官所设，帝辄命取其食。蒸饼上不坼作十字不食。食日万钱，犹曰无下箸处。"就是说，何曾生性好奢侈，讲排场，衣食住行，比帝王还要豪华。每次赴皇帝的宴会，他竟然自带食品，因为御厨做的那些美味佳肴他压根儿看不上！就连他吃的蒸饼也很讲究，必须要达到一个标准才会吃，什么标准呢？就是蒸饼蒸好后，必须在中间裂开成一个"十"字才算达标，否则他就不吃。因为家里太有钱了，何曾每天在吃上就要耗资上万，仍然埋怨说没有下筷子的地方！有人看不过去，就向晋武帝司马炎告发他，司马炎自己也是如此，当然是睁一只眼闭一只眼。这是包庇、袒护，也是鼓励、纵容。

朝廷重臣尚且如此，其他权贵更不用说了。所以西晋一朝，财富集中在少数人手里，豪门大族富可敌国，钱多得没地方花，就开始争豪斗富，炫财摆阔，一场场触目惊心的"浪费比赛"就此拉开了帷幕。

石崇家厕

西晋有个富豪叫石崇，可以说是富可敌国，他的泼天富贵连皇帝都自愧不如。石崇家到底有多富呢？我们可以通过一些直观的事物来推测。比如他家的厕所，其豪华程度就令人瞠目结舌。

当时有个叫刘寔的官员，为人很正直，也很保守，生活上崇尚节俭，反对奢侈浪费。有一天，刘寔到石崇家做客，进了石崇家的厕所，简直就像"刘姥姥进了大观园"，惊得目瞪口呆。《晋书·刘寔传》记载："（刘寔）如厕，见有绛纹帐，裀褥甚丽，两婢持香囊。寔便退，笑谓崇曰：'误入卿内。'崇曰：'是厕耳。'寔曰：'贫士未尝得此。'乃更如他厕。"刘寔走进石崇家的厕所，看见里面竟然有绛紫色的豪华床帐，还有非常鲜艳华丽的被子褥子，这倒也罢了，他还看见两个婢女手持香囊站在旁边，随时准备服务的样子。刘寔吓了一跳，连忙退出来。见到石崇，他有点不好意思地笑着说："对不起，刚才一不小心闯到您的内室去了，恕罪恕罪！"石崇哈哈一笑，说：那是我家的厕所啊！刘寔一听，很不高兴，说了一句："贫士从来没见过这样的厕所。"于是到其他地方上厕所去了。你看，石崇的厕所竟然有豪华床帐，有华丽的被褥，还有美女服侍，实在奢侈得离谱！

这是刘寔眼里的石崇家的厕所，王敦眼里的就更不一般，无论"硬件"还是"软件"都大大"升级"了：

> 石崇厕常有十余婢侍列，皆丽服藻饰，置甲煎粉、沈香汁之属，无不毕备。又与新衣著令出。客多羞不能如厕。王大将军往，脱故衣，著新衣，神色傲然。群婢相谓曰："此客必能作贼！"（《汰侈》2）

故事说，石崇家的厕所经常有十来个婢女列队伺候，而且，这些婢女都穿着华丽的衣服，戴着名贵的饰物，排场比刘寔见到的还要大。这还不算，厕所里还放着甲煎粉、沉香汁之类的香料和洗涤化妆物品，当然是香气扑鼻。尤其让人震惊的是，石崇家的厕所还有个"更衣"的程序——先脱掉自己身上的衣服，方便完毕，还要由这些婢女们伺候着穿上新衣服才可出去。这不是"买一送一"，是"脱一送一"，而且脱的是旧衣，穿的是新衣！这样的"服务"规格恐怕连今天五星级宾馆的总统套房也自叹不如！但这厕所的使用价值并不高，不仅刘寔不敢进，一般客人也不好意思进，豪华倒在其次，关键是男女有别啊！我想，如果石崇家旁边有公厕的话，生意肯定更好——本来大家就是为了"方便"的，如此豪华讲究的厕所，谁还敢"方便"呢？

但是有一个人偏偏就敢。谁啊？王敦。前已说过，王敦出身于山东琅琊王氏，乃王导的堂兄，生性豪爽，胆力过人，没什么事是他不敢做的。只见他大摇大摆地走进厕所，在众目睽睽之下脱掉身上的衣服，方便完毕，又在众婢女的伺候下穿上新衣，脸上神色傲然，旁若无人。等王敦走后，这些婢女们纷纷交流对这家伙的观感，都说："此客必能做贼！"——这个客人将来一定能造反啊！这些婢女虽然没有多少文化，见识倒不低，王敦后来在东晋做了大将军，位高权重，果然一不做二不休，带兵造了反。

为什么王敦敢进石崇家的豪华厕所呢？除了他胆大，还有一个原因，就是他早就有过进豪华厕所的经验。他是在哪儿获得的这经验呢？是在当朝公主的厕所里。要知道王敦可是驸马爷，他娶的是晋武帝司马炎的女儿舞阳公主。有趣的是，他第一次上公主的厕所，就闹出了一个大笑话，出了一个大洋相。《世说新语·纰漏》篇记载：

　　王敦初尚主，如厕，见漆箱盛干枣，本以塞鼻，王谓厕上亦下果，食遂至尽。既还，婢擎金澡盘盛水，琉璃碗盛澡豆，因倒著水中而饮之，谓是干饭。群婢莫不掩口而笑之。（《纰漏》1）

　　王敦刚娶公主的时候，有一次上厕所，看见厕所的漆箱中盛有一些干枣，本来是用来塞鼻孔的（公主毕竟是公主，真是养尊处优，连嗅觉都是需要呵护的）。但王敦是个粗人，他以为是摆放在厕所里的果品，就三下五除二把干枣全吃光了。等他上完厕所回来，只见婢女们端着金制的盛了水的澡盘，还有盛了澡豆的琉璃碗等在那里，其实是请王敦洗手。王敦哪懂这个啊？竟把本来当肥皂用的澡豆一股脑儿都倒进水盘里，咕咚咕咚吃了个干净，还说这干饭味道不错。婢女们没有一个不掩口笑他的。

　　因为在公主的厕所里出过洋相，长过见识，所以王敦在石崇的厕所里便显得如鱼得水，十分自在。公主的厕所也好，石崇的厕所也好，都是当时王公贵族穷奢极欲生活的一个缩影，也是奢侈之风的一个十分重要的标本。

　　您可能要问：皇帝有钱不用说，石崇凭什么这么豪阔？他又是怎么发家致富的呢？说起来大家也许不信，石崇是个标准的"暴发户"，他致富的途径是令人发指的，他靠的是——打家劫舍，杀人越货！难道石崇是土匪吗？当然不是，他不仅是政府官员，而且还担任着非常显要的荆州刺史。王隐《晋书》说："石崇为荆州刺史，劫夺杀人，以致巨富。"俗话说："马无夜草不肥，人无横财不富。"可以说，石崇既是高官，也是巨盗，而且黑白两道通吃！

斩美劝酒

石崇可以说是魏晋奢侈之风的首席代表，不仅奢侈，而且残忍。有个"斩美劝酒"的故事说：

石崇每要客燕集，常令美人行酒；客饮酒不尽者，使黄门交斩美人。王丞相与大将军尝共诣崇。丞相素不能饮，辄自勉强，至于沉醉。每至大将军，固不饮以观其变，已斩三人，颜色如故，尚不肯饮。丞相让之，大将军曰："自杀伊家人，何预卿事！"（《汰侈》1）

石崇每次举行宴会，喝到兴头上，总是要让家里养的美人来劝酒。而且还定了一个"霸王条款"，就是美人劝完酒后，被劝酒的客人必须一饮而尽，如果喝不尽就要罚，不是罚客人，而是杀美人！有一次，王导和王敦这两个堂兄弟一起来赴宴。王导这个人很仁厚，他看到这么吓人的劝酒方式，很不忍心，虽然不胜酒力，还是一杯一杯勉强喝下去，要知道这一杯酒就是一条命啊！不一会儿，王导就喝得酩酊大醉。而他的堂兄王敦却一贯心狠手辣，刻薄寡恩，每次美人劝酒到他那里，他总是坚决不喝，看看石崇是不是真的会杀人。就这样一连斩了三个美人，王敦还是面不改色心不跳，让他喝，他还是不喝。王导很生气，就责备他狠心。王敦却说："他杀他家的人，关你什么事？"

这个故事也许不一定完全属实，但它对人物的刻画还是很生动的。我以前老是困惑，《世说新语》的作者为什么会把这个"斩美劝酒"的故事放在《汰侈》篇？奢侈和杀人有什么关系呢？后来我才想明白，在石崇这些富豪眼里，美人不过属于私有财产，而且是"性价比"最高的财产，如果让美人劝酒不算豪奢,那么用杀美人来劝酒,就显得豪气冲天、骇人听闻了!石崇这些富豪们,每天想的就是如何制造轰动效应,好炫耀自己的富贵和豪奢。什么叫为富不仁?这就是为富不仁!

这个故事告诉我们,金钱使人堕落,权力使人腐败,堕落和腐败的极限只能是——人将不人,国将不国!

斗富比赛

不光石崇喜欢炫耀财富,西晋的许多高门豪族都是如此。当时虽然没有什么"富豪榜",但是富豪们都在奢侈浪费上明争暗斗、争先恐后,唯恐自己"榜上无名"。

有个叫王恺的富豪,是石崇最有力的竞争对手。王恺是晋武帝司马炎的舅舅,属于皇亲国戚,当然"不差钱"。此人生性豪奢而好斗,非要和石崇争夺"败家子"的头把交椅不可。两个人先后进行过三次PK,一次比一次激烈,一次比一次荒唐。我们先看第一次:

王君夫以饴糒澳釜,石季伦用蜡烛作炊。君大作紫丝布步障碧绫裹四十里,石崇作锦步障五十里以敌之。石以椒为泥,王以赤石脂泥壁。(《汰侈》4)

王君夫就是王恺,石季伦就是石崇。这次比拼大家割据一方,像是阵地战,属于暗斗。共有三个回合。第一回合发生在厨房:王恺为了显示富有,自家的厨房里擦洗锅子不用水,竟然用饴糖和干饭!这哪是刷锅呢,分明是糟蹋东西。石崇也不示弱,他家烧饭竟不用柴火,而是用蜡烛!一顿饭不知道要用掉多少根蜡烛。这是第一回合,不分胜负。

第二回合空间延展到了庄园之外。王恺出行,让人做了一条步障,步障是一种帷幕，贵人出门的时候张设在道路两侧，可以防止风沙灰尘，也可以避寒，当然也有隔离内外、保护隐私的作用。王恺的步障是用紫丝布做的，里子用的是名贵的碧绫，这还不算什么，关键是步障的长度，竟有四十里长！石崇知道了，也做了一条步障来和他抗衡，料子用的竟是名贵的锦缎，长度也创了新高，长达五十里！从这一回合中我们可以得出两条信息：第一，两人的家底都很厚，厚到我们难以想象。第二，两家的庄园经济都不错，纺织业尤为发达，否则怎么做出这么长的步障呢？这一回合显然是石崇占了上风。

第三个回合是石崇率先发难。他家里搞装修，涂墙的时候不是要用涂料吗？他家用的不是一般的石灰油漆，而是用名贵的花椒加工成泥状作为涂墙的涂料！王恺知道了，岂能示弱，就用更稀有的赤石脂做涂料涂墙，真是道高一尺，魔高一丈！这一回合王恺算是略胜一筹。

这是第一次PK。基本上是各自为战，"友谊第一，比赛第二"，场面上还算比较斯文。接下来的第二次交锋就不一样了，甚至还有点"谍战片"的味道：

石崇为客作豆粥，咄嗟便办，恒冬天得韭蓱齑。又牛形状气力不胜王恺牛，而与恺出游，极晚发，争入洛城，崇牛数十步后迅若飞禽，恺牛绝走不能及。每以此三事挢腕，乃密货崇帐下都督及御车人，问所以。都督曰："豆至难煮，唯豫作熟末，客至，作白粥以投之。韭蓱齑是捣韭根，杂以麦苗尔。"复问驭人牛所以驶，驭人云："牛本不迟，由将车人不及制之尔。急时听偏辕，则驶矣。"恺悉从之，遂争长。石崇后闻，皆杀告者。（《汰侈》5）

石崇家里有三件事让王恺愤愤不平，很没面子。第一件，是石崇家请客，为客人准备豆粥，速度非常快，这边刚发出命令，不一会儿下人就把热腾腾、香喷喷的豆粥端上来了。效率很高。第二件，是在石崇家里做客，就是大冬天，也总能吃到韭菜和艾蒿切碎做成的腌咸菜。大家知道，今天有塑料大棚了，韭菜和艾蒿冬天不难吃到，可是在一千多年以前的西晋，这样的事很难办到。但石崇就办到了。这说明石崇庄园的"菜篮子工程"搞得不错，而且很可能掌握了蔬菜和食物的保鲜技术。第三件，是石崇家的牛，论外形论体力，都不及王恺家的牛，可是奇怪的是，每次石崇和王恺一起出游，两人比试谁能抢先进入洛阳城时，石崇的牛总能在最后几十步的时候，健步如飞，竟能像飞鸟一样，迅速超过王恺的牛，王恺的牛拼尽全力也追赶不上！

这三件事大大伤害了王恺的自尊。实在忍无可忍，王恺就大搞特务活动，暗地里收买了石崇家的管家和车夫，询问这三件事其中的奥秘。前两件事当然问管家。管家透露说："豆粥的豆子非常难煮，只要先把豆子煮熟，做成碎末，客人到了，熬粥时把它加进去就行了。韭菜艾蒿做的腌咸菜更好办，不过是先把韭菜根捣好，然后把切碎的麦苗掺杂进去罢了。"又问车夫驾驭牛的窍门，车夫说："牛原本跑得不慢，只是因为驾车的人不会控制。只要紧急时让车的重心偏向一边，这样就跑得快了。"王恺得到这些"情报"后，全部照做，果然就战胜了石崇。石崇后来听说此事，恼羞成怒，一狠心，就把这两个吃里爬外的王恺的"卧底"全杀了！

由此可见，"奢侈"之风里有一个很变态的趣味，就是为了物质竞赛中的胜利，常常无视人的生命，生命变得轻于鸿毛，贱如草芥！读这些故事，如果只看到富豪们的挥金如土、锦衣玉食，而看不到其中的"残忍"和"变态"，总是未达一间。

石王争豪

石崇和王恺的第三次斗富比赛规格更高，不仅是短兵相接，而且有皇帝亲自坐镇，可以说，这是一次"国家级"的斗富比赛。《世说新语·汰侈》篇记载：

> 石崇与王恺争豪，并穷绮丽以饰舆服。武帝，恺之甥也，每助恺。

石崇与王恺争豪斗富，可以说是使出浑身解数，无所不用其极。就连装饰衣冠和车马，也要倾尽最华丽的珍贵物品。晋武帝司马炎是王恺的外甥，作为皇帝，他不仅不去制止这种荒唐的行为，反而暗中帮助舅舅王恺，成了王恺的铁杆"后援团"。这其实透露了一个信息，就是王恺在富有程度上可能要比石崇略逊一筹，所以司马炎常常要助他一臂之力：

> 尝以一珊瑚树高二尺许赐恺，枝柯扶疏，世罕其比。

有一次，司马炎他送给王恺一株二尺多高的珊瑚树，枝条扶疏，世间少有。应该说，这个故事从叙事艺术上来讲，成就很高，人物塑造很生动。特别是写皇帝赞助的这株珊瑚树，先把它写得无与伦比，把读者的胃口吊得高高的，急着往下看。有个写作手法叫"欲扬先抑"，这里正好相反——"欲抑先扬"。接下来的情节更离奇：

> 恺以示崇，崇视讫，以铁如意击之，应手而碎。恺既惋惜，又以为疾己之宝，声色甚厉。

王恺兴冲冲地赶到石崇家，把这御赐的珊瑚树拿给石崇看，为了向他炫耀，心想：怎么样？这么好的珊瑚树没见过吧？哪想到石崇看罢，一句话也没说，举起手中的铁如意向珊瑚树砸去，只听见噼里啪啦一阵响，这株上好的珊瑚树应声而碎。王恺非常惋惜，以为石崇妒忌自己的珍宝，就声色俱厉地指责石崇。也就是说，珊瑚树虽然碎了，但这时的王恺在精神上还处于"胜利"状态。他以为石崇打碎珊瑚树是在闹情绪，这场比赛等于石崇弃权，提前出局了。没想到：

> 崇曰："不足恨，今还卿。"乃命左右悉取珊瑚树，有三尺、四尺，条干绝世，光彩溢目者六七枚，如恺许比甚众。恺惘然自失。（《汰侈》8）

石崇说："这不值得遗憾，我今天就赔给你。"于是命令手下把家藏的珊瑚树都拿了出来，光是三四尺那么高、枝条极其漂亮、光彩夺目的，就有六七株之多，与王恺家那株旗鼓相当的就更多了。王恺一看，顿时像只斗败的公鸡，惘然若失了好半天。

这场斗富比赛，以王恺的惨败而告终。而且，这不是王恺一个人的失败，一同失败的还有当朝皇帝司马炎。换言之，石崇的富贵已经到了让皇帝龙颜失色的程度！

人乳饮豚

让皇帝尴尬的不止石崇一人。在石、王争豪的同时，还有一位富豪异军突起，大有后来居上之势。这个人就是王济：

> 武帝尝降王武子（王济）家，武子供馔，并用琉璃器。婢子百余人，皆绫罗裤袴，以手擎饮食。烝豚肥美，异于常味。帝怪而问之。答曰："以人乳饮豚。"帝甚不平，食未毕，便去。王、石所未知作。（《汰侈》3）

有一天，司马炎到王济家里做客，王济供应酒食，杯盘碗碟用的全都是造价昂贵的琉璃器皿。前来服务的婢女就有一百多人，穿的都是绫罗绸缎，阵容相当豪华，每个婢女手端酒食来往穿梭，显得训练有素。司马炎嘴里不说，心里着实觉得不爽。等到有一道叫作蒸乳猪的菜端上来，司马炎一尝，觉得味道有点怪。就问王济是怎么做的。没想到，王济轻描淡写地说了一句："以人乳饮豚。"原来王济家蒸的味道鲜美的乳猪竟然是用人奶喂大的！只要想想，用人奶喂养小猪，需要多少哺乳期的妇女，又有多少嗷嗷待哺的婴儿可能要和小猪争奶喝，就知道这个王济丧心病狂到了何种地步！是可忍，孰不可忍？王济泼天的富贵让司马炎也坐不住了，还没吃完，就拂袖而去。

王济还喜欢骑射，后来他在仕途失意，就把家搬迁到洛阳东北角的北邙山下。当时洛阳人口众多，地价很贵，但王济"不差钱"，为了满足自己骑马射箭的爱好，就买下一大块地作为骑射场地，并且搞起"圈地运动"，在四周筑起一道矮墙作为界限。这倒也罢了，他还让人把无数的铜钱串起来，环绕着矮墙摆得满满的。当时人们就把这里戏称为"金沟"（《汰侈》9）。这真是有钱不知道怎么花了，又像是"穷得只剩下钱"了！

如果说《世说新语》中有哪一门让我读了不是滋味，那一定是《汰侈》。每次读到《汰侈》中的这些故事，总会感到一股变态味和血腥气扑面而来，尽管故事写得很具视觉冲击力，但仔细想想，这么一种骄奢淫逸的社会风气，恐怕远比清谈带来的危害更大，更致命。明代文学家王世懋评点"斩美劝酒"的故事就说："无论处仲（王敦）忍人，观此事，晋那得不乱？"意思是，王敦虽然残忍，但石崇斩美劝酒更残忍，有这样丧心病狂的事出现，西晋怎么不乱，怎么不亡呢？

前事不忘，后事之师。比起我们讲过的其他风气来，奢侈之风显然是比较负面的。它是魏晋风俗中的一股小小的"逆流"，正因为如此，我们才要讲一讲，既是尊重历史，也是引以为戒。

司马迁说："天下熙熙皆为利来，天下攘攘皆为利往。"（《史记·货殖列传》）贪财好利，原本是人性的一个劣根和弱点。魏晋上层贵族的这股奢侈之风，正是人性弱点的总爆发。它给我们带来的思考是复杂的。读这些故事时，我总会想起美国人比尔·盖茨。这个前世界首富在退休之前，把580亿美元巨款捐给了慈善事业。与此同时，也有一个统计数据显示，中国富豪的奢侈品消费逐年增加，中国目前已经是世界第二大奢侈品消费国。每年的奢侈品销售额超过20亿美元，并正在以20%的年增长额不断增长。这样的对比真是触目惊心。

古语说："由俭入奢易，由奢入俭难。"守财奴式的悭吝固然不可取，但毫无节制的奢华浪费更易腐蚀人心，特别是权贵阶层的聚敛无度，与民争利，祸国殃民，贻害无穷。

第十讲 艺术之风

　　本书的最后一讲，我们来说说魏晋的艺术之风。这种风气不仅属于魏晋，甚至贯穿着整个魏晋南北朝。尤其是魏晋的两百多年，几乎所有的艺术样式，建筑雕塑、音乐舞蹈、书法绘画、诗歌文赋，都达到了空前的繁荣，取得了辉煌的成就，大师辈出，星光灿烂，难怪有人要把魏晋视作中国古代的"文艺复兴"。

　　说到艺术，我们常常会想到"琴棋书画"，下面就围绕着"琴棋书画"这四个方面，说说这股一直影响到今天的魏晋艺术之风，讲一讲魏晋人所特有的一种艺术精神。

琴之韵

　　先说琴。琴，是最古老也是最具中国特色的一种乐器，留下了许多优美的传说，如伯牙、子期高山流水遇知音的故事[①]，至今仍感动着无数的中国人。在魏晋时代，许多名士都爱弹琴，都擅长弹琴。比如竹林七贤的领袖嵇康，就是当时第一流的古琴演奏家。因为爱琴，他写了一篇洋洋洒洒、流芳千古的《琴赋》，其中有两句说："众器之中，琴德最优。"说

---

① 《吕氏春秋·本味》："凡贤人之德，有以知之也。伯牙鼓琴，钟子期听之。方鼓琴而志在太山，钟子期曰：'善哉乎鼓琴！巍巍乎若泰山。'少选之间，而志在流水，钟子期又曰：'善哉乎鼓琴！汤汤乎若流水。'钟子期死，伯牙破琴绝弦，终身不复鼓琴，以为世无足复为鼓琴者。非独琴若此也，贤者亦然。虽有贤者，而无礼以接之，贤奚由尽忠？犹御之不善，骥不自千里也。"

明嵇康把琴当作了有生命的存在，人格化的一种符号。

而嵇康本人，也可谓"剑胆琴心"。他的死亡就与一首琴曲紧紧联系在一起。《世说新语·雅量》篇记载：

嵇中散①临刑东市，神气不变。索琴弹之，奏《广陵散》。曲终，曰："袁孝尼尝请学此散，吾靳固不与，《广陵散》于今绝矣！"（《雅量》2）

嵇康的死，本质上是因为不与司马昭合作，并有一些过激的言论触怒了司马昭，碰巧又被好朋友吕安的案子所牵连，再加上小人钟会的谗言构陷，几种原因交互作用，最终导致了嵇康被司马昭所杀害。但嵇康在洛阳东市的刑场上，却做了一件常人无法想象的事。他面对着刑场上的人群，镇定自若，神色不变。接着，他要了一把琴，就在刑场上弹了起来，一边手挥五弦，一边看着天边被乌云遮住的阳光。肃杀的刑场上，飘荡着一首当时人闻所未闻的乐曲的旋律，这首乐曲就是《广陵散》。《广陵散》描述的是战国时的侠客聂政刺杀韩相侠累的故事，旋律慷慨激昂，雄浑壮烈，这和嵇康不畏强权、嫉恶如仇的刚烈性情十分契合，而在刑场上弹奏这首曲子，表达的正是嵇康绝不向司马氏低头、视死如归的精神。这时候，人与琴已经合二为一、不分彼此。所有的艺术创造中，最高的境界莫过于此。

我们知道，人生中，有两个"场"是最终容易让人方寸大乱、惊慌失措的：一个是考场，一个就是刑场。而在即将夺去自己生命的刑场上，能够临危不惧，处变不惊，已经是"雅量人格"的高标懿范，而要做到在刑场上完整无误、一气呵成地弹奏一首高难度的琴曲，那简直是奇迹了！所

---

① 嵇中散，即嵇康。因其曾任曹魏的中散大夫，故有此称。

以，这刑场其实也是考场，它考出了嵇康的铮铮铁骨和滔滔雅量，也考出了他的"独立之精神，自由之思想"！

更让人匪夷所思的是，嵇康弹完此曲，十分感伤地说了一句话："当年好朋友袁孝尼向我请求学习此曲，我一时吝惜，就拒绝了他，从此以后，《广陵散》就要成为绝唱了！"一个就要引颈就戮的人，没有为自己生命的终结而悲伤，竟然为一首琴曲的失传而感到难过，这是一颗怎样美丽的心灵，这又是一个怎样高贵的生命啊！如果没有一种超越生死的艺术精神，一个人又怎会说出这样的话？怎会选择用这样一种方式告别人间？

嵇康的这句临终遗言，韵味悠长，体现了他的三点良知，说明他知道：第一，艺术的生命要比人的生命更长久。第二，精神性的东西比如说价值，要比物质性的东西比如说肉体，更长久。第三，对正义和自由的坚守和追求，要比刽子手的屠刀更长久。

死亡问题，是这个世界上最重大的哲学问题。西方有句格言："不自由，毋宁死。"嵇康的死亡，可以说是中国历史上最为悲壮也最为美丽的死亡，他用一首琴曲为自己的肉体的生命送行，同时，也迎来了自己灵魂的永生。

所以，艺术精神，本质上就是自由精神。

关于琴，还有一个与死亡有关的故事。《世说新语·伤逝》篇载：

王子猷、子敬俱病笃，而子敬先亡。子猷问左右："何以都不闻消息？此已丧矣！"语时了不悲。便索舆奔丧，都不哭。子敬素好琴，便径入坐灵床上，取子敬琴弹，弦既不调，掷地云："子敬！子敬！人琴俱亡。"因恸绝良久。月余亦卒。（《伤逝》16）

王子猷、王子敬（即王献之）两兄弟同时病重，而王子敬先死。两兄弟同气连枝，感情深厚，子敬一死，子猷就有了"心灵感应"。他问手下人："怎么这一段没有子敬的消息了？难道他已经死了？"说话的时候神情语气一点都不悲伤。然后他就吩咐准备好车子去奔丧，路上一直没有哭。王子敬平生最好弹琴，王子猷一到灵堂，也不顾礼节，径直坐到灵床上，拿起子敬的琴就开始弹奏，可是怎么弹都不成曲调，一气之下，王子猷就把琴扔在地上，长叹一声说："子敬，子敬，人琴俱亡！"——子敬啊子敬！你这一去，连你的琴也与你一同亡故了！

这是人把自己的情感投注到外物之上才会产生的一种"移情"现象。俗话说："人非草木，孰能无情。"可我要说，因为人有情，人多情，故而连一草一木也莫不有情。杜甫诗云："感时花溅泪，恨别鸟惊心。"同样，弹不成曲调不是因为琴亡了，而是心死了，幻灭了，望绝了！王子猷说完"人琴俱亡"，便悲从中来，放声痛哭，哭得死去活来。一个月后，王子猷也撒手人寰。从此以后，"人琴俱亡"就成了一个表达对亲友亡故悲悼之情的著名典故。

这说明，在魏晋名士心目中，琴，是人格化的，是有生命的，是人须臾不可离开的亲密伙伴。法国大作家罗曼·罗兰说过："艺术是发扬生命的，死神所在的地方就没有艺术。"从这个意义上说，艺术精神又是和生命精神是息息相通的。

棋之品

再说棋。这里的棋主要是指围棋。围棋，被称为黑白世界，既是一种游戏娱乐活动，也是一种艺术品位很高的竞技活动，历史悠久，长盛不衰。魏晋时代，棋风鼎盛，出现了许多一流的围棋高手。

比如东晋的丞相王导，就是一位围棋高手。但他在当时还不算顶尖高手，顶多相当于现在的专业五段。当时的全国围棋冠军是谁呢？是一个叫江彪的年轻名士，绝对是九段中的九段。有一次，王导请这么一个全国围棋冠军和自己下棋，但却不愿意让对方让子，非要下对手棋，这就有些倚老卖老兼耍赖的味道了。其实王导这么做，并不是要和江彪作对，而是想借此了解一下江彪这个人的性格。俗话说："棋品如人品。"两人实力悬殊，如果江彪碍于丞相的面子，就和他下对手棋，虽然讨好了丞相，但自己这个"天下第一"的面子往哪儿搁啊？再者说，在这种不明不白的情况下和棋力不如自己的人对弈，你就是赢了也会让人说是"胜之不武"。所以江彪就一直不愿下。王导是个老顽童，就笑着问他："你怎么不下啊？"江彪说："恐怕不能这么下。"两人就这么僵持着。这时旁边观棋的人插话了，他对王导说："这个少年，下棋的水平很不错的！"意思是说：您恐怕不是他的对手，就别这么要面子了。王导这才慢慢抬起头来，对周围的人说："这个年轻人，不仅以围棋见长啊。"言下之意，他这股子当仁不让的霸气和绝不妥协的正气也很了不得啊！

这说明，围棋的精神和清谈的精神很相似，那就是平等自由的精神，无论你是多么大的官儿，有多高的地位，坐在棋盘两边时，大家一视同仁，人格上绝对平等。因为围棋是个高雅的游戏，世俗的算计，人际关系的推敲，统统靠边站！现在有的人跟领导下棋也好，打牌也好，从来只输不赢，互相忽悠，把艺术和游戏的真精神统统给糟蹋了。为什么魏晋风度今天看起来高不可攀、遥不可及，一个重要的原因，就是我们世俗的小算盘打得太多了，而且常常把自己的人格和尊严踩在脚下！

当然，最能体现围棋魅力的还是东晋风流宰相谢安的故事。《世说新语·雅量》篇记载：

谢公与人围棋，俄而谢玄淮上信至，看书竟，默然无言，徐向局。客问淮上利害，答曰："小儿辈大破贼。"意色举止，不异于常。（《雅量》35）

故事发生在383年，历史上著名的以少胜多的"淝水之战"已经打响。前方，谢安的侄子谢玄带领八万晋军与前秦苻坚的九十万大军激战正酣；而在后方，作为前敌总指挥的谢安，却坐在自家的庭院中与人下棋，也是难分难解。当前线的战报传来时，谢安拆开书信，看了一眼，"默然无语"，把书信放在一边，继续下棋。好像前方的输赢远远不如棋盘上的战况更有吸引力。坐在对面的对手沉不住气了，连忙问前方战况如何。谢安一边看着棋局一边轻描淡写地说："小儿辈大破贼。"说话时神情举止，和平常没什么两样。

《世说新语》的作者就喜欢捕捉人在重大变故时的瞬间表现，就像显微镜一样，把人的精神世界展示得纤毫毕现。这个故事虽然很短，但它给人带来的冲击却非常大。它把一场你死我活的战争和一块黑白分明的棋盘放在一起，本身就很有意思。有人说，围棋是棋盘上的模拟战争，但我要说，围棋的战争是对真实的战争的一种消解，一种讽刺，甚至有时还是战争的一种替代！战争是残酷而又野蛮的，生命的尊严在战场上被无情地践踏，而围棋艺术则是优雅和从容的，尽显人性的丰富与生命的高贵。本质上说，围棋体现的是一种对生命的珍视与对和平的向往。淝水之战，对于东晋来说，是一场反侵略的正义之战，战前谢安运筹帷幄，对战争做了详细的部署，可以说已经"尽人事"，剩下的唯有"听天命"了。所以当战役打响的时候，谢安从容镇定，全身心投入了围棋的博弈。可以想象，即便战报的结果是前方失利，谢安也一定会临危不乱，有条不紊地下完这盘棋。什么是雅量？这就是雅量！什么是风流？这就是风流！

不过，对于这件事，《晋书·谢安传》的作者却"报料"说谢安在下完棋回家，经过门槛时，所穿木屐的屐齿竟被折断了！为什么？因为他心中狂喜，刚才的表现不过是为了"矫情镇物"。似乎在讽刺谢安是一个天生的演员。但在我看来，"折屐齿"的故事如果是真的，也丝毫不损谢安的雅量。谢安毕竟是人，不是神。谢安只是代表人类向神表达了这么一层意思：人，虽然渺小，却自有一份优雅与高贵。人虽然不能做到像神那样"挟泰山以超北海"，但人却能够做到"泰山崩于前而色不变"！

因为这个与围棋有关的故事，谢安稳稳地站在了中国历史和文化的高处，站成了一座理想人格的丰碑。

——棋如人，人如棋，围棋的魅力和人格的魅力是水乳交融的。

书之道

说到书法，更是魏晋艺术的一个高标。事实上，真正意义上的书法艺术正是从汉末魏晋开始独立，并且达到辉煌成就的。魏晋时代的学术风气是宽松、多元和自由的，人们追求个性的张扬，精神的解放，无拘无束，率性自然。这跟书法艺术有法度而不拘于法度，笔走龙蛇，挥洒自如的追求和境界是一致的。这一时期，出现了许多书法世家和书法巨匠。三国时的韦诞就是一个代表。《世说新语·巧艺》篇记载：

韦仲将能书。魏明帝起殿，欲安榜，使仲将登梯题之。既下，头鬓皓然，因敕儿孙："勿复学书！"（《巧艺》3）

韦诞字仲将，京兆人。擅长楷书，很受当时人的推崇。有一次，魏明帝曹叡建造了一座宫殿，据其他文献记载，这座宫殿叫作凌霄观。一听这名字就知道是个海拔很高的建筑，多高呢？二十五丈。但是，凌霄观造好以后，出现了一个小小的失误。就是工匠先把题写楼名的匾额直接钉上去了。这样一来，爬到那么高的楼顶上去题字，就成了一件危险的"高空作业"了。当时韦诞是题写匾额的专家，几乎所有的亭台楼阁的匾额都是他题写的，这一次，韦诞也是责无旁贷。于是准备了一只云梯，让韦诞爬上去题写匾额。这时韦诞已经年近花甲，爬那么高的梯子还要写出一手好字，任务实在太艰巨了。好不容易爬到海拔那么高的地方，韦诞是胆战心惊，汗不敢出，心理到了崩溃的边缘，所以等他写好匾额，从云梯上下来时，头发都变白了！韦诞回家后痛定思痛，写了一篇《家令》告诫儿孙："千万不要再学什么书法了！"

韦诞对儿孙的告诫是很沉痛的，说明至少在曹叡的时候，书法艺术虽然发展很快，但书法家还没有真正摆脱"匠人"的命运，还没有真正获得艺术创作的自由。

到了东晋，士人的地位空前提高，人们的心灵相对自由，书法艺术才真正得以发扬光大。历史上首屈一指的大书法家、有"书圣"之称的王羲之就生活在这个时代。

东晋永和九年（353）三月三日，在会稽山阴（今浙江绍兴）王羲之的庄园兰亭，41位名流雅士汇聚一起，曲水流觞，饮酒赋诗。所谓"一觞一咏""畅叙幽情"。诗与酒，本来是这次聚会的主题。大家约定，面对着良辰美景，各自赋诗，不能赋诗的，要罚酒三斗。结果王羲之、谢安等26人都写出了诗歌，另外15人却交了白卷。诗成之后，作为东道主的王羲之，兴之所至，带着酒意泼墨挥毫，写下了一篇《兰亭集序》。没想到，正是这幅即兴之作，竟然流芳千古，成为这次聚会最大的辉煌。后人提起这次聚会，总会想到这幅有"天下第一行书"之誉的书法神品——《兰亭集序》。

要知道，王羲之的时代并无今天所谓的"创作"这一概念，他们的艺术创作本身就是生活的一部分。写诗也好，写字也好，都不是为了参赛评奖而作，也不是为了加入作协书协，更不是为了拿稿费、换职称、当大师，而是为山水而作，为人生而作，为性情而作。正因为摆脱了功利的目的，直接与天地往来，与自然对话，与心灵共舞，所以这些作品一出世反而就成了永远不可企及的艺术精品。王羲之的《兰亭集序》不仅书法绝佳，文字也在上乘，是文学史上不可多得的杰作。说明这时的王羲之，在艺术上、思想上都达到了全面的成熟。

书法艺术的精神本质上就是自由的精神，是自我情感的宣泄和自由心灵的张扬。没有心灵的自由，字可以写得中规中矩，甚至非常漂亮，但却与真正的书法艺术无缘。

画之神

下面说魏晋的绘画。东晋有两个画家十分著名，一个是隐士戴逵，一个是人物画大师顾恺之。戴逵既擅长弹琴，又工书善画。《世说新语·巧艺》篇载：

> 戴安道就范宣学，视范所为，范读书亦读书，范抄书亦抄书。唯独好画，范以为无用，不宜劳思于此。戴乃画《南都赋图》，范看毕咨嗟，甚以为有益，始重画。（《巧艺》6）

戴逵起初到当时的儒学大师范宣那里求学，学得很虔诚，范宣读书他也读书，范宣抄书他也抄书，真是亦步亦趋。唯独喜欢画画这一点，戴逵一直没有放弃。范宣就提醒他说，画画这玩意儿没什么用，不该在这方面劳神费心，以免玩物丧志。戴逵不服，就拿出看家本领，画了一幅《南都赋图》，范宣看罢赞赏不已，认为大有益处，从此范宣也开始重视绘画了。

这故事最值得注意的就是范宣对绘画的态度转变。从"以为无用"到"甚以为有益"，这个转变是很有象征意义的。"无用"是一个功利的实用的价值判断，"有益"则是一个超功利的、审美的价值判断。"用"和"益"，虽仅一字之差，境界大不相同，说明在东晋时，对绘画乃至是所有艺术的价值判断的重心已经开始转移了。人们不再执着于是否"有用"这种形而下的功利判断，而开始意识到艺术作品的赏心悦目，以及对于人的心灵和精神的陶冶；这种陶冶看似"无用"，但却是"有益"的。

正是在这种艺术精神的感召影响之下，才催生出了像顾恺之这样的多才多艺的绘画大师。

顾恺之（348—409），字长康，小字虎头，晋陵无锡（今属江苏）人。当时人称顾恺之有"三绝"：才绝，画绝，痴绝。所谓才绝，主要指文才和口才好。顾恺之曾经模仿嵇康的《琴赋》写过一篇《筝赋》。有人问他："你觉得你的《筝赋》比嵇康《琴赋》怎样？"顾恺之很自信地说："不赏者，作后出相遗；深识者，亦以高奇见贵。"（《文学》98）——不懂得欣赏的人，会以为我这是模仿之作，不足珍视；真有见识的人，一定会认为我的文字格调高奇，值得嘉许。

有一次，顾恺之从会稽回来，有人问他那里山水有多美，顾恺之脱口而出："千岩竞秀，万壑争流，草木蒙笼其上，若云兴霞蔚。"（《文学》88）这段话虽短，却是字字珠玑，如诗如画。这真是才华横溢，脱口锦绣！

顾恺之的"痴"也是一绝。史载顾恺之"好谐谑，人多爱狎之"。他喜欢开玩笑，人们也喜欢逗他。一天晚上，他在月下独咏诗歌，感觉非常好，住在隔壁的一位叫谢瞻的名士听了不断叫好，顾恺之见有人捧场，吟咏得更加卖力了。夜深了，谢瞻想要睡觉，又想捉弄一下顾恺之，就叫替自己捶腿的仆人代自己赞叹，仆人就一边给谢瞻捶腿，一边叫好，顾恺之呢，也不觉有什么异常，竟一直兴致勃勃地吟咏到天亮！

另有一次，顾恺之把自己压箱底儿的画作放在一只橱柜中寄给桓温的儿子桓玄，为了怕人偷他的画，他还把橱柜的前面用纸糊起来，在上面做了记号，上了封条。桓玄就从橱柜后面把画全部偷走，又做好了伪装。顾恺之过来取画的时候，见橱柜前面封条完好如初，而所有的画都不翼而飞，不仅毫不怀疑，反而自言自语地说了一句："看来妙画能够通灵，变化而去，就像人羽化登仙一样。"真是痴到家了！

不过，也只有这种"痴"气才成就了一位大画家。真正的艺术家一定有常人看来不可理解的"痴气"，没有这种痴气，也就没有艺术创造的灵气。后来谢安赞美顾恺之的绘画成就，说："顾长康画，有苍生来所无。"（《巧艺》7）言下之意，顾恺之的画达到了"前无古人"的境界！

　　顾恺之是个全能型的画家，人物、佛像、禽兽、山水等无一不能。但他最擅长的还是人物画。他不仅孜孜不倦地创作，而且一门心思地研究如何创新，如何达到最佳境界，最后竟然总结出一套绘画技法，形成了一套自己的绘画理论，成为中国美术史上第一位集创作与理论之大成的绘画大师。当时的人物画，不仅求"形似"，更追求"传神"。《世说新语·巧艺》篇记载了一个"传神阿堵"的典故：

　　顾长康画人，或数年不点目精。人问其故，顾曰："四体妍蚩，本无关于妙处，传神写照，正在阿堵中。"（《巧艺》13）

　　顾恺之画人物肖像，有时几年都不画眼睛。有人问他原因，他说："四肢的美丑，本米就和精神并没有什么关系，最能够传神的，正在这眼睛当中啊！"说明人物画的妙处在于"传神"，而"传神"的最佳途径在于"点睛"。后来"画龙点睛"的说法也是由此而来。

　　还有一次，顾恺之给西晋名士裴楷画像，画完之后，意犹未尽地在他面颊上添了三根胡须。有人问他为何这样，顾恺之说："裴楷这个人英俊爽朗，有见识才具，这三根胡须正是体现他见识才具的地方。"看画的人仔细玩味他的话，也觉得增加三根胡须使人物更具神韵，比没有时强多了。后来，顾恺之就提出一个著名的绘画理论，叫作"以形写神"。就是通过具体的形象来展示人物的风度神韵。

　　不过，顾恺之也有遇到难题的时候。有一次，他根据嵇康的四言诗"目送归鸿，手挥五弦"为嵇康画像，就说了一句很有理论价值的话：

"画'手挥五弦'易，'目送归鸿'难。"（《巧艺》14）"手挥五弦"只是涉及人物的"形"，因而容易描画；而"目送归鸿"则与最能传神的眼睛有关，所以很难表现。顾恺之的这句话，简言之，就是"画形容易传神难"！

在《世说新语·排调》篇，记载了顾恺之的一件生活趣事：

顾长康啖甘蔗，先食尾。问所以，云："渐至佳境。"（《排调》59）

顾恺之吃甘蔗，有一个习惯，先吃甘蔗的尾巴，也就是俗称的甘蔗稍儿，然后再吃中间，最后才吃甘蔗的根部。人家问他为什么，顾恺之说了四个字："渐至佳境。"就像有的人吃葡萄先吃酸的再吃甜的一样，其中折射出的是一种乐观向上、从容优雅的生活态度。你看，顾恺之把平凡的生活琐事都艺术化和哲学化了，一个没有艺术精神的人，是无论如何也达不到这种化腐朽为神奇的美妙境界的！

鲁迅先生曾说，曹丕的时代是一个"文学的自觉"的时代。

我要说，王羲之、戴逵和顾恺之的时代，是一个"艺术的自觉"的时代。

有没有"艺术的自觉"，是匠人和艺术家的本质区别。

俄国作家列夫·托尔斯泰说："艺术不是技艺，它是艺术家体验了的感情的传达。"艺术之风是魏晋风俗中至今仍在影响我们生活的一种风气。它让我们思考：什么样的人生才是值得一过的；什么样的生活，才是幸福指数较高的。

诗意地栖居

当代著名美学家宗白华先生说："汉末魏晋六朝是中国政治上最混

乱、社会上最苦痛的时代，然而却是精神史上极自由、极解放、最富于智慧、最浓于热情的一个时代。因此也就是最富有艺术精神的一个时代。"

（《论〈世说新语〉和晋人的美》）

这段话被我称为"五最二极论"。这七个评价里，消极的评价有两个：最混乱、最苦痛——这是那个乱世的真实写照；积极的评价有五个：最富于智慧、最浓于热情、最富有艺术精神、极自由、极解放。这段话看似矛盾，但矛盾中又蕴含着高度的统一，高度的和谐。

如果说魏晋名士的清谈之风体现了"最富于智慧"，那么，艺术之风则体现了"最浓于热情"。特别是"艺术精神"这个说法，真把魏晋的时代精神一语道破了。所谓艺术精神，我的理解，就是将生活艺术化、精致化、优雅化，追求自我的超越、灵魂的自由、人格的完美的一种审美式的精神状态。没有这种艺术精神，也就没有"魏晋风度"。

记得有一次，我和一位老先生聊魏晋人物，他说了一句给我留下深刻印象的话："我们现在生活是好了，可为什么越来越不会活了呢？"这话让我琢磨了好久。我不知道该怎么回答他。因为要说怎么活着才叫好，我自己也常常困惑着呢。

我想起了英国作家狄更斯的名著《双城记》开头的一段著名箴言：

这是最好的日子，也是最坏的日子；这是智慧的时代，也是愚蠢的时代；这是信仰的时期，也是怀疑的时期；这是光明的季节，也是黑暗的季节；这是希望的春天，也是绝望的冬天。我们面前好像样样都有，但又像一无所有；我们似乎立刻便要上天堂，但也有可能很快就要入地狱！

这是19世纪的时代焦虑，但21世纪的我们又何尝没有呢？德国诗人荷尔德林有一句脍炙人口的诗："人，充满劳绩，然而诗意地栖居在大地上。"作为天地之子、自然之子、万物之灵长的人，原本应该诗意地栖居在大地之上的。但事实却并非如此。人性是有弱点的，人生也往往残缺，生命的过程，常常是一个美的不断流失和稀释的悲剧过程，所以，现实和理想的差距常常让我们仿佛"生活在别处"，触目皆是缺憾。只是，人类不仅是肉体的存在，还是精神的存在。追求生命的意义、精神的愉悦和价值的实现，从来都是人类与生俱来的宿命。正如顾城的诗句："黑夜给了我黑色的眼睛，我却用它来寻找光明。"

生活在物质文明高度发达的21世纪，我们不缺实干精神，不缺进取精神，不缺科学精神，尤其不缺少技术精神，而唯独缺少一种能够让心灵飞翔的艺术精神，缺少一种可以让我们如痴如醉的袅娜诗意。

也许有人会说，魏晋风度本质上还是一种贵族精神，凡夫俗子如何企及？这话确有道理。但我以为，贵族的"贵"，不一定就是富贵的"贵"，权贵的"贵"，也可以理解为高贵的"贵"，尊贵的"贵"。物质上的贵族我们也许做不到，但在精神上保留自我的人格和尊严还是可以的。有了这种尊严，乞丐就可以对着国王说：

"对不起，请别挡住了我的阳光。"

后　记

　　此书是根据我在央视《百家讲坛》的讲座手稿修订而成，差不多是原汁原味的实况转播。

　　但也正因如此，这一系列至今未能播出。鉴于此书凝结了不少人的心血和劳动，犹豫再三，还是决定付梓出版。如有因为口语表述而显得不够严谨整饬的地方，还请读者朋友海涵。毕竟，这是一部讲稿，而非专著。

　　在此，请允许我向央视百家讲坛的主编聂丛丛女士、副主编那尔苏先生、编导李锋先生、导演高虹先生、化妆师杨静女士以及节目组其他主创人员，还有本书的责编吴晓梅女士，表示衷心的感谢。没有你们的支持，也就没有这本书。

2014年4月24日写于有竹居

☯ 再版后记

　　此书自2014年8月出版后印过数次，今已售罄。据出版社反馈，和更早一些出版的《竹林七贤》一样，此书也受到一些读者的欢迎，他们希望能再出新版。于是找来一本样书，闲闲读去，发现未惬人意处不少。遂重加修订润色：首先是调整了目录，删去了正文中每一小节的导语，使全书结构上更为整饬；再就是修改了过于口语化的内容，希望能给读者留下更多思考的空间；同时，改正了几处以前未曾校出的笔误，还增加了数十条现在看来很有必要的注释。尽管我深知，以上所做的这些修修补补，未必就能提升这本小书的价值，但对于读者而言，或许勉强算是一种负责任的交代吧。

　　感谢中国青年出版社一如既往的支持，感谢责编的热情帮助。这些年，我一直在学院内外的两种写作状态中游走，有时亦不无压力，之所以能坚持下来并且乐此不疲，很大程度上是因为读者给了我力量。所以，更要向我的读者朋友们送上我的感谢和祝福。

2018年3月5日写于浦东守中斋

图书在版编目（CIP）数据

魏晋风流 / 刘强著 . -- 2 版 . -- 北京：中国青年出版社，2018.4（2022.8 重印）
ISBN 978-7-5153-5096-7

I.①魏… Ⅱ.①刘… Ⅲ.①文人—生平事迹—中国—魏晋南北朝时代
Ⅳ.① K825.4

中国版本图书馆 CIP 数据核字（2018）第 091687 号

策划编辑：吴晓梅
责任编辑：彭岩
出版发行：中国青年出版社
社　　址：北京市东城区东四十二条 21 号
网　　址：www.cyp.com.cn
编辑中心：010 - 57350507
营销中心：010 - 57350370
经　　销：新华书店
印　　刷：北京盛通印刷股份有限公司
规　　格：710×1000mm　　1/16
印　　张：17
字　　数：220 千字
版　　次：2014 年 8 月北京第 1 版　　2019 年 5 月北京第 2 版
印　　次：2022 年 8 月北京第 4 次印刷
定　　价：68.00 元

如有印装质量问题，请凭购书发票与质检部联系调换
联系电话：010 - 57350337